本书获得重庆工商大学学术专著出版基金以及重庆工商大学商科国际化特色项目（68011500703）的资助。本书是重庆工商大学科研启动经费项目"乡村振兴背景下社会资本与乡村环境治理效果研究"（2155051）、重庆市教育委员会人文社会科学研究一般项目"长江经济带生态补偿的环境治理效应及运行机理研究"（22SKGH207）的阶段性成果

SHEHUI ZIBEN YU XIANGCUN HUANJING
ZHILI XIAOGUO YANJIU

社会资本与乡村环境
治理效果研究

马军旗 / 著

西南财经大学出版社

中国·成都

图书在版编目(CIP)数据

社会资本与乡村环境治理效果研究/马军旗著.—成都:西南财经大学
出版社,2022.6
ISBN 978-7-5504-5324-1

Ⅰ.①社…　Ⅱ.①马…　Ⅲ.①社会资本—关系—农村生态环境—环境
综合整治—研究—中国　Ⅳ.①F124.7

中国版本图书馆 CIP 数据核字(2022)第 065797 号

社会资本与乡村环境治理效果研究

马军旗　著

责任编辑:李晓嵩
责任校对:王甜甜
封面设计:墨创文化
责任印制:朱曼丽

出版发行	西南财经大学出版社(四川省成都市光华村街 55 号)
网　　址	http://cbs.swufe.edu.cn
电子邮件	bookcj@swufe.edu.cn
邮政编码	610074
电　　话	028-87353785
照　　排	四川胜翔数码印务设计有限公司
印　　刷	四川五洲彩印有限责任公司
成品尺寸	170mm×240mm
印　　张	13
字　　数	268 千字
版　　次	2022 年 6 月第 1 版
印　　次	2022 年 6 月第 1 次印刷
书　　号	ISBN 978-7-5504-5324-1
定　　价	88.00 元

前言

　　乡村环境治理是建设美丽中国和全面推进乡村振兴的内在要求，事关广大农民根本福祉和身体健康。随着城镇化的推进，我国农村在经济发展水平和居民物质生活水平得到显著提升的同时，一些环境污染和空气污染问题也日益凸显。近年来，我国积极推行乡村绿色发展战略，通过实施一系列环保法律法规，在乡村生态环境治理方面取得了一定的成效。然而，农村环境治理具有明显的分散性、复杂性以及外部性特征，其治理依然面临政府监管成本高、市场规模化收益低和居民参与动力不足的多重困境。党的十九大以来，我国积极倡导在基层党委领导下，发挥村民主体作用，健全乡村自治机制，发挥村规民约、社会组织以及社会规范等社会资本形式在乡村环境治理中的积极作用。因此，激活乡村内在环境治理动力，促进形成自上而下和自下而上相结合的环境治理体制机制，对完善现代乡村治理体系、推动乡村环境治理体系和治理能力现代化具有重要现实意义。

　　就理论而言，村民参与环境治理合作是以村域为基础的个体自主决策过程。由于环境治理的外溢性特征，在环境治理的收益由所有人共享而环境治理的成本却由个体承担的情形下，村民的个体理性将导致集体非理性进而陷入集体行动困境。事实证明，在基于熟人社会的村域范围内，村民通过长期交往形成的信任关系、互惠规范以及由地缘和血缘关系形成的社会网络能够将个体选择和集体行动结合起来，从而有效促进环境治理合作和提升环境治理绩效。这是因为良好的社会信任程度减少了信息传递和环境治理、监督的成本。在声誉观念的约束下，"相信你遵守规则，我也会遵守规则"的信任契约能够降低个体决策面临的不确定性风险，提升环境治理合作意愿。社会网络能够促进信息沟通和交流在村庄内部充分展开，促进村民形成共同的价值诉求，提升集体行动水平和环境治理意愿。社会组织能够形成团体内道德压力与声誉机制，约束或惩罚村民个体不合作行为，从而提升乡村环境治理绩效。

基于上述理论分析，本书研究的主要问题包括以下三个方面：第一，社会资本作为基层村民自治的重要动力，其在村庄中的具体内容有哪些、存量如何？第二，社会资本是否能够显著改善乡村环境治理效果？如果能，其改善的作用机制是什么？第三，不同村庄由于受到民俗文化、自然地理和历史条件差异的影响，社会资本对乡村环境治理是否存在显著异质性？基于上述研究问题，本书基于自主治理理论，构建了社会资本与乡村环境治理效果的分析框架，使用 2012—2016 年中国劳动力动态调查（CLDS）数据中的 623 个村庄样本，建立了 Logit 模型、多元线性回归模型和有序 Probit 模型，实证检验了社会资本对乡村环境治理效果的影响及作用机制，并依据研究结论提出了有针对性的政策启示。

本书的主要研究内容包含以下四个方面：

首先，本书梳理了改革开放以来乡村环境治理政策的演变轨迹。本书的研究发现，乡村环境污染在改革开放初期并不明显，在 20 世纪 80年代以后，农村环境污染经历了乡镇工业污染→农业面源污染→点源和面源污染叠加的不同发展阶段。本书基于 2012—2016 年村庄数据的描述性分析发现，乡村环境治理水平整体偏低，乡村水污染和空气污染问题较为突出，环境污染程度呈现出东部、中部、西部递减的趋势，环境治理水平呈现出区域内和区域间的非均衡性。本书基于探索性因子分析方法对村庄社会资本进行测量并描述。本书的研究发现，当前村庄社会资本存量整体不足，整体上呈现出先上升后下降的变动趋势，村庄社会信任水平高于社会组织水平和社会网络水平。村庄社会资本分布呈现明显的区域间和村域内差异，同一地区内不同村庄社会资本存量呈现出非均衡性。整体上，当前乡村环境治理水平有待进一步提升，村庄社会资本存量不足，呈现出明显的地区间和村域内非均衡性。

其次，本书基于 Logit 模型和多元线性回归模型实证分析了社会资本对乡村环境治理效果的影响及其机制。本书通过基准回归分析发现，社会信任和社会组织能够显著改善乡村环境治理效果，并且社会信任和社会组织对改善水污染和空气污染的作用更为明显，而社会网络对乡村环境治理效果的影响不显著。基准回归结果在使用"县级层面社会资本均值"作为工具变量进行内生性处理和使用多种稳健性检验后，结论依然成立。异质性分析表明，相较于团结型村庄和分散型村庄，社会资本对分裂型村庄的环境治理改善作用更为明显；与经济欠发达地区的村庄相比，社会资本能够显著改善经济发达地区村庄的环境治理效果；与中部地区和西部地区的村庄相比，社会资本对东部地区的村庄环境治理效果的影响更为显著。

再次，基于前述理论分析和当前乡村振兴生态环境治理的主要内容，本书进一步使用中介效应和调节效应模型分析了社会资本改善乡村环境治理效果的作用机制。本书的研究发现，社会信任和社会组织能够通过村民生活污水处理、生活垃圾处理和畜禽粪污资源化利用行为改善乡村环境治理效果。社会资本强化了村集体的归属感以及个体在村集体中的身份、文化和价值认同，个人声誉和他人监督会使行为主体产生符合群体利益的行为动机，从而提高了村民参与生活污水处理、生活垃圾处理和畜禽粪污资源化利用的积极性。调节效应表明，基层政府提供的激励型环境规制和引导型环境规制能够增强社会资本改善乡村环境治理的内驱力，即社会资本改善乡村环境治理的效果受到政府环境规制的调节和推动。环境规制是政府提供的正式制度。政府通过严厉的监督和资金补助等方式，提高了村民对村庄资源价值和环境价值的重视程度，在增强村民信任互惠中提升了村民环境治理意愿，改善了乡村环境治理效果。

最后，基于上述研究内容和结论，本书从积极培育村庄社会资本、发挥村庄非正式制度作用、发挥基层党组织党建引领作用、加强基层环保制度建设等角度提出进一步提升乡村环境治理效果的政策建议。本书基于社会资本视角，研究了村民之间环境治理合作的形成机制和环境治理的具体效果，这为推进中国环境治理体系和治理能力现代化，健全乡村自治实践和多元参与的社会治理机制提供了经验证据和决策参考。

马军旗

2022 年 6 月

目录

第一章
导论

第一节 研究背景与意义

一、研究背景

乡村生态环境治理关乎民族未来和人民福祉，牢固树立"绿水青山就是金山银山"的绿色发展理念，集中治理农村突出的环境污染问题，已经成为实现乡村生态振兴的关键举措。在中国现代化进程中，农村经济取得了快速发展，农村居民人均收入从 2007 年的 4 140.36 元增长到 2017 年的 13 432.4 元，增长了约 2.2 倍。然而，在乡村经济发展取得巨大成就的同时，许多地区生态环境却遭到了不同程度的破坏（乐章等，2019；王亚华，2016）。以土壤污染为例，2017 年《全国土壤污染调查公报》显示，中国耕地土壤点位超标率已经达到 19.4%（李玉红等，2018）。2018 年《中国农村统计年鉴》的数据表明，2017 年中国农业化肥施用量已达 5 859.4 万吨，相较于 2007 年的 5 107.8 万吨，增长率已超过 14.7%。农业面源污染、乡镇污染企业转移以及生活废弃物污染交织叠加已经成为当前乡村环境污染的主要问题（王晓毅，2014）。乡村环境污染不仅严重损害了乡村居民的生存环境和健康状况（Grossmon，1995；苗燕青，2010），还严重破坏了空气、耕地以及水体生态系统和社会功能的发挥，已经成为制约农村经济和生态可持续发展的主要瓶颈之一（钟水映等，2017）。如何破解乡村环境污染治理难题，改善乡村生态环境质量已成为当前政府和学界关注的焦点之一。

为加强农村生态环境保护，推进农村绿色可持续发展，早在 2007 年国家环保总局出台的《关于加强农村环境保护工作的意见》就强调要完善环境法律规范和环境技术支撑，并积极调动农民参与来化解农村环境污染的现实路径。2009年环境保护部出台的《关于深化"以奖促治"工作促进农村生态文明建设的指导意见》也指出要加快解决农村突出的环境污染问题，多渠道筹集资金，建立政府激励与市场机制相结合的政策机制，引导和鼓励社会资金参与农村环境保护。2018年生态环境部、农业农村部出台的《农业农村污染治理攻坚战行动计划》更是将水源保护、生活污水治理、畜禽养殖污染和种植业面源污染作为农村环境保护的重点任务，强调要以培育市场主体和政府监管相结合，并积极发挥村民自治的社会第三方力量的环境治理体系建设。经过十几年的乡村生态环境治理，中国农村环境治理成效显著。2018年《中国生态环境统计公报》显示，全国地表水质断面Ⅰ至Ⅲ类比例为71.0%，比2017年上升了3.1个百分点，劣Ⅴ类比例为6.7%，比2017年下降了1.6个百分点。2017年，农业用水量为占总用水量的62.4%。水稻、玉米、小麦中的化肥利用效率为37.8%，比2015年上升2.6个百分点；农药利用效率为38.8%，比2015年上升2.2个百分点。但由于产业结构单一、环境基础设施投入不足、城乡二元结构以及公众参与积极性不高等原因，农村环境污染问题依旧突出（沈费伟等，2016；洪大用等，2004），农村环境污染和生态环境退化的趋势并未得到有效遏制，环境污染治理依旧任重道远（王亚华，2016；何寿奎，2019）。

农村环境污染是"公地悲剧"或"囚徒困境"的典型表现，公地资源的利用和保护涉及个体理性和集体理性之间的博弈问题。由于乡村环境污染具有典型的公共物品性质，因此在缺少硬性约束条件和机会主义行为下，个体总是会有过度利用的动机（宋言奇，2010）。环境污染的负外部性和环境治理的正外部性使得人们必须考虑怎样的环境治理框架能够具有自我执行的性质。有研究表明，村庄作为乡村环境治理的基本单元，村庄内部的社会规范、社会网络、信任关系等社会资本由于能够降低内部信息交换与规则实施成本，从而能实现有效的自主治理，增进社区共同利益（North，1990；Ostrom，1990）。良好的社会信任能让村民感知社区成员在环境保护中的行为态度，这种"相信你遵守规则，我也就会遵守规则"的信任契约，降低了交易和监督成本，从而使得环境治理共同目标的达成（Pretty，2003；Wagner et al.，2008）。互惠规范虽然是非正式规则，但是能够形成软约束规范个人行为，确保不遵守规则的人受到惩罚，并能够确保遵守规则的个体不受损害，从而形成环境治理的凝聚力量（Coleman，1990；Anderson，2006）。包含了不同类型的社会组织的多元社会网络，能使环保信息和沟通在团体内部充分展开，促成村民成员共同的价值诉求，从而增强了团体成员环境保护意识（Cramb，2005；Jones et al.，2011）。有学者指出，20 世纪90 年代以来，世界各地已经存在着 40 多万个环境保护团体在森林、河流、灌溉以及水污染防治等环境保护中发挥作用，产生了良好的生态效益（Pretty，2001）。

乡村是基层治理的基本单元，同时也是村民生产生活和环境治理的主要场域。在乡村振兴战略背景下，积极培育村庄内部社会资本水平以提升村民自治与合作能力，对破解环境治理中的"搭便车"行为，提升环境治理水平发挥着重要作用（史雨星，2019）。2018 年 9 月，中共中央、国务院印发的《乡村振兴战略规划（2018—2022 年）》提出，建立健全党委领导、社会协同、公众参与的现代农村社会治理体制，充分发挥村规民约和自治章程深化村民自治实践。2019 年 11 月，党的十九届四中全会提出了要构建基层社会治理新格局，完善群众参与基层社会治理的制度化渠道，健全党组织领导的自治、法治、德治相结合的城乡基层治理体系。2021 年，中共中央办公厅、国务院办公厅印发了《农村人居环境整治提升五年行动方案（2021—2025 年）》，提出要充分发挥农民主体作用和基层组织作用，鼓励将村庄环境卫生等要求纳入村规民约，对破坏人居环境行为加强批评教育和约束管理。在乡村振兴和多元共治的社会治理背景下，基于自治理论和集体行动理论，探讨社会资本对乡村环境治理效果的影响与作用机制，对挖掘乡村内生环境治理动力、提高乡村环境政策工具有效运用，从而对不断完善环境治理体系和治理能力现代化建设具有重要的现实意义。

具体而言，本书主要考察了以下三个问题：第一，当前村庄社会资本存在何种形式、存量如何？第二，社会资本能否改善乡村环境治理的效果？如果能，其中间又存在何种机制？第三，由于受历史、经济和自然地理条件的制约，社会资本在改善乡村环境治理中是否存在某种差异？基于上述问题，首先，本书对公共事物治理相关的理论进行梳理，在此基础上构建了社会资本与乡村环境治理效果的理论框架和研究假说。其次，本书基于2012—2016 年中国劳动力动态调查数据中 623 个村庄样本进行社会资本与乡村环境治理效果的实证分析和机制检验。最后，本书依据研究结论，提出相关政策建议，为当前完善现代化治理体系提供决策参考。

二、研究意义

(一) 理论意义

1. 本书的研究为公共事物治理理论在环境治理中的应用提供了中国现实场景

奥斯特罗姆提出的集体行动理论主要基于国外农村灌溉制度和公共池塘资源研究,认为在一定规模的社区范围内,人们通过相互交流、沟通和博弈能够找到解决"公地悲剧"的非正式制度安排,从而在面对"搭便车"或存在机会主义诱惑时实现持久共同的合作 (Pretty, 2003; Wagner et al., 2008)。该理论为分析中国农村环境污染治理提供了有力的理论工具。中国农村具有典型的熟人社会性质,人际关系、社会网络以及信任互惠在其中发挥重要作用,人格化的信任能够打破"囚徒困境",村庄内部居民在长期生活中形成的规范和互惠规则能够促进村庄内部居民环境治理的合作与环境治理的集体行动,从而能够实现乡村环境治理的改善。应该说,当前中国乡村的公共事物治理还处于发展阶段,使用集体行动理论来具体分析中国现实情形,将能够为中国乡村环境治理路径提供有益启示。

2. 本书的研究丰富了自主治理理论下中国乡村环境治理效果和机理研究

自主治理理论认为,公共池塘资源的共享者们可以有效地进行自主治理,有别于政府和市场机制。该理论认为,在彼此信息沟通及时、充分的村庄内部,其可以有效地管理公共池塘资源。自主治理理论的核心内容就是一组具有共同利益的委托人如何把自己组织起来,从而在面对"搭便车"和机会主义行为下取得持久和共同的利益。自主治理理论要解决的核心问题是新制度的供给、监督以及可信承诺等问题。传统乡村具有典型的熟人社会性质,社会信任、社会网络以及互惠规范在其中发挥重要作用,通过内部的监督和惩罚机制,个体的决策将受到村庄内部规范和隐含契约的制约或激励,村民将基于内部的社会规范和道德习俗,促成环境治理的监督和合作。

(二) 现实意义

1. 乡村环境治理是实施乡村振兴、实现美丽乡村建设的核心要义

乡村生态环境治理不仅关系民族未来,同时也关系农民生产生活和健康水平。良好的生态环境是社会生产力发展的基本要素,扎实推进农村生态环境治理，是实现农村生态宜居和农业绿色可持续发展的重要内容。2017年，党的十九大提出实施乡村振兴战略，加快生态文明体制改革，着力解决突出环境问题。2018年，中共中央、国务院印发的《乡村振兴战略规划（2018—2022年）》提出健全生态保护补偿机制，加强生态宜居的美丽乡村建设，进一步强调要牢固树立和践行绿水青山就是金山银山的理念，推动乡村生态振兴，推进农业绿色发展和持续改善农村人居环境，实现农村生态公共产品的稳步提升。2019年的中央一号文件更是进一步明确为加强农村污染治理和生态环境保护，扎实推进乡村人居环境整治行动。因此，加快提升乡村环境治理水平，对深入推进乡村振兴战略，实现乡村生态宜居和美丽乡村建设，具有重要的现实意义。

2. 乡村环境治理为打造共建共享共治社区社会治理新格局提供了重要契机

农村社区是社会治理的基本单元，是国家治理体系和治理能力现代化的微观基础（徐勇，2016）。我国目前正处于社会治理模式转型之中，建立共建共享共治的环境治理新格局，是社会治理体制机制创新的重要目标。2017年6月印发的《中共中央、国务院关于加强和完善城乡社区治理的意见》指出，实现党领导下的政府治理和社会调节、居民治理良性互动，充分发挥自治章程、村规民约、居民公约在城乡社区治理中的积极作用。2017年10月，党的十九大报告指出，要加强社区治理体系建设，推动社会治理重心向基层下移，发挥社会组织作用，实现政府治理和社会调节、居民自治良性互动。2019年，党的十九届四中全会提出要构建基层社会治理新格局，健全基层党组织领导的自治、法治和德治相结合的社会治理体制机制，实现政府治理和社会调节、居民自治良性互动。社区社会资本对提高村民自治积极性，解决乡村环境治理的合作困境和促进集体行动具有重要现实意义，其存量和结构决定人们参与公共事物治理的质量和解决公共问题的效率。以基层村庄为研究单元，探讨社会资本对乡村环境治理效果，能够更为具体地考察基于村庄内部的村民，如何通过内在的社会规范和社会信任改善自身参与决策，可以更为具体地了解政府环境治理、市场环境治理和社区自主治理内在逻辑和动态演变趋势，为更好地推进基层治理现代化建设提供了良好的实践依据。

第二节 研究内容与结构安排

一、研究内容

农村生态环境治理的本质是农村生产方式的变革和居民生产生活方式的改变，这表征着中国未来乡村振兴和乡村绿色可持续发展的基本方向（刘晓光，2015）。改革开放 40 多年来，中国环境治理路径和模式分别经历了政府主导→市场参与→政府、市场和社区共治的治理路径，强调单一治理的模式→强调社会多元参与的模式，实现了环境治理思路的重大突破。已有文献指出，社会资本对乡村环境治理效果带来了或"正"或"负"的影响。社会资本能否提高乡村环境治理绩效？如果能，其改善的机制是什么？社会资本在不同村庄内的环境治理效果是否存在差异？基于上述问题，本书的研究内容主要包括以下五个方面：

其一，本书以农村环境污染治理为主线，一方面，通过梳理相关政策文本和历史文献，全面了解中国农村环境污染的趋势、治理措施和历史发展脉络；对社会资本维度、测量以及内容的文献进行细致的梳理，并就社会资本对环境治理效果影响的文献进行细致的梳理。另一方面，本书对已有的关于公共事物治理的经典理论进行挖掘，建立起本书的研究所需要的理论框架，从而为本书的实证分析和理论分析提供基础。

其二，本书使用 2012 年、2014 年和 2016 年三期中国劳动力动态调查中的村庄样本，首先对村庄社会资本测量指标和方法进行详细梳理，并基于探索性因子分析的方法，考察了当前村庄社会资本的形式和存量以及动态变动趋势。本书分析了农村环境污染治理效果变动趋势及农村水污染、空气污染、土壤污染、噪声污染的现实状况。

其三，本书使用 Logit 模型、多元线性回归模型以及在序 Probit 模型，实证检验了社会资本对乡村环境治理效果的具体效应。在基准回归中，本书对社会资本与乡村环境污染治理效果进行分析。在进一步的分析中，本书探讨了社会资本对水污染、空气污染、土壤污染和噪声污染的治理效果差异。在内生性讨论中，本书使用工具变量和多种稳健性检验的方法，对上述回归结果进行检验。在异质性分析中，本书分村庄结构、地理位置以及经济发展水平对社会资本改善乡村环境治理效果进行分析。

其四，本书使用中介效应检验方法和调节效应检验方法，分析了当前中介效应机制检验的流程与方法，并在此基础上设定了本书中介效应和调节效应检验模型。本书考察了社会资本影响乡村环境治理效果的具体机制，使用生活污水处理、生活垃圾处理、畜禽粪污资源化利用作为中介变量，用以衡量村民环境治理参与意愿。本书使用环境规制（包括激励型环境规制和引导型环境规制）用以衡量基层政府在乡村治理中的作用。

其五，本书基于上述研究结论和实证分析结果，提出建立健全农村生态补偿机制和加强环境监管执法力量、积极培育村庄内部社会资本以及发挥村规民约等非正式制度改善乡村环境治理效果的政策建议。

二、研究结构安排

本书的研究结构主要包含导论、文献综述、理论基础与分析框架、实证分析、研究结论与政策启示五大部分。本书的研究结构安排如下：

第一部分为导论，即第一章。该部分包含三个方面的内容：第一，研究背景与意义，主要从农村环境治理的状况、农村环境污染的现实情况以及当前中国在乡村环境治理中的政策导向进行梳理。第二，研究内容与结构安排，对研究内容进行梳理，从而能够从整体上把握研究的主要目标。第三，研究方法与创新，重点阐述了本书区别于已有文献的边际贡献。

第二部分为文献综述，即第二章。该部分主要包含三个方面的内容：第一方面的内容主要涉及乡村环境、乡村环境污染、乡村环境治理的文献综述。第二方面的内容主要涉及社会资本的定义、社会资本的层次、社会资本的测度以及社会资本的争议的文献综述。第三方面的内容主要涉及社会资本与乡村环境治理效果综述。

第三部分为理论基础与分析框架，即第三章。该部分重点分析集体行动理论、自主治理理论、多中心治理理论以及重复博弈理论。上述理论具有共通性，即都将围绕村民在环境治理中面临"搭便车"的情况下，如何使村庄内部居民自发进行合作，从而实现并增进共同环境利益。此外，本部分在理论分析的基础上提出本书的分析框架和假说。

第四部分为实证分析，即第四章、第五章、第六章。该部分包含三个方面的主要内容：第一，乡村环境治理效果与社会资本测量分析。第二，社会资本对乡村环境治理效果的影响分析。第三，社会资本影响乡村环境治理效果的机制分析。

第五部分为研究结论与政策启示，即第七章。该部分主要梳理了本书的主要研究发现，提出研究结论和政策启示，结合当前乡村振兴的主要成就和不足，对乡村振兴与乡村环境治理进行进一步讨论与研究展望，倡导积极发掘传统农村社会资本内容，培育新型社会资本理念，从而加快推进乡村生态文明建设。

第三节　研究方法与创新

一、研究方法

本书主要考察了社会资本对乡村环境治理效果的影响和作用机制，在详细梳理社会资本和环境治理的相关文献中，总结提炼研究所需理论和分析方法，并结合中国乡村环境治理的具体情况，采用文献研究与定量研究相结合、理论分析与实证检验相结合的研究方法，探讨社会资本与乡村环境治理效果的关系。具体而言，本书的研究方法如下：

（一）文献研究方法

对文献进行研究能够更好地把握研究的来龙去脉，本书首先梳理了我国有关乡村环境治理的政策文件，对我国乡村环境治理历史演变进行详细梳理和总结。本书进一步通过文献研究方法对社会资本、乡村环境治理、社会资本与环境治理效果等进行详细梳理。在此基础上，本书总结归纳与研究相关的环境治理相关理论，确定本书的研究框架和研究假设。

（二）定量研究方法

定量研究方法在本书中的运用主要体现在以下三个方面：第一，本书使用探索性因子分析的方法对社区社会资本存量进行测度。第二，本书使用多元线性回归和 Logit 模型检验社会资本对乡村环境治理的效果，从数据分析层面考察社会资本能否对环境治理和环境治理行动带来影响及带来何种影响。第三，本书使用中介效应和调节效应检验方法就当前社会资本影响乡村环境治理的具体机制进行检验，并基于集体行动理论和自治理论来详细探讨社会资本影响环境治理的内在逻辑。

（三）定性研究方法

定性研究方法主要集中在理论分析与研究框架方面。首先，本书通过已有相关理论基础，梳理当前乡村环境治理的逻辑和制度演变规律。其次，在理论分析的基础上，本书定性梳理了研究框架和研究假说，留待后续进行实证检验。最后，本书主要基于定性探讨和定量研究相结合，分析了乡村环境治理的政策变迁和治理效果。

二、研究创新

乡村振兴事关全面建成小康社会的顺利实现，同时也事关乡村生态宜居和美丽乡村建设的顺利完成，如何发挥乡村内生环境治理力量，开展自主治理实践，提升村民环境治理参与积极性已经成为政府和学界关注的焦点问题。相较于以往的研究，本书的研究创新主要表现在以下三个方面：

第一，在分析层次上，有别于已有研究使用农户或个体作为环境治理效果的研究单位，本书以村庄为研究单元。村庄是基层社会治理的基本单元，同时是乡村环境治理的主要场域，通过村庄这一微观社会组织，我们能够很好地观察农村社会活动以及区域性的构成要素（徐勇，2016）。因此，以村庄为单元考察社会资本与环境治理效果，更好地契合了当前乡村环境治理的治理单元和治理场域。

第二，在研究内容上，本书基于已有研究，构建了一个较为全面且具有可操作性的社区社会资本量表，并使用可得数据检验了该量表的信度和效度，为以后研究社区社会资本提供了一定的经验参考。本书基于自主治理理论和集体行动理论，构建了一个分析社会资本与乡村环境治理的分析框架，并在此框架内具体探讨了社会资本影响环境治理效果的中介机制和调节机制。相较于已有的社会资本与乡村环境治理效果的定性讨论或截面分析，本书使用 2012—2016 年非平衡面板数据对社会资本与乡村环境治理效果进行动态性描述与实证检验，具有更好的时效性和代表性。

第三，在研究方法上，本书使用工具变量方法处理模型内生性。已有相关研究要么基于定性探讨、要么局限于数据可得性，缺少对模型可能存在内生性的探讨。本书使用县级层面社会资本作为工具变量解决模型存在的内生性问题，并进行了豪斯曼检验和弱工具变量检验，体现了本书基准回归估计结果的稳健性。

三、研究技术路线

本书利用公开的、权威的村庄调查数据，遵循文献综述→理论与框架→实证分析→影响机制→政策建议的路径，对当前村庄社会资本与环境治理效果之间的关系进行深入分析。本书的研究思路如下：

（1）文献回顾。本书通过文献回顾系统梳理社会资本与乡村环境治理绩效状况，确定主题思路，为确定研究框架提供理论指导。文献综述从社会资本、乡村环境污染、社会资本与乡村环境污染治理效果三个方面展开。

（2）理论基础与分析框架。本书基于集体行动理论、自主治理理论、多中心治理理论以及重复博弈理论，构建用于分析社会资本与环境治理效果之间关系的研究框架，在该框架内分析村民参与环境治理行为决策。

（3）社区社会资本测量与乡村环境治理效果的描述性分析。本书使用2012—2016年CLDS村庄数据构建了社会资本指标体系对其进行测量，就村庄内社会资本存量与分布给出描述与解释。此外，本书总结和梳理了乡村环境治理政策的历史沿革，并对当前乡村环境治理效果和污染状况进行描述与解释。

（4）社会资本与乡村环境治理效果的实证分析。本书科学测度村庄内部社会资本存量和环境污染状况，建立Logit模型和多元线性回归模型考察社会资本是否存在改善乡村环境治理的显著效应。

（5）影响机制分析。本书建立了中介效应检验模型，通过理论分析检验社会资本是否通过生活污水治理行为、生活垃圾治理行为和畜禽粪污资源化利用行为改善了乡村环境治理效果。本书建立了调节效应模型，使用激励型环境规制和引导型环境规制检验其在社会资本对乡村环境治理效果中的调节作用。

（6）政策设计。本书通过实证分析得出社会资本的环境绩效分析结果，结合当前全面推进乡村振兴背景下，为实现美丽乡村建设和农村人居环境整治提供参考。

研究技术路线如图1-1所示。

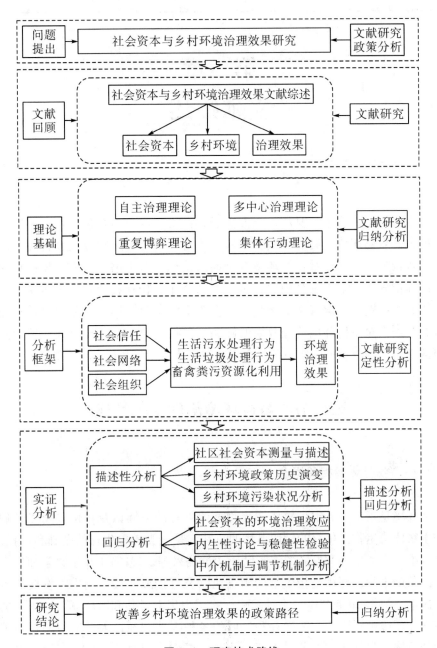

图 1-1　研究技术路线

第二章
文献综述

本书的文献综述主要从三个方面展开：第一部分内容包括乡村环境相关概念、乡村环境污染的类型、乡村环境污染的负面影响以及乡村环境治理的政策工具，旨在对乡村环境有全面的认识，对本书的研究对象进行深入的理论分析。第二部分内容梳理了社会资本，包括社会资本的定义、社会资本的层次、社会资本的测量、社会资本的争议。第三部分内容重点梳理社会资本对乡村环境治理效果的影响，包括社会资本对乡村环境治理效果的正向影响或负向影响以及社会资本、集体行动与乡村环境治理。

第一节　乡村环境治理文献综述

一、乡村环境相关概念

环境是指某一特定生物体或生物群体以外的空间以及直接或间接影响该生物体或生物体生存的一切事物的总和，是人类赖以生存的基础和依托，也是维系人类生存和发展的重要保证（黄茂兴等，2016）。从生物学和生态学的角度来看，环境是指生物的栖息地以及直接或间接影响生物发展的各种因素。根据 2015 年 1 月 1 日起施行的《中华人民共和国环境保护法》的定义，环境是指影响人类生存和发展的各种天然和经过人工改造的自然因素的总体，包括大气、水、海洋、土地、矿藏、森林、草原、湿地、野生动物、自然遗迹、人文遗迹、自然保护区、风景名胜区、城市和乡村等。该定义将人类的生存系统和生存空间纳入统一的整体来看待。更具体地说，经济学将环境资源作为一种资本，简称自然资本（nature capital）。自然资本①是有价值的，它与物质资本、社会资本、金融资本一样，具有可再生和保值增值的能力，其存量和改进能够提高人们的福利水平（钟水映等，2015）。科斯坦纳（Costanza，1997）对全球生态系统与自然资本价值进行过测算，发现自然资本的价值在全球经济价值中有重要作用。社区内部的自然资本包括森林、河流、沼泽、湿地、动物、植物等要素。良好的生态环境为农村发展和农村居民可持续生存提供了基本的物质基础（唐丽霞等，2008）。社区自然资本不仅能够为人们提供清洁的空气、进行农业灌溉和调洪蓄洪，还具有直接的使用价值，如为销售而产出的木材、农作物、可再生资源以及生态旅游等（Green et al.，2016）。在工业化之前，人们对自然的依赖程度较高，对生态环境充满敬畏与崇拜，更多是强调顺应自然和保护自然的资源利用方式（王晓毅，2010）。然而，伴随着农业城镇化和农业现代化的快速发展，中国乡村生态环境还面临着较为突出的问题，如何保护生态环境资源，从而持续促进乡村绿色可持续发展，成为当前学界关注的重点问题之一。

二、乡村环境污染的类型

（一）乡镇工业企业污染

20 世纪 80 年代初，中国乡镇企业发展迅速，工业化成为乡村经济增长的重要源泉（王丽红等，2016），部分村庄依靠自身资源禀赋和区位优势，吸引乡镇企业和资本流入（乐章等，2019；Ryser et al.，2010），在实现大量农村剩余劳动力非农就业的同时，也为村庄脱贫致富和经济发展带来了积极作用（刘琦等，2018；Crowe et al.，2010）。然而，乡村城镇化过程中也带来了比较严重的环境问题。一方面，由于当时的环境保护意识不强，一些被城市淘汰和驱逐而转移到农村的企业，普遍存在能耗高、设备差和工艺旧等特点（闵继胜，2016）。乡镇企业产生的工业"三废"直接进入环境之中，造成严重的水源污染和土壤污染（王军，2015；闵继胜，2016）。另一方面，在不断发展的过程中，乡镇企业散点分布及缺少合理规划的客观现实，使得乡镇企业造成的乡村环境污染问题远远超过城市环境污染问题（闵继胜，2016）。规模不断扩大的乡镇企业通过占用耕地和砍伐森林来

---

①　自然资本是指可以为人类提供生态资源和环境服务的生态资源（如各种农产品）、资源存量（如土地、水和空气等）和环境服务（如水循环、空气净化），不仅包括水、矿产、木材资源，还包括森林、草原、沼泽等生态系统以及生物多样性。

满足扩张性规模需求，造成土壤沙化和土壤污染，严重制约了村庄可持续发展能力（金书秦等，2014；王军等，2015）。为此，1984 年出台的《国务院关于加强乡镇、街道企业环境管理的规定》指出，禁止企业向乡镇和街道转移工业污染物。乡镇工业企业污染问题一度成为社会关注的焦点。

乡镇企业工业污染的产生是乡镇企业个体牺牲环境质量换取经济利益的结果，同时也是中央政府与地方政府以及地方政府之间的多重利益博弈的结果（周昭，2008）。中央政府实际上是环境污染治理政策的制定者，而地方政府则是环境污染治理政策的执行者，中央政府与地方政府之间实际上形成了一种"委托-代理"关系。在全社会环境资源总量一定的情况下，地方政府在与中央政府进行博弈的过程中拥有更多信息优势，这使得地方政府的行为决策将主要集中在经济增长和政治晋升方面。基于环境外部性考虑，在全社会环境资源可利用的情形下，地方政府之间也有动力放任企业排污，以取得本地区经济发展和产业发展。这表明，在我国转变经济发展方式的背景下，中央政府和地方政府之间的利益不一致是导致乡镇环境污染的重要原因。

（二）农业面源污染

农业面源污染的定义最早来自美国《清洁水法案》（*The Clean Water Act，CWA*）（Lee，1979），该法案将农业面源污染定义为污染物以广义、微量和分散的形式进入地表和地下水体。李秀芬（2010）认为，农业面源污染是指农业生产中形成的氮素和磷素以及农药等其他营养物质，通过地表径流和农田渗漏形成的环境污染，主要包括化肥污染、农药污染和畜禽粪便污染等。洪大用（2004）指出，面源污染是指污染物可以通过广域范围、扩散形式和更为细微的形式进入地表及地下水体，从而引起水体富营养化或土壤板结等形式的污染。农业面源污染主要来自农村生产中的化肥、农药、畜禽养殖污染、农村生活垃圾、生活污水等（饶静，2011）。化肥使用量的强度过高但使用效率低、农药使用量的增加、农膜使用量造成的"白色污染"、畜禽养殖产生的氨氮排放物都对农村环境污染产生了重要影响（杨滨键，2019）。2010 年第一次全国污染源普查公报数据显示，农业污染源中水污染排放化学需氧量为 1 324.09 万吨，总氮为 270.46 万吨、总磷为 28.47 万吨。与点源污染不同的是，面源污染由于具有较强的分散性、污染边界难以界定和成因复杂等特点，已经成为当前生态环境治理的主要对象之一（洪大用等，2004；苏杨等，2006；闵继胜，2016）。

农业生产过程中不合理地施用农药、化肥以及畜禽养殖污染是农村面源污染的主要原因（史长亮等，2016）。在农业生产中，农民对化肥、农药等生产要素的投入依赖明显，为提高粮食产量、增加农业收入，农民将更倾向于增加化肥、农药的使用量以提高粮食产量。化肥、农药的过度使用对农村生态环境的影响是多方面的。首先是土壤肥力遭到了不同程度的破坏，土地失去自身肥力，土壤板结现象较为明显，土壤中的微量元素减少，抗病虫害能力被削弱。其次是农村生物多样性减少，农民为减少劳动力投入成本，对农业病虫害的防治倾向于选择多使用农药。例如，在豫东平原农村地区，农业种植为一年两季，秋季种植冬小麦，夏季种植玉米、大豆、芝麻等。因为每一季作物都需要施用两遍农药，长期以来，豫东平原地区的生物多样性减少已很明显，在 20 世纪 90 年代田地中常见的野兔、野鸡以及野鸭等物种已经较为少见。最后，化肥、农药的施用带来的还有化肥、农药废弃物包装袋的随意丢弃。在豫东平原地区，多数农民在施用化肥、农药后将包装袋丢在路口或井口边沿，化肥、农药包装袋在自然环境中极难降解。长此以往，其不仅影响了村容村貌，还对地下水和土壤造成污染。2017 年农业部数据显示，中国农作物化肥施用量为亩均 21.9 千克，该施肥量远高于世界平均水平（亩均 8 千克），是美国的 2.6 倍、欧盟的 2.5 倍。中国是农药施用量大国。20 世纪 50 年代，中国已经开始了农药、杀虫剂的使用。到 2005 年时，中国农药的使用量累积已经达到了 400 万吨。仅 2009年一年，中国农药使用量就达到了 17 万吨，除草剂使用量达到了 70 万吨。一般而言，农药使用量的 20%~30% 可以直接供农作物吸收，其余的将长期留存于土壤之中，经水分渗漏和雨水冲刷进入地下径流和河流水域之中，最终进入人类食物网络系统中，严重危害人体健康（温铁军，2013）。此外，中国每年畜禽养殖污染物年产量约为 38 亿吨，畜禽养殖业所造成的化学需氧量约是农业污染源综合排放的 96%，是工业有机污染的 4.1 倍（何寿奎，2019）。农业面源污染的防治还存在防治技术不足、防治主体多元性缺失、防治机制不够健全等问题，畜禽养殖污染和农药、化肥的不合理使用，导致大量的氮、磷元素在村庄池塘、湖泊、河流中富集，导致水域系统因水体富营养化发黑、变绿，从而破坏了水生态系统平衡（范彬，2014）。

当前治理农业面源污染的措施主要包括环境税制（Hansen，1998）、技术进步（武淑霞等，2018）、环境立法（Wardrapper，2017；李丽，2016）。首先，大量文献表明，环境税制在治理农业面源污染过程中具有较高的效率（Hansen，1998），因此合适的环境税机制可以实现经济效率和环境效率的平衡。但是，环境税制也面临较为严重的问题，这是因为多样的环境污染机制及复杂的面源污染源头，使得检测者观测每一个体排污的水平非常困难，同时衡量个体排污的成本也比较高，信息不对称在一定程度上导致环境税制工具应对农业面源污染问题时受到阻碍（Shortle，1998；Cabe，1992）。其次，农业面源污染防控技术可以分为源头控制、过程拦截和源头净化，即通过水肥综合技术、大中型沼气工程技术以及畜禽养殖废弃物肥料化还田利用技术，因地制宜，末端治理与源头治理相互结合的控制策略。农业面源污染的防治要以绿色发展理念为指导，提升农业面源污染防治的监测技术和指导理念（杨滨键，2019）。最后，农业面源污染防治立法。环境立法，即主要通过法律约束，限制农村居民的面源污染行为。例如，2017年出台的《关于加快推进畜禽养殖废弃物资源化利用的意见》提出的农村环境治理的政策、法规和标准体系。我国应在充分借鉴国外面源污染立法的基础上，促进防治农业畜禽养殖污染、农业生产生活污染立法，推动农业的可持续发展和美丽乡村建设的实现。

（三）居民生产生活污染

居民生产生活污染物主要包括生活污水、固体废弃物、厨余垃圾等。伴随着中国现代化和城市化的快速发展，具有自我循环功能的农业生产逐渐被单向的工业生产取代，农村居民消费水平迅速提高，"垃圾围村"或"垃圾围坝"的现象日益出现，进一步影响了农村居民的身心健康（蒋培，2019）。作为一种社会产物，生活垃圾连接社会和自然生态系统，农村生活垃圾排放已成为农村卫生环境最主要的污染源。除了直接影响农村环境卫生之外，其中的渗滤液、有毒有害物质还会直接污染土壤和水体，从而造成"二次污染"，对生态环境和水资源造成严重破坏（刘莹等，2012；Wang，2009；Bennett，2010）。当前农村人居环境整治中提出要以厕所革命、生活污水治理、生活垃圾治理和村容村貌提升为重点内容，但在实施过程中还存在一定的问题。例如，在豫东平原的乡村中，"旱改厕"工程显著改善了农民生活的便利性，但由于农村排污管道建设滞后，在解决水冲厕所入口问题的同时，还未能很好地解决厕所排污的出口难题。不仅如此，农民居民生活污水的处理主要通过自家污水沉淀池或直接倾倒于路外，生活污水管道没有统一建立起来。这不仅不利于提升村容村貌，还对农村地表水和地下水造成的污染具有长期性与不可逆性。生活生产带来的农村生态污染已经成为实现乡村振兴必须要克服的难题。

城镇化使得中国农村生活垃圾的处理成为一项政府治理的必要内容（Schulz，2015）。由于垃圾体系建设滞后于垃圾规模，居民垃圾分类标准模糊、居民参与度低成为中国农村垃圾废物处理的困境（张劼颖等，2018）。之所以产生上述困境，一方面是因为中国城市和农村生活垃圾法规制定的不平衡，农村生活垃圾治理的法规的实行效率偏低，缺乏基于利益公平的原则将城乡生活垃圾实现统一规划（魏桂荣，2015）；另一方面是因为农村生活垃圾治理是一项系统性工程，需要发挥社会管理、村庄自治、村庄规范和社会关系的"规训"机制来促进村庄生活垃圾治理的良性循环，依靠政府法律权威和行政指令是农村生活垃圾治理的关键一步（蒋培，2019）。2016 年，中央财经领导小组第十四次会议指出，要普遍推行垃圾分类制度，加快建立垃圾分类与垃圾运输机制，形成以法制为基础，政府推动、全民参与、城乡统筹和因地制宜的垃圾分类制度。有学者指出，仅仅依靠单向度的自上而下的环境规制，并不能有效解决农村生活垃圾治理难题（易波等，2011），而以乡土社会为基础发展起来的村庄规范与乡规民约，在很大程度上可以影响并制约乡村环境治理的成效（唐建兵等，2015）。这些内部规制具有很强的"规训"效应，对村庄内部居民日常垃圾分类行为有重要的约束作用（蒋培，2019）。奥斯特罗姆也通过对发展中国家包括灌溉资源和森林资源在内的公共池塘资源的分析，提出可以通过自组织来解决乡村公共事物治理中的"搭便车"难题。除了通过政府规制与村庄内部"规训"制度来进行农村环境治理之外，依托于村庄经济发展及行政手段进行的惩罚机制也是保障农村垃圾分类机制的重要条件（蒋培，2019）。2018 年中共中央办公厅、国务院办公厅印发的《农村人居环境整治三年行动方案》指出，我国农村人居环境状况很不平衡，脏乱差问题在一些地区还比较突出，农村人居环境整治将以农村垃圾、污水治理和村容村貌提升为主攻方向。2019 年印发的《中共中央、国务院关于坚持农业农村优先发展做好"三农"工作的若干意见》也指出，要抓好农村人居环境整治三年行动，深入学习推广浙江"千村示范、万村整治"工程经验，全面推开以农村垃圾污水治理、厕所革命和村容村貌提升为重点的农村人居环境整治。

三、乡村环境污染的负面影响

（一）乡村环境污染与居民身心健康

良好的生态环境是当前实现农业农村绿色可持续发展的核心要义，环境污染不仅损害了居民生存环境和健康状况（徐双明等，2018；Susana，2016），还阻碍了人力资本积累和劳动力供给（Greenstone，2014；Chang et al.，2016），破坏了土壤、水体以及空气质量，从而严重影响了乡村经济发展的可持续性（钟水映和简新华，2017）。许多学者已经从经济学视角证实了环境污染对居民健康带来的损害（Janke，2014）。例如，有研究者

（Chen，2013）利用中国秦岭—淮河自然地理界线划分的取暖政策，采用断点回归分析指出，相较于南方居民，取暖政策使北方居民冬季室内总悬浮颗粒（TSPs）浓度平均高出总体水平的55%，这导致北方居民因心肺呼吸系统疾病死亡的概率提高，使得北方居民相较于南方居民人均寿命减少5.5年。埃本斯坦等（Ebenstein et al.，2015）使用1991—2012年中国疾病监测调查数据，基于成本与收益的分析框架进行的研究也表明了经济增长提高了中国居民的预期寿命。这主要得益于医疗卫生条件的改善和基层医疗系统的改进。然而环境污染作为经济发展的副产品，也提高了中国居民患心肺疾病的概率，从而抵消了经济增长带来的整体福利增进效应。基于相同的思路，涂正革等（2018）采用中国营养健康调查（CHNS）数据也证明了基于家庭收入的增长虽然能够减缓大气污染对公众健康的负向作用，但并没有抵消工业氮化物对健康的负向作用。

（二）乡村环境污染与村庄经济发展

环境经济学中经典的环境库兹涅茨曲线（Environmental Kuznets Curve，EKC）是在已有分析收入差距与经济增长的关系中演变而来的。20世纪50年代中期，发达国家在经济取得快速发展的同时，出现收入差距过大引起的社会矛盾激化等问题。库兹涅茨（Kuznets，1955）通过整理美国和英国等发达国家的时序数据，提出了收入差距与经济增长之间的倒"U"形曲线，即库兹涅茨曲线。环境库兹涅茨曲线分析了环境污染和经济增长之间的倒"U"形关系，即当一个国家经济发展处于较低水平时，迫于经济增长的压力，一国往往会牺牲环境来换取经济增长，而当经济发展达到一定程度后，由于治理能力和环保意识的增强，环境污染又会随着经济增长而好转。EKC假说现已成为环境经济学中的经典假说。

事实上，早在20世纪80至90年代，罗默（Romer，1990）和卢卡斯（Lucas，1988）在内生增长模型中，已将环境污染纳入生产函数之中，从而在内生环境污染框架下讨论环境污染与经济增长的关系。许多学者对不同区域的环境污染与经济增长进行分析。例如，陈诗一和陈登科（2018）使用中国268个城市雾霾污染数据进行分析发现，环境污染通过减缓个体人力资本积累和城市化进程两条路径，降低了中国经济发展质量；政府环境治理能够有效降低雾霾污染，从而促进经济发展质量的提升。丹尼尔（Daniel，2018）使用欧盟国家1990—2014年的面板数据，使用OLS模型估计了二氧化硫排放量和人均收入之间的关系，发现两者之间存在倒"U"形关系。马哈迈德（Muhammad，2016）基于动态全球化视角，搜集了19个非洲国家1971—2012年有关二氧化碳和人均收入的数据进行研究，结果表明，多数国家经济发展与环境污染关系符合环境库兹涅茨曲线假说，但是苏丹和赞比亚两国却呈现"U"形关系。有学者（Lee et al.，2015）使用国家统计局公布的 2003—2010 年的面板数据，依托固定效应模型研究了中国的环境污染与经济增长之间的关系，发现环境污染与经济增长之间不仅存在倒"U"形关系，也存在倒"N"形关系。

具体到农村地区，现有研究主要使用省际面板数据对农业面源污染与农村经济增长关系进行了分析。麦康奈尔（Mcconnell，1997）最早从理论层面分析了经济增长与农业面源污染之间的关系，认为农业面源污染作为农村主要的环境污染源，与农村经济可能存在环境库兹涅茨曲线关系。叶初升和惠利（2016）在使用单元调查评估法对中国农业面源污染核算中也指出，忽略农业生产污染造成的经济损失将导致农业全要素生产率被高估近一倍。基于此，有研究者（Zhang，2016）将环境污染纳入农业经济绩效分析框架内，考察了三峡移民库区农业面源污染（化肥投入密度、农药投入密度、农膜使用量）与农村居民人均收入的关系，研究发现两者存在倒"U"形关系，并指出当人均居民收入达到 6 167.64 元时，环境污染随收入增加而下降。进一步的，杜江（2016）在使用基于中国统计年鉴 1991—2013 年省级种植业投入与产出的面板数据，考察了农村环境库兹涅茨曲线的存在性和时空变化特征，并得出了与此相一致的结论。但是，由于方法和指标选取的差异，目前对不同区域环境污染与经济发展关系的研究仍未得出一致的结论（Domżał et al.，2015）。在经典的环境库兹涅茨理论中，孙大元等（2016）基于广东省 1995—2013 年的数据，分析了农业经济增长和面源污染之间的关系，发现两者确实呈现倒"U"形关系，环境污染对经济增长具有显著的正向影响，但负向作用还较为滞后。这是因为在农村经济发展初期，由于农村可消费的产品较少，环境质量的边际效用较低，而消费品的边际效用较高，此时人们会愿意依靠更多的环境成本来增加消费，以获取更多的福利水平和效用，从而出现环境污染与经济增长同增的现象。随着农村居民收入的增长，消费品带给人们的边际效用会逐渐下降，居民对自身健康的偏好表现更为突出（徐双明等，2018）。

农村环境污染，特别是农业面源污染不仅影响农村居民生计和健康状况，还对农业经济带来严重损害。杨丹辉等（2010）指出，土壤污染降低了土地生产能力和土地品质。一项关于污水灌溉的研究表明，污水灌溉造成了土壤污染，进而造成了严重的经济损失。以山东省为例，截至 2010 年年底，使用污水灌溉造成的经济损失已经达到数百亿元。环境退化使得维持农村生产的成本持续加大，在水土流失或农田污染区域，由于土壤肥力下降，土地生产能力需要依靠更多的化肥和人力投入。以西部地区草场为例，严重的土壤沙化和牧区草场退化，导致农业经济受到严重的负面影响。不仅如此，环境污染还造成农产品质量下降，从而影响了农产品销售。近年来频频出现农作物由于产品质量下降导致价格下跌等报道，说明环境污染对农村居民的经济利益产生了明显的影响。

四、乡村环境治理的政策工具

（一）命令-控制型环境政策工具

农村环境污染、生物多样性减少以及地下水开采过度问题，均可以被看成"公地悲剧"的典型表现。农村环境产品供给失灵，是由其内在属性，即非竞争性和非排他性决定的（王亚华，2016）。奥普尔斯（Ophuls，1973）指出，由于环境污染存在着"公地悲剧"，该问题无法通过合作来解决，因此建立较为强有力的权力型政府被认为是环境污染治理的重要手段。生态环境作为一种准公共物品，其公共属性决定了以政府为主导的环境治理模式在农村环境治理中必须起到主导作用（徐瑾等，2017；郭琰等，2008；肖巍，2003）。只有实行严格的法制建设，才是生态环境保护的重要保障，同时也是确保法律法规发挥作用的关键所在（范子英等，2019）。受区域差异和村民环境保护意识因素的影响，通过一系列组织机制将环境治理权力下放，从而通过法律规章制度来实现乡村环境的有效治理，其对应的制度运行模式实质便是韦伯的"科层官僚制"（韦伯，2006；杜辉，2018）。科层官僚制环境治理模式以保护社会整体环境为目的，政府通过设置一系列严密的法律法规制度，为生态治理提供了一套独特的技术和运行轨迹，从而使国家环境法律制度在环境治理中得以深入实施（杜辉，2018；刘璐等，2010；俞海等，2014；孟伟等，2015；Viard & Fu，2015；Ren et al.，2018；Cole et al.，2005）。目前，政府主导下的制度体系建设主要包含两种方案：一是环境法规制度建设。例如，美国在 1969 年颁布的《国家环境政策法》（*National Environmental Policy Act*，*NEPA*）指出，为维护环境质量，美国联邦政府将与各州政府采取财政或技术手段的合作措施，用于维持和增进环境绩效。2016 年，国务院印发的《"十三五"生态环境保护规划》和《土壤污染防治行动计划》都强调了推进环境污染防治立法，建立健全法规标准体系。二是税收和财政补贴方案。庇古（1920）在《福利经济学》中较早对环境保护与税收之间的关系进行研究，指出单纯依靠市场机制很难达到环境保护的最优状态，因此强调政府应该使用征税加以调节。

生态转移支付和税收征管在一定程度上提高了环境质量，提高了地方政府生态治理的努力程度（祁毓等，2019）。

政府主导的环境治理方案对减缓农村环境污染具有一定作用。但是，由于存在环境立法上的信息不完全和监督不完善情形，政府主导的环境治理方案在应对乡村环境治理的整体性中显得无能为力，在政治权威与乡村环境治理效果之间还存在诸多矛盾（周雪光，2011；张诚等，2018）。我国科层制环境治理模式极易造成环境治理的信息不对称，中央政府和地方政府的偏好不一致。中央政府的信息不对称和地方政府的规制竞争将导致"上有政策，下有对策"的非合作博弈关系（初钊鹏等，2017）。此外，从源头治理来看，地方治理与地方企业的污染"共谋"行为，也可能使得环境治理效果流于形式（初钊鹏等，2018）。因此，单纯的环境立法并不能显著抑制当地污染物排放（包群等，2015）。只有得到有力的实施和执行，环境监管对环境治理才可以发挥出实际效果（Wang et al，2009）。宋燕平等（2016）对我国1982—2015年农业环境保护政策进行了梳理，指出中国农业环境保护政策还存在立法监督不严、投入激励不足和公众参与度不高的脆弱性。环境治理的法制化还必须打破部门之间的藩篱，发挥农民的主体作用，构建部门协同环境治理的新范式（蒋培等，2019）。

（二）市场导向型环境政策工具

市场化的环境治理是区分于政府主导的环境治理的又一环境治理方案，该方案要求在凡是资源属于公共所有的地方实行私有产权制度（Demsetz，1976）。史密斯（Smith，1981）认为，为避免自然资源和野生动植物在利用时遭到破坏，建立私有化的产权制度是唯一的解决"公地悲剧"的途径。基于市场化的环境治理模式主要包括排污权税费和排污权交易制度两种方式：前者以庇古的外部性理论为基础，庇古在《福利经济学》一书中指出了环境污染社会成本和私人成本的偏离。对于污染企业而言，排放污染的成本由社会均摊，而由环境污染带来的利益却被企业自身拥有。只要政府直接干预，采取对污染企业征税的方式，征税额便是污染的社会成本与私人成本之差（沈满洪等，2001）。许多文献分析了污染税费对地区环境污染的影响（Orlov，2012；秦昌波，2015；Zhang，2011）。马加特等（Magat et al.，1990）基于对美国环保总局（Environmental Protection Agency's，EPA）相关水污染问题的研究，发现税费制度能够降低环境污染排放、减轻环境污染。范丹等（2018）采用动态面板模型和门槛模型分析发现，环境税费对环境污染指数和企业技术创新产生了双重红利，并且环境税费的环境治理效应存在单一面板门槛和双重面板门槛，即环境税费与环境治理效果之

间呈现非线性关系；税费制度环境治理效应对农村经济欠发达地区的环境
污染治理更为有效，因此2018年征收环境税的节点是中国打赢生态污染防
治攻坚战的关键契机①。然而也有学者对征收环境税的环境治理效应提出了
质疑。例如，科斯（Coase，1960）认为，环境污染税征收假定了政府对社
会成本和私人成本的衡量具有完全的信息，但在现实中该假定过于苛刻，
政府对企业污染行为和污染成本的信息通常是不完全的。社会成本和私人
成本并不能准确地由政府衡量，私人成本的污染物排放，如二氧化硫或细
颗粒物（PM2.5）的排放成本测量就极为困难，同时社会成本下的污染物
是物理性损害转化为人们的直观感受，这更加导致了环境成本测量的难度
增加（臧传琴，2009）。

以科斯的产权理论为基础，排污权交易制度认为，如果初始产权界定
清晰，无论产权怎样配置，只要市场交易的成本小于市场交易的收益，那
么环境污染治理总能得到有效率的结果（Coase，1960）。20世纪60年代以
后，该观点进一步得到戴尔斯（Dales，1968）和克罗克（Crocker，1966）
的发展与解释。蒙哥马利（Montgomery，1972）进一步证明了排污权交易制
度能够减少污染排放，提出该种市场化机制明显优于政府指令式治理。20
世纪90年代后，许多文献进一步构建了排污权交易制度和交易成本之间的
理论框架（Stavins，1995；Montero，1998）。排污权交易制度将环境当成一
种商品，把污染物"分割"成一些标准单位，可以在市场上自由拍卖，每
一份污染权的获得企业都可以获得一单位的污染排放权。这种环境规制实
现了资源的优化配置，降低了企业治理污染的财政负担。然而与征收污染
税相似的是，这种环境治理制度需要一定的前提，即需要完善的市场条件、
公平有效的竞争性市场环境以及有效的政府监督和管理。涂正革等（2015）
基于中国现实情境，研究了排污权交易制度的环境治理波特效应，指出排
污权交易制度能够在一定程度上减轻二氧化硫的排污问题。但是，由于市
场机制不健全和整体较弱的环境规制使得排污权交易制度并未形成波特效
应，因此依靠政府强制加强市场建设和环境制度供给是中国实现绿色可持
续发展的必由之路。

按照市场交易制度下的环境治理机制，中国农村目前已形成了包括政
府与社会资本合作（public-private partnership，PPP）环境治理模式（傅晶

---

① 2016年12月25日，中华人民共和国第十二届全国人民代表大会常务委员会第二十五次会
议审议通过了《中华人民共和国环境保护税法》，并规定该法自2018年1月1日起施行。该法明确
在中华人民共和国领域和中华人民共和国管辖的其他海域，直接向环境排放应税污染物的企业事业
单位和其他生产经营者为环境保护税的纳税人。

晶，2017；Zhang，2015）[①]、推动技术进步（Huber，1965）、生态补偿机制等市场化解决方案。PPP 环境治理模式并非新鲜事物，西方国家已经在生态环境治理、基础设施建设等方面进行诸多应用（Manos，2014；Xie，2016）。PPP 环境治理模式现已成为促进农村可持续发展的重要手段（熊伟等，2017）。《农村人居环境整治三年行动方案》中就明确指出，积极动员社会力量参与农村环境整治，通过特许经营权制度来规范引导社会资本参与农村环境治理。PPP 环境治理模式打破了已有的政府主导的治理格局，参与主体通过市场竞争，即竞标的方式与政府合作，使资本和技术在农村环境治理中流动，促进了城乡环境服务均等化和农村环境公共物品供给的多样性（杜焱强等，2018）。在美国，关于农村生活垃圾分散式处理方面，使用社区购买服务或政府购买服务方式的占比为 38%（Manos，2014）。杜焱强（2019）选取中国东、中、西三个地区的 PPP 环境治理模式案例进行研究，分析发现该模式打破了政府垄断地位，从而促进了政府和合作企业共赢的态势，一定程度上解决了农村环境污染治理中出现的资金短缺、技术落后和人力资本不足的问题（周正祥等，2015；赵福军等，2015）。

PPP 环境治理模式弥补了环境公共产品供需缺口问题，缩小了城乡公共服务差距，在一定程度上减缓了政府对环境治理的财政压力。但是，政府积极推广与社会资本参与动力不足形成"上热下冷"的反差，影响了PPP 项目的落地效率和实施效率（龚强等，2019）。这是因为：第一，合作企业重利润导向、轻社会责任的市场逐利行为可能会导致市场企业对农村环境治理产生"撇脂行为"（杜焱强等，2019），即市场合作企业更倾向于选择投资少、见效快的城镇环境治理项目，而农村环境治理因项目投资高、治污见效慢且规模效应小而被边缘化（杜焱强等，2019）。第二，环境标准变动产生的 PPP 项目合约的不完全性导致了该模式在具体实施中面临诸多困境（Iossa，2015），加之地方政府让社会资本承担公共品负担成为社会资本参与 PPP 项目的主要风险（柯永建等，2008）。第三，对于村庄内部而言，农村社区分散、污染源来源多，难以形成规模效应。此外，在私人社会资本介入农村环境治理的过程中，存在无视村民参与主体作用，村民参与积极性不足，导致村民与项目方的矛盾时有发生（杜焱强等，2019）。由此可见，市场化环境治理模式仍然面临合约边界模糊、政府监管薄弱以及

---

① PPP 模式一般还译为公私伙伴关系，国内一般称为政府与社会资本合作模式。该模式是指政府和私人企业之间通常以提供公共产品或服务为目的，达成一定的特许权协议。其优势是政府可以减少财政支出的压力，企业可以减少投资决策的风险。

公共参与主体缺失等一系列困境（刘薇，2015；Biginas，2015），实现农村有效的环境治理还需要更为健全的市场机制和多元化的合作机制（贾康等，2006）。

（三）社区自治型环境政策工具

伴随着公众参与社会化的转型，传统上依靠国家自上而下的环境规制或市场化特许权交易等正式制度已不能适应新的公民社会治理的新期待（王星，2012；黄森慰等，2017）。农村环境治理应回归本体，充分发挥农村居民的主体作用，引导农村居民积极参与到农村环境治理场域之中，形成责任分担、成果共享的环境善治格局。这已成为新时代生态环境治理的新动力（李宁等，2019；沈费伟，2019；蒋培，2019；胡珺等，2017）。在村民参与环境治理的实践中，奥斯特罗姆（1990）通过以社区为基础单元进行的研究，提出的发挥社区内部居民自主治理公共池塘资源的制度已经得到诸多发展中国家的应用和实践（李颖明等，2011）。奥斯特罗姆通过总结日本平野村庄森林资源、瑞士山林草场资源以及西班牙韦尔塔灌溉制度，指出这些地区自然资源管理之所以可以长期存续，是因为其存在一个相互封闭的系统。在这些村庄内部，人们采用了大量的规范来界定个体行为。这些规范能够使人们在一个相互依存的环境中生活，而不至于发生过度的冲突（Ostrom，1990）。信誉和信赖对个人而言都是一种重要的社会资产，从而能够促使村庄居民在长期自利的导向下接受被认为合理的形式准则（Johnson，1982）。社区规范等非正式制度的概念最早是由诺斯在《制度、制度变迁与经济绩效》一书中提出来的。依据诺斯的观点，非正式制度能够约束个体行为，并非人们有意的设计，而是由社区居民长期历史演化而来的（诺斯，1994）。随着非正式制度的提出，积极寻求"内发性"，充分发挥村民自主治理环境污染的治理模式，已是当前乡村生态振兴下的现实需要（将培，2019；韩从容，2009）。

越来越多的证据表明，社区村民经过长期历史形成的内部道德、宗教、规范、习俗等非正式制度对村庄公共物品供给具有积极影响（Tsai，2007；陈寒非等，2018；温莹莹等，2013）。虽然内部规则没有像正式制度那样清晰明确，但对解决公共产品供给和环境冲突却十分有效（胡珺，2017）。这是因为对于长期世代生活在农村地区的居民而言，农村居民拥有环境治理的现场知识，他们既是环境污染的制造者，也是农村环境污染的治理者，他们对污染地点、污染程度最为清楚（李颖明，2011）。青木昌彦（2016）通过博弈论的视角，考察了日本德川时期村庄的灌溉系统，指出由于灌溉系统的技术生态特征所导致的村民"搭便车"行为，一旦村庄灌溉系统建成以后，村庄任一居民就成为使用者，即使其在使用或维修灌溉系统中具有偷懒的行为，也很难给予其惩罚。但是，偷懒者参加村庄其他社会经济活动，其他村民会通过回绝偷懒者在紧要时（帮助盖房子或照顾病人等）需要帮忙的请求，这就使得在没有外部实施干预机制的情形下，威胁和惩罚变得有效，促成使用和维护灌溉系统的合作。温莹莹（2014）基于案例分析考察了历史因素长期形成的"头家轮流制"和习俗惯例对农村居民修建水泥道路的捐资行为，发现非正式制度促进了农村公共物品的供给。陈昕（2014）借鉴澳大利亚社区磋商小组形式（community consultation groups，CCG），以某一村庄内部的生活垃圾、生活污水以及农业面源污染等方面存在的问题为切入点，发现该模式对增强村庄内部的环境保护意识和环境治理能力有显著的促进作用。《农村人居环境整治三年行动方案》进一步明确了发挥村民主体作用，进一步发挥村规民约在乡村环境治理中的作用。徐志刚（2016）基于8个省份330户家禽养殖户的调查数据分析指出，农村熟人社会带来的声誉机制能够显著提高农户的环境治理行为，个人对自身声誉越重视，越会选择采用清洁的生产方式减少污染物排放。何可（2015）以农业废弃物资源利用为例，指出村庄内部的制度信任对农业废弃物资源利用有显著的促进作用，该结论在控制农民文化程度和收入水平后依然存在显著的正向作用。胡珺等（2017）从企业微观层面提出了金融高管的家乡认同对企业的环境治理行为有积极的推动作用，并且该结果不受正式制度的影响。

理解社区规范、习俗惯例等非正式制度在乡村环境治理中的角色，可以使我们更好地理解在以社区为基础的经济秩序向以市场为基础的经济秩序的过渡中社区扮演的重要作用（青木昌彦，2016）。伴随着农村现代化和城镇化的发展，大量农村青壮年劳动力外出务工，农村"空心化"严重导致农村环境治理的主体缺位，公共事物的治理能力较弱（王亚华，2016；杜焱强等，2019）。已有的社会规范和社会信任逐渐消失，宗族观念和习俗文化日益消解，使得农村社区治理缺乏自治土壤（杜焱强等，2019），农村社区自治环境模式面临一定的挑战（王芳等，2018）。此外，超社区的市场关系日益渗透，削弱了村庄社会生活的内在一致性，并相应降低了将惩罚作为威胁的可信程度（青木昌彦，2016）。就价值层面而言，村庄内部重复发生的日常性事件使村民之间在处理这些事件时有了重复博弈的机会，这种人与人形成了隐含约定或契约，使各方对自身和对方行为都有明确的预期，双方都认同某种承诺或游戏规则。这种承诺或游戏规则就构成了村民参与环境治理、约束自身行为的地方性知识（贺雪峰，2002）。因此，在乡村建设中，我国要以村庄基层治理组织为基础，注重培育农村社区社会资本，依托村庄发展环境保护协会和志愿者组织，以此为纽带来连接村民之间在环境治理中的互动和沟通，这将是未来农村环境治理的重要抓手。

五、文献述评

生态环境是人们生存与发展的重要载体，改善乡村生态环境，建设生态宜居美丽乡村是实施乡村振兴战略的一项重要任务，事关广大农民根本福祉和农村经济可持续发展。农村环境污染问题由来已久，并成为制约乡村经济发展、损害居民健康的重要因素。改革开放 40 多年来，中国形成的政府环境规制和市场化治理机制都在不同程度上提高了乡村环境治理效果，但也应该注意到不同的环境政策工具具有相对适用性。当前文献主要集中于政府环境规制和市场化生态补偿机制对环境治理的讨论，而对如何激发村民内生治理动力，发挥村庄内部社会规范、社会网络和社会信任在乡村环境治理中的作用的研究较少。农村环境问题成因较为复杂，监管难度较大，污染分布范围较为广泛，实现农村环境整体性治理，需要发挥好政府-市场-社区参与机制的作用，激发和调动农村居民对环境治理的参与性与积极性，构建农村环境治理的协调机制（张诚，2018）。培育多元力量的社会化参与机制，提升非政府治理主体的能力，是当前及今后乡村环境治理的重要思路。

第二节　社会资本相关文献综述

一、社会资本的定义

正如奥斯特罗姆（Ostrom，2003）所言，很少有一个科学的概念能够像社会资本一样在如此短的时间里能够引起如此广泛的关注并聚集如此众多的追随者。尽管围绕社会资本的定义、测量和政策工具的解释上还存在一定的争议（Solow，2000；Arrow，1999），但毋庸置疑的是，社会资本在过去 20 年里已经成为学术论文中最为常用的专业术语之一（Woolcock，2010）。社会资本的研究领域已经覆盖经济学、政治学、社会学、社会心理学、流行病学等学科。《使民主运转起来》和《独自打保龄》的作者帕特南曾在 2010 年发表了题为《错误地衡量我们的生活》（*Mis - measuring Our Lives*）的报告，指出社会资本是个人生活质量和社会发展必不可少的元素。美国印第安纳大学教授奥斯特罗姆（Ostrom，1999）认为，人类创造的资本主要包含四种相似的类型，即物质资本、人力资本、社会资本和自然资本，其中社会资本是其他三类资本的补充。

究竟何为社会资本？如何看待和认识社会资本？这些问题在当前学界仍然存在诸多争议。在使用社会资本前必须深刻认识"资本"的概念，才能从众多定义中更为全面地把握社会资本的定义。最早的古典经济派创始人威廉·配第认为，资本总是与纯金属交易相关联，是生产资料的存储（张克中，2012）。舒尔茨（1990）将资本理解为是可以进行积累和保存，并能够带来价值和财富的东西，因此他将外貌、体能、知识、经验等看成资本的重要内容[1]。马克思则从社会关系和社会生产力的角度，认为资本是生产和获得剩余价值的过程，资本不是物，是一种能够带来剩余价值的价值，是一种社会关系的反映[2]。边燕杰（2006）指出，资本的本质是一种资源，个体为获得收入与回报，要付出实现资本增值导向的努力。总体而言，笔者通过对资本理论的文献梳理将能够了解到，资本的发展有一个物质资本到人力资本再到社会资本历程的发展轨迹，而无论是物质资本还是人力资本，仅仅都是一种经济性资本，并不能完全解释社会发展的全部因素。也正因为如此，对社会资本的把握和理解就是对于上述资本领域的进一步扩展。由于社会资本涉及领域众多，当前有关社会资本的定义还莫衷一是，归纳起来主要包含以下两种研究思路：

一种研究思路是把社会资本看成有利于当事人行动的资源，这种资源存在于把当事人与其他人联系起来的社会网络之中（Lesser，2000）。这种观点被称为以自我为中心的社会资本研究（张克中，2010）。例如，法国学者布迪厄（Bourdieu，1997）最早在社会学领域提出了社会资本的概念，认为社会资本实际上是潜在的资源，是个体拥有的社会资源和关系网络的集合。科尔曼（Coleman，1987）从功能主义视角出发，认为社会资本是指作为个人拥有的资本财产的社会结构资源。边燕杰等（2004）以社会资本的网络特征为视角，认为社会网络和结构是一种社会资本，个体通过社会网络提高各自的相对竞争优势，获取实惠和收益（边燕杰等，2015）。因此，

---

[1] W. 舒尔茨. 论人力资本投资 [M]. 吴竹珠，等译. 北京：北京经济学院出版社，1990：2-8.
[2] 马克思，恩格斯. 马克思恩格斯全集：第 6 卷 [M]. 中共中央马克思恩格斯列宁斯大林著作编译局，译. 北京：人民出版社，1961：487-489.

上述各定义从整体上将社会资本看成个体关系网络所蕴含的、在社会行动者之间可以转移的社会资源，个体无法独自占用该资源，必须在与社会互动和社会交往中积累与运用。总体而言，社会资本是稳定非正式的私人内部关系（边燕杰等，2004）。

另一种研究思路是将社会资本当成集体结构内部联系的特征，将个体看成社区、组织、团体或国家等集体中的一员，而非单独的某一个体。这种解释被称为以社会为中心的网络社会学分析。例如，帕特南（Putnam，1993）在《使民主运转起来》一书中指出，社会资本是指社会组织的特征，如信任、规范、网络。它们能够通过推动协调的集体行动来提高社会的效率。个体之间的相互联系和由此产生的互利互惠，与集体行动有着极为密切的联系（Putnam，2000）。奥斯特罗姆（Ostrom，1999）给出的定义如下：社会资本是关于互动模式的共享、理解、规范、规则和期望，个人组成群体利用该种模式来完成经常性的活动。个体或集体社会网络能够在成员之间建立互信、合作以及协调的关系，从而减少个体和组织冲突（Bourdieu，1986）。具体到本书中，笔者主要对基于社区层面的社会资本进行研究，包括组织网络、信任以及规范等内容。社会资本发挥了公共物品的性质，能够促成信息共享，降低交易成本，从而促成集体决策的达成（Fukuyama，2000）。社区社会资本的概念是理解个体如何实现合作、如何克服"集体行动困境"，从而实现更高程度经济绩效的关键所在（Ostrom，1999）。青木昌彦（2016）指出，社会资本不是单一的实体而是一系列不同的实体，但是具有两个共同的特征：一是该类实体包含社会结构的某些方面，而且能够促进该社会结构内部的个人的某些行动。二是社会资本的本质在于人们之间的关系结构，它不存在于个人身上，而是存在于物质生产之中。该定义将社会资本看成社区内部的一种社会关系的总称，并与社区内部规范、习俗性产权联系起来。

本书参考奥斯特罗姆等（Ostrom et al.，2009）给出的社会资本的定义，即社会资本是一个综合性概念，指的是能够促成人们合作和协调，从而达成一致目标的社会联系，其主要内容包含社会网络、互惠规范、社会信任。社会网络是指个人、集体或国家之间形成的一种相互独特的联系，在实现共同价值和目标中具有重要作用，是建立集体行动和合作的重要途径（赵雪雁，2010）。社会信任与规范是基于社会网络的非正式产生的结果。布迪厄（Bourdieu，1986）首次指出社会网络激活公民在正式和非正式的社会团体与行动之间的联系（Putnam，2000）。已有研究主要从个体层面和集体层面对环境治理给出了分析。布迪厄（Bourdiue，1986）认为，这些不同形式的社会网络是那些参与其中的人获得利益的工具。尽管个体层面的社会网络被认为比集体层面更为积极，但其实两者都倾向于表达集体行动议题或公共事物合作的指标。社会网络能够给个体带来更多的环境治理信息，从而促进环境治理的意愿（Cramb，2005）。互惠规范是长期稳定生活的群体所具有的生活行为准则和社会交往模式，主要包含契约性规范、法律制度以及其他正式和非正式制度（Halpern，2005）。信任是指一个特殊水平上的主观预期，即预期通过一个代理人对另一个代理人或团体将会在多大程度上采取合作行动（Gambetta，2000）①。因此，一方面，社会信任能够使委托人在代理人不采取互惠合作行为的状况下，预期到其可能存在的风险损失（Ostrom，2003）；另一方面，信任也给委托人和代理人增进共同福利的机会（Ostrom，2007），信任降低了交易成本，提高了合作可能性，从而在面临机会主义和"搭便车"诱惑下，共同取得持续的收益。

二、社会资本的层次

以自我为中心的视角和以社会为中心的视角将社会资本层次分为了个体社会资本和集体社会资本（方亚琴，2019）。微观层面的社会资本聚焦于研究个体在工具性行动中如何能够获得嵌入性社会网络资源（赵雪雁，2015）。社会网络是有价值的，正如社会资本和人力资本能够带来生产力一样，社会关系资本也对个人和群体生产力具有重要影响。越来越多的证据表明，社会资本对个体社会地位、收入和职业获取具有重要的作用（林南，2001；边燕杰，2004）。对于大部分找工作的人而言，一个人能否得到好的工作不仅在于拥有的学识和能力，还在于是否认识某方面的人（边燕杰等，2016）。虽然通过社会网络关系来获取职位并不一定能够带来收入的提高（陈云松；2013），但若是受托人的社会经济地位较高，则受助人的社会地位将会得到明显的提高（张顺，2012；张文宏，2012）。例如，刘伟峰（2016）使用2009年8个城市的调查数据，研究发现工作岗位中的关系网络（包括同事、亲戚以及领导等）对劳动者收入均具有正向作用，其中关于对

① 奥斯特罗姆（Ostrom，2007）对信任在合作交易中的重要性给出了形象论述。例如，在对商业市场中的一种商品交换行为进行分析时，假定市场中存在两个交易人A和B，若A支付了货币，B出售了货物，这将比两者不能完成交易要好。当然也有可能A已经提前支付了货币，B没有及时将货物交付于A，此时如果双方缺乏信任，将会使A获得净损失。如果A不信任B，并拒绝交易，那么此时B也将失去一次机会出售其商品。由此看来，信任和声誉是市场交易完成的一个基本条件。

收入的积极作用职场外的交往要重要于职场内的交往。程诚（2014）指出，户籍制度和交往的同质性原则导致农民工无法拥有存量丰富的社会资本，农民工由于缺乏信息通道、人际交往和人脉关系等社会资本而不得不从事低收入工作，从而难以获取较好的职业，因此社会资本不足是固化社会不平等的微观机制。

中观层面的社会资本是介于微观层面和宏观层面之间的，主要包含社区社会资本和企业社会资本两个方面。中观层面的社会资本是嵌入在社会关系中，以信任为基础，以互惠规范为主要内容，以参与网络为载体的一种特殊资源。社会信任、社会规范和社会网络是社会资本的三个核心要素。中观层面的社会资本更多地关注社会资本如何通过自身效用来增进社会福祉和社会效用（方亚琴等，2019）以及个体之间的行为互动如何重建社会结构并解释制约激励个体的公共参与行为（边燕杰，2006）。帕特南（Putnam，1990）认为，集体社会资本强调了对公民社会参与的重要意义，他将二战后美国公民公共事物参与的减少归因于社区社会资本的匮乏和信任水平的下降。王亚琴（2019）认为，社区社会资本是指在特定的社区生活中形成的，能够促进居民相互合作、共同参与社区公共事物，从而维护和增进社区公共利益的社会结构要素，社区关系网络及蕴含在其中的社区信任与规范是基本的构成要素。

宏观层面的社会资本主要涉及国家层面的政治信任、国际网络资源、公民精神等内容。该层面的社会资本能够使我们了解到群体、地区、国家的比较优势，这种优势不仅仅在于物质资源和人力资源的优势差异，还在于社会资源的优势差异（边燕杰，2006）。福山（Fukuyama，1995）认为，世界上政治经济差异反映了社会资本中的差异，经济绩效突出的国家源自陌生人之间的信任程度较高，高水平的社会资本总是会与社会创新活力和社会容忍度相联系，从而影响政府行为而推动经济增长。怀特利（Whiteley，2010）将社会资本纳入古典经济增长模型中，通过对34个国家1970—1992年的社会资本与经济增长之间的关系进行了研究，发现社会资本中的公民信任对经济增长的影响与人力资本和教育一样重要，社会资本对经济增长的影响与技术创新的能力大致等同。许多学者也得出了与该观点一致的结论（Berggren，2010；Woolcock；1998）。总体而言，宏观层面的社会资本强烈支持了社会资本在国家发展中的重要作用。因此，政府应该通过建立公正、廉洁和诚信的社会形象，激发公民诚信守法、相互合作的意愿。政府应通过有效的国家制度和社会组织加强政府与社会的互动，为公民提供有利的环境。推动信任规范和网络发展是获得国家稳定和经济发展重要途径（张克中，2010）。

三、社会资本的测量

研究社会资本必须厘清社会资本的测量问题。由于社会资本的定义较为模糊抽象，因此在很大程度上社会资本是一个潜在变量，研究者必须寻找可操作化和理解化的显性变量才够将其表现出来（赵延东，2005）。已有文献已经对社会资本的测量进行了丰富的研究。目前，对社会资本的测量还没有形成统一的标准。很大原因在于社会资本的概念较为宽泛，不同的学者根据自己的研究内容选择测量指标，或者基于自身数据可得性进行选取。因此，梳理已有学者有关社会资本的测量有助于笔者在本书的研究中对社会资本进行准确测度。目前，社会资本的测量主要包含个体社会资本测量和社区社会资本测量两个方面。前者更倾向于强调一种社会互动和关系网络资源以及该网络能够为个体带来的收益或价值，它被称为"外部性社会资本"或"私人物品"。后者强调了群体内部的关系，该社会资本的功能便是促进社群集体行动和合作的形成。接下来，本书有关社会资本测量的研究将从个体社会资本测量和社区社会资本测量两个层面展开。

（一）个体社会资本测量

个体社会资本与社会网络有着十分紧密的关系，社会资本是关系网络的总和（Bourdieu，1986；Coleman；1988），其中包含的社会网络和社会资源嵌入个体经济生活之中并对个体求职和发展产生深刻影响（Granovetter，1985）。在个体社会资本测度中，许多学者使用个体拥有或占有的社会网络对社会资本进行测度（赵雪雁，2012；赵延东，2002）。社会网络结构重点考察社会资本的占有和使用两个方面的情况（Lin，1999；Zhao，2002）。在衡量个体拥有的社会资本中，常使用网络结构、网络规模、网络密度来衡量以及个人在占有和使用的嵌入性资源（Lin，1999）。个人的关系网络资源越丰富，其社会资本存量也就越多（Portes，1998），网络密度越大，在约束个人遵守规则的作用中也越明显（边燕杰，2012）。其中，考察个体社会资本在求职作用中应用的相关研究最为广泛（Bian，1997；边燕杰和张文宏，2001）。有证据表明，社会网络资源能够促进信息流动和传播，减少信息不对称带来的交易成本，甚至这种作用已经超过个人的人力资本在求职中的作用（Wegner，1991）。赵延东（2002）基于2000年武汉9个企业的

630名职工进行调研发现，社会网络密度越高越能够增加下岗职工的再就业机会。具体而言，社会资本中的网络资源每增加一单位，个体再就业的概率将能够提高4%。边燕杰（2012）以社会资本网络特征为视角，从网络规模、网顶、网差和网络构成四个角度来测量城市居民的个体社会资本。其使用"春节拜年网"作为个体社会资本的衡量指标，发现城市居民的社会网络结构和社会资本存在明显差异，社会资本存量丰富人群主要集中在领导干部和职业经理人的群体之中。

个体社会网络测量包括定名法（name-generator）和位置生成法（position-generator）两种方式。定名法要求被采访者提供与其亲密交往者的信息、个人特征以及相互之间的关系等，是当前衡量个体社会网络的一个非常普遍的方法。该方法的不足之处是被采访者可能仅仅描述了与自己联系比较紧密的社会网络，即仅仅描述了强关系，而没有提起较弱的社会网络，导致在衡量个体社会资本中存在偏差。位置生成法又称定位法，测度被采访者中网络成员的社会地位，通过设置多个包含网络成员的职业类型、工作类型或社会单位类型的量表，让被调查者回答当中有没有符合上述特征的人，从而判断个体社会资本存量的多少。该方法实际反映的是等级制位置（Lin，1999），该方法的优点是由于较少涉及个体私人信息，因此操作较之定名法更为简便好操作，兼顾了个人网络中的强关系和弱关系；其不足之处在于无法反映网络成员间的关系。边燕杰（2012）基于定位法对中国城市居民的社会资本进行了测度。他在研究中设置了包括科学研究人员、大学教师、法律工作者、会计、产业工人等20余种职业分布不同的社会网络分析表格，表明个体之间的社会资本存量非常之大，社会地位限制了人们之间的自由流动和社会资本积累。赵延东（2002）同样基于位置生成法中的"春节拜年网"来衡量职工社会网络规模、社会网络构成、社会网络使用和嵌入性社会资源四个方面，进而测度了职工求职中的社会资本。

（二）社区社会资本测量

社区社会资本是一个社会合作能力的衡量，是社区形成内生秩序的重要力量。社区社会资本大致可以由村庄内部的村民信任水平和自组织能力来判断，社会信任水平越高，自组织能力越强，则社会资本在社区内部也越丰富（贺雪峰，2002）。

与个体社会资本的测度相同的是，社区社会资本在面临如何测度中也面临不少困难（桂勇等，2008）。但与个体社会资本不同的是，社区社会资本更强调集体概念，侧重从整体上把握能够促进社区集体利益和集体行动的社会关系（Ostrom，1998；Putanm，2000；罗家德，2014）。最早给出集体社会资本定义和作用的学者是帕特南，他在《独自打保龄》一书中使用公民参与（政党投票、参加政治会议、从事政党工作）和社团参与（参加教堂活动、参与工会、社交活动）作为集体社会资本的测量指标，发现美国人越来越不愿意参与投票和公共事物。帕特南指出，在过去的20年中，美国公众对公共事物的兴趣逐渐衰退了20%，1975—1999年，公民对政治参与的兴趣逐步下滑了20%。总体而言，帕特南认为，美国的社会资本正在逐渐流失。也有学者质疑了帕特南在上述分析中的测量方法，指出社会资本的衡量应该区分社会资本内容和社会资本结果，政治参与和团体参与是社会资本的后果而非内容（Paxton，2000）。世界银行开发的社会资本量表（Social Capital Assessment Tools）是最早出现的系统性测量工具。该工具包含了七个维度的社会资本指标，包括集体行动、社会支持、社会凝聚力、参与公共事物等方面。此后，纳拉扬（Narayan，2001）使用了社团参与、规范、志愿主义、邻里关系和信任关系对社区社会资本进行测度。哈珀姆（Harpham，2007）进一步强调社区社会资本应该包含互惠关系、社会支持、互惠信任以及网络等。

一些学者对社区社会资本进行了充分探讨。方亚琴等（2014）使用上述国际通用社会资本量表，指出社会资本是理解社区概念和"地域共同体"的重要理论视角，并使用因子分析方法，从社区归属感、非正式社会互动、互惠与支持、社区组织参与和社区人际网络五个方面对社区社会资本进行测度。在受到个人物力和社区样本量不足的局限下，其做法是测量个体社会资本，再进一步加总到社区层面中来，该方法已经得到诸多学者的应用（王晶，2012）。也有学者指出，虽然个人层面的社会资本可能更符合社会资本的具体含义且比较容易测量（Harpham，2007），但个体层面社会资本加总至社区层面中来，有可能带来层次谬误问题。然而囿于社会资本不易观察且比较难以测量，因此使用个体层面加总的方式依然是学者常用的处理方法。桂勇等（2008）采用多元分析方法将社区社会资本分为社会网络、社区归属感、社区信任、社会互动、志愿主义、社区凝聚力以及互惠与一般信任。罗家德（2014）从社会网络结构的分析视角出发，将社区社会资本分为关系性社区社会资本（村民之间信任、拜年网络、拜年网本村关系总数）、认知性社区社会资本（社区归属感、邻里构面和志愿主义）和结构性社区社会资本（工具网密度、拜年网密度和情感网密度）。奥斯特罗姆（Ostrom，2008）指出，社区居民的公共利益或共有财产依赖于群体内部形成的监督和声誉机制，社会资本是形成自治的重要前提。和个体社会资本不同，社区社会资本主要包含信任、社会规范和组织网络（Ostrom，1998）。总体而言，在测量社区社会资本中，比较认可和广泛接受的指标主要包含社会信任、互惠规范以及社会网络三个方面（罗家德，2014；曾红萍，2016）。

（三）社会资本测量面临的挑战

尽管上述研究已经得出诸多社会资本测量成果，但由于社会资本本身较为抽象和复杂，目前仍未形成统一的测量方案。原因在于：第一，由于学者们的测量多服务于自身研究需要而选取指标，不可避免地造成指标使用上的武断性。即使能够创造各要素的权重指数，多数情况下指标的权重也是根据研究偏好自身设定，因此研究者可能会采取主观方法来操纵社会资本的测量。第二，所选替代指标没有普适性。由于不同国家历史文化背景和民族背景存在差异，在一个地区较好的测量指标可能在其他国家并不适用。例如，志愿主义、社会支持等测量指标在西方国家中可能具有较好的代表性，但在发展中国家农村就是一个不合适的指标。这是因为发展中国家乡村社会秩序和社会制度是基于发展中国家历史发展，内生于本国实践中，而志愿主义带有浓厚的西方历史文化色彩，因此研究者在测量中还应该考虑不同国家的文化差异和制度差异。第三，社会资本内容和社会资本结果的测量混淆。许多研究将社会资本的结果和社会资本带来的后果相混淆，如帕特南（2000）将社团参与、政党投票率、志愿者团体作为社会资本的测量指标，但事实上这些指标是社会资本后果而非内容，如果不加区分地加以使用将会影响社会资本测量结果。总之，在以后的社会资本研究中，研究者还必须研究开发更为统一的测量工具，在本民族、国家背景下，选取可得的和适用的社会资本指标进行研究（赵雪雁，2014）。

四、社会资本的争议

很少有一个概念能像社会资本一样一经问世就受到如此广泛的关注。从 20 世纪末科尔曼（Coleman，1988）系统性地介绍社会资本的概念以后，社会资本就逐渐被人们熟知并逐渐发展成为成熟的理论体系。随着帕特南《使民主运转起来》一书的出版，社会资本开始与各类研究视角结合形成了多元化研究成果。例如，个体网络和政治参与、制定有效发展政策面临的挑战、产业结构差异、经济绩效、健康与公民满意度等。然而，我们应该看到，由于社会资本是一个跨学科的综合性理论，有关社会资本的定义和测量以及产生的效应在学术界仍然存在很大争议。其具体表现在以下几个方面：

（一）原因与结果的混淆性

许多有关社会资本的实证研究论证了社会资本与健康、教育绩效、社会福利有积极相关性（Hombres，2006），并认为社会资本有可能成为强有力的发展手段，可以以微观和宏观两个层面塑造经济成果。然而有学者认为，社会资本的概念和理论具有模糊性，这导致难以使用统一的指标和测量方法（Harper，2002），经济增长和社会交易是否受到社会资本的影响以及在多大程度上受到社会资本的影响目前仍存有疑问（Chen，2005）。譬如帕特南在《独自打保龄》一书中就混淆了社会资本产生的原因与结果，其认为群体参与程度的下降导致了不好的社会结果，根据该因果链条的解释，对慈善捐赠的减少可以被视为社会资本衰退带来的结果，但由于该书中未验证捐赠的减少是对边际税率变化的回应，因此并没有直接的证据表明社会资本下降导致公民捐赠减少，也没有一个完整的分析框架评价社会资本与公民参与的因果关系。索贝尔（Sobel，2002）认为，工会会员比例的下降是科技和政治力量发展导致的，可能与俱乐部的近乎消失并不相关。他认为像塞拉俱乐部和美国退休人员协会这样的游说组织并不能取代过去的会员组织，因为它们不能产生 50 年以前俱乐部那种面对面的交流水平。未来社会资本所面临的挑战是如何建立起系统且明确的经验证据来验证社会资本是促成经济绩效的重要预测因素。

（二）资本属性的不确定性

阿罗（Arrow，1990）和索洛（Solow，1999）认为，物质资本有三个特征：时间延续性、为未来收益做当前牺牲、可让渡性。我们所熟知的自然资本、物质资本、金融资本都属于该资本范畴。然而阿罗（Arrow）认为，社会资本不完全具备上述资本的特性，社会资本仅具有资本的时间维度特征，但并没有产生任何的物质性牺牲，并且社会资本的转移让渡是困难的[①]。在许多情形下，维持个人社交网络是为了给行动者提供经济利益以外的利益。因此，从概念上讲，社会资本与古典经济学中的资本的属性不符。事实上，将建立合作身份和声誉看成建立某种确定的社会资本市场也受到诸多学者的批评（David，1990），这种批评也适用于人力资本，有时这种批评的力度更大。当一个人把自己的人力资本（通过教学）转让给别人时，他不需要损失自己的人力资本。其他一些学者也进一步指出将社会资本类比

---

① 阿罗（Arrrow）认为，从某种程度上来说，社会资本的转移是存在的，如杂货店主的社会资本是本店的声誉，在将商店让渡给所有者时，如果没有影响忠实的消费者在本店购买物品，则店主的声誉让渡给了所有者。

物质资本的不合理性（Stiglitz，1999）。例如，霍弗尔兹（Hofferth，1999）指出，社会资本是利他主义的产物，因此它无法满足资本的基本特征，即通过进行资源投资以备需要时使用。资本实体拥有机会主义成本，但社会资本不具有①机会主义成本。索洛（Solow）认为，物质资本有投资回报率，并且很容易衡量过去折旧后的投资净收益，但社会资本并不能直接测量。除此之外，使用传统模型并不能解释随时间变动带来的社会资本增值。

（三）概念及测量的模糊性

在过去的 20 多年，有关社会资本主题的文献以指数级的速度增长，这本身表明社会资本是极具吸引力和潜力的概念。然而该潜力的发掘需要明确的定义、可操作化和恰当的解释力，社会资本的一般定义、操作和测量是综合理解社会资本概念的必要条件。就目前来看，社会资本的定义与测度两大问题仍然未能很好地解决。概念模糊、缺少统一公认的测量指标导致解释精准性和实证应用的重要性认识不足。例如，布迪厄（Bourdieu，1986）将社会资本定义为拥有一个持久的网络有关的实际或潜在资源的总和，这些网络或多或少是相互熟识和认可的制度化关系。科尔曼（Coleman，1990）从自身功能出发，认为社会资本并非单一的实体，而是包含两个方面特征实体的组合。它是社会结构的一个方面，促成了个人在该实体中确定的某种行动。该实体包括义务、期望、信任和信息流，社会资本同时是一种有生产力的资源，有助于生产并实现缺少它所不可能实现的目标。帕特南（Putnam，1993）则将社会资本当成一种组织特征，如信任、规范、社会网络能够促成合作和集体行动的效率。由此看来，学者们大多从自身学科视角和研究内容出发给出了社会资本的不同定义，但由于没有形成统一的社会资本界定和测量方法，因此实证研究及科学认识社会资本上受到很大限制。卡斯尔（Castle，1998）指出，除非将社会资本的概念进行精确性和可比性使用，否则它的价值将很小。综上所述，社会资本概念的模糊性和测量的多维性，使得有关社会资本的研究受到诸多争议与质疑，但社会资本确实存在且发挥着重要的影响，我们不应该放弃对社会资本的使用，而是应该寻找更为科学的定义方法和测度量表来解释变量间的关系。

---

① 波特斯（Portes，1998）比较了不同资本的形态特征，指出经济资本存在于人们的银行账户中，人力资本存在于人的头脑中，社会资本存在于人们的关系结构中。一个人可以出售他的私人资产，如土地、房屋等，但他无法出售他的社会关系，因为其他个体也有参与"股份"，社会资本是不属于任何单独个人所有的资本。

五、文献述评

本节主要从社会资本的定义、层次、测量和争议四个方面对社会资本内容进行了详细梳理。文献梳理表明，社会资本的研究兴起于 20 世纪 90 年代，用于分析解释社会资本与社会发展、经济绩效的关系。但是，由于社会资本是多维度概念，已有学者从不同学科的角度为对社会资本进行了定义。就目前来看，学者们仍没有给出统一的清晰化定义。社会资本的层次分为微观、中观与宏观，不同层次的社会资本所关注的内容有较大差异，微观层次的社会资本注重个体社会网络对所获取资源的关系与能力，中观层次的社会资本注重社会资本中的网络、规范与信任在促进社区居民合作与参与以及克服集体行动困境的作用。宏观层面的社会资本注重国家整体社会运行、公民满意度以及经济发展、腐败治理等内容的研究。就当前研究而言，社区社会资本的测量还没有形成统一的测量标准，这也使得当前对社会资本的绩效研究并未得出一致的结论。由于社区社会资本本身难以衡量，许多已有研究使用了个体均值替代社区社会资本，这可能存在一定的层次谬误。就整体上而言，未来研究仍需要进一步明确社区社会资本的定义，并基于综合性计量方法对社区社会资本进行测度。

第三节　社会资本与乡村环境治理效果综述

一、社会资本对乡村环境治理效果的正向影响

越来越多的证据表明，社会资本对改善乡村环境治理绩效具有积极的促进作用（Pretty，2003；Jin，2013；Selman，2001）。这是因为在相互熟悉的村庄范围内，人们经常不断沟通和互动，能够知道谁是可以信任的，其个人行为将会对他人产生何种影响以及对公共事物治理产生何种影响。有了这样的行为准则和互惠模式后，村庄成员能在长期重复博弈过程中建立起一系列内部实施规则和合作策略，并有效解决生态治理中"机会主义"和"搭便车"行为，从而获得持久共同的收益（Ostrom，2008）。此外，村民之间的相互信任和社会网络还可以降低监督与制裁成本。在拥有共享规范和社会互惠的村庄中，对制度违规的制裁还来自同一村庄内部的其他人，

此种情况将导致个人精神成本和社会成本的增加。例如，在日本的平野村庄，村民依靠内部共有规范和互惠信任自主设计了监督与制裁系统，对破坏生态环境的违规者提出索要现金和清酒的惩罚，从而使公共资源得以长期存续（Mckean，1986）。基于中国乡村发展实际，社区内部具有相同文化背景的人们彼此之间重复往来，村民之间长期形成的信任、声望和人际关系网络等社会资本，能够降低人们在环境治理中遵守规则的信息交易成本和监督成本，从而在增进环境治理中能起到重要作用（宋言奇，2010）。社会资本促进环境治理合作的渠道主要包括以下三个方面：第一，良好的社会信任能让村民感知社区成员在环境保护中的行为态度，这种"相信你遵守规则，我也就会遵守规则"的信任契约降低了交易和监督成本，从而使得环境治理共同目标的达成（Pretty，2003；Wagner et al.，2008）。第二，互惠规范虽然是非正式规则，但是能够形成软约束规范个人行为，确保不遵守规则的村民受到惩罚，并能够确保遵守规则的个体不受损害，从而形成环境治理的凝聚力量（Coleman，1990；Anderson，2006）。第三，包含了不同类型的社会组织的多元社会网络，能使环保信息和沟通在团体内部充分展开，促成村民成员共同的价值诉求，从而增强了团体成员环境保护意识（Cramb，2005；Jones et al.，2011）。

当前，许多学者对社会资本的环境治理绩效开展了实证研究。例如，凯利（Kelly，2017）基于来自加纳、肯尼亚和赞比亚的数据，分析了社会资本和所有权在农村社区水系统管理中的作用。其研究发现，社会资本有助于水系统招标、水务委员会选举、资源调动和信息共享，通过不同形式促进了居民对水资源的管理和参与。与此同时，社会资本还可以通过创造替代资源和女性参与的机会，对农村社区的社会经济和性别平等产生积极的促进作用。威利等（Willy et al.，2013）在对肯尼亚奈瓦沙湖岸边土壤修复计划的分析中指出，社会资本和社会参与对肯尼亚社区农民土壤污染修复计划具有显著的正向影响，从而提高了土壤保护绩效。克拉姆（Cramb，2002）在考察菲律宾南部土地保护项目计划实施效率时发现，村庄内部的土地保护网络和土地保护协会等社区团体使得村民之间面对面的信息交流更为便利和频繁，这能够改变该地区土地耕作方式和土壤保护行为，从而实现地区长期土地资源的有效管理。布马等（Bouma et al.，2008）使用印度村庄调查数据研究了社会信任对农户参与公共资源管理决策的影响，发现社会信任作为社会资本的重要表征，对农户参与公共资源管理决策起到了促进作用。史恒通（2019）以黑河流域为例，利用双栏模型分析了社会资本对农户参与生态流域治理的意愿。其研究发现，社会网络和社会参与对农户生态参与意愿具有显著的促进作用，一般性社会信任能促进生态环境治理意愿，但特殊信任（如对村干部的信任）对环境治理参与产生了负向影响。有研究者（Bisung，2014）对肯尼亚水资源的公共资源管理分析发现，社会网络和社会信任对农户参与集体行动具有显著的促进作用，并且社会信任的作用大于社会网络的作用。何可（2015）以农业废弃物资源化利用率为例，研究发现人际信任和制度信任在农户参与资源化利用决策中具有显著的促进作用，在控制村庄层面的固定效应后该结论依旧成立。王学婷等（2020）基于湖北农户的微观调查数据研究发现，村民地方依恋能够显著提升村庄环境治理参与意愿，并且社会信任在地方依恋和环境治理参与意愿中具有显著的调节效应和中介效应。李成龙等（2021）使用江苏农药包装废弃回收试点地区的数据，分析了社会规范和经济激励对农户农药包装物废弃回收的影响。其研究发现，描述型社会规范和命令型社会规范是影响农户回收行为的重要因素，因此政府应通过合适的宣传教育提升农户的环境责任感，在提供经济激励的同时，要重视社会规范的内在价值，使其内化为居民行为准则。

二、社会资本对乡村环境治理效果的负向影响

社会资本并非完全对环境治理具有积极的促进作用，也可能存在无法克服集体行动中的交易成本问题（Deth，2010）。有学者指出，不同类型社会资本对环境绩效没有产生显著的正向影响（Pargal，2000；Grafton & Knowles，2004），甚至是负向影响（Bowles & Gintis，2010；Woolcock，2002）。与市场机制和政府机制存在失灵一样，社会资本在环境治理中并非总是有效的，也可能存在失灵的一面。如果社区村民普遍缺乏解决集体行动问题的知识和资源，社区治理也可能是无效率的（Bowles & Gintis，2010）。从某种意义上来说，社区并非环境治理行为的决策单位，其集体行动往往是以个体农户或政府层面的决策单元来开展的（Paul，2016）。

首先，社会资本所涉及的社会规范，可能会阻碍内部控制功能，尤其是强社会规范更是暗含了不应对内部村民行为进行控制的信息，这使得环境治理行动变得复杂化（Jones，2009；Rydin，2000）。

其次，社会资本的负面影响还体现在团体内部的行为给外部非团体成员施加成本带来的影响（Knack，2002）。例如，罗德里格斯（Rodriguez，2004）在研究社会资本对秘鲁安第斯山脉地区土地开荒项目的影响时指出，社会网络及村民协会促使土地开荒项目的合作，为社区居民带来经济收益。

但是，其未能充分将环境保护、生物多样性维护以及碳储存等内容考虑到整体利益中来，造成植被覆盖率下降和土壤遭到侵蚀。伊萨姆（Isham，2002）从成本与收益的视角出发，证实研究了社会资本对土地开荒项目的预期产出有直接的负向影响，也会对劳动力、物质、人力和自然资本产生间接的负向影响，土地开荒可能会改变植被覆盖率而产生负的外部效应（如土壤遭到侵蚀或抵御洪水能力减弱）。由于土壤遭到侵蚀和土地退化的发生具有时间和空间的不连续性，社会资本的负外部效应将要从长期实践中得以观察。

再次，社区社会资本具有很强的封闭性，这与环境治理的开放性产生了较强的矛盾冲突。尽管群体内部的交易成本很低，但是群体间的交易成本却一直很高。不同社区之间的环境治理存在必然联系，但社区社会资本往往具有单位性和区域性，这也表明社区环境治理的区域分割性可能会使村庄"独善其身"，从而出现各村自扫门前雪的问题，导致出现整体环境低效率的现象（宋言奇等，2010）。近年来，各村庄上游污水源与下游居民造成的冲突就是典型的例子。村庄社会资本的封闭性增强了村庄内部的团结和合作，但更容易造成各村之间的对立，使合作难以实现，非常不利于社区之间的环境协调与治理。此外，社会资本在农村社区中并非呈现均衡分布，社会资本很可能会与宗族网络、宗族权利联系起来，存在一些不合理的要素，加剧社会资本的不平等现象，从而使得私人权利和公共权利相结合，难以达成环境治理的集体行动（祁毓，2015；蔡起华，2015）。例如，迪杰斯特拉（Dijkstra，2013）指出，社会信任对村民参与公共产品供给具有显著的负向影响。具有紧密社会网络的宗族型村庄，一定程度上降低了与其他团体或组织合作的意愿，对农村公共事物治理产生了负向影响。史恒通（2018）基于双栏模型，利用微观调查数据分析指出，一般信任和社会网络虽然对生态治理具有正向显著影响，但对村干部的信任程度则显著抑制了村民参与生态治理的意愿。保罗（Paul，2016）运用田野实验和半结构性访谈的方法，搜集了埃塞俄比亚东非大裂谷20个村庄的400户农户的调查问卷，考察了社会资本与村民气候变化适应性参与行为，发现社会信任显著提高了社区为改善气候适应性的参与行为，但与家户层面的气候适应性调整显著负相关。

最后，社会资本在农村环境治理中的适应性存在不足。社会资本的特定形式存在于熟人社会中间，无论是传统差序格局下的乡村还是现代化的农村社区，在封闭的村庄社会网络中，村民之间建立起的声誉、信任和社会网络等社会资本起作用的主要领域都是生态治理，但随着时间推移，农村社区中呈现出新的环境问题（如乡镇企业污染转移）。社区居民与外来投资者之间并不具备熟人社会中的信任关系，这也使得社会资本的作用的发挥受到限制。与此同时，目前，农村环境治理主要还是由政府或行政机构进行管理，环境治理中社会资本的重要性在逐步下降。在新时代乡村社会治理体系下，中国农村环境治理主要集中在农业面源污染、生活污水以及村容村貌的环境卫生治理中，社会资本还必须不断适应基层环境治理新情形。

三、社会资本、集体行动与乡村环境治理效果

集体行动是指个体为实现某一目标所产生的自愿性努力（Poteete，2004），或者个体在某一团体内部为实现共同目标产生的自愿性行为（Meinzen，2004）。有研究指出，生态环境治理集体行动是社会资本提升环境治理效果的重要机制。这是因为在小范围内社区居民的重复往来与互动沟通，能够对其他村民实施监督，并对非合作行为实施制裁。在上述情形下，人们可以发展自己的声誉，知道谁是可以信任的、个人的行为将对实现集体行动目标产生何种影响，并且知道如何使人们组织起来，获得持久的、共同的收益。内生于村庄社会秩序中的社会资本和社会关联体现出了应对村庄公共事物和调节村庄内部矛盾的重要资源。村庄社会联系的性质、强度和广泛性构成了联系中人们的行动能力。人们有能力调用村庄内部的社会资本开展共同的经济协作，达成村民相互之间的道德和舆论监督。由此，村庄社会秩序和公共事物治理得以改善（贺雪峰，2002）。生态环境治理合作是指村域内村民在村集体组织中合作起来开展生活污水治理、生活垃圾治理和畜禽粪污资源化利用，从而提升村庄内部的土地资源质量、水资源质量和空气质量的行为。

传统的集体行动理论认为，由于个人利益与共同利益存在冲突，无法弥补自身参与带来的决策成本，理性地寻求自身利益的决策人不会为社群共同利益而行动（Olson，1968）。集体行动的困境在小团体中可以克服，潜在的参与者在紧密联系的社会环境中，具备相互熟知并在相互交往的社会环境中提供了策略性谈判的机会。在这种环境下，监督和惩罚以减少"搭便车"行为。奥尔森（Olson）的集体行动理论忽视了个体和社群有积极改变他们面对激励结构的能力，如基本的博弈论对集体行动的解释忽视了持续性和历史性，并且往往忽略了这样一个事实，即许多社会关系是随着时间的推移而发生变化的，居民之间拥有长期交流、互动和讨价还价的机会（Rydin，2000）。

20世纪90年代，奥斯特罗姆（Ostrom，1990；1996）在批判和总结传统集体行动理论的基础上，发展出第二代集体行动理论。奥斯特罗姆认为，奥尔森的集体行动的逻辑忽略了集团内部成员之间长期博弈过程中形成的规则、信任规范和社会网络等社会资本在治理绩效中的隐形激励效应。她在总结不同国家自主治理地下水资源、公共森林资源、灌溉系统等公共池塘资源①（common-pool resources，CPRs）以后，构建了以信任和互惠为核心的集体行动分析思路。奥斯特罗姆认为，传统集体行动理论只适用于高贴现率，人们缺乏信任与沟通，没有建立大家一致认同的规则与策略的情形。在小规模社区内部，居民在本地自然地理环境之中进行重复的沟通和交流，能够建立起丰富的社会网络以克服集体行动困境，社区内部的信息、关系和信任通过社会网络（包括网络范围和密度）整合在一起。此外，正如琼斯（Jones，2009）所指出的，声誉一般是是无意识或习惯性遵从下的承诺策略，声誉以及互惠规范也成为促成合作行为的重要因素。

根据集体行动理论和重复博弈理论可知，合作的实现依赖于准确的信息和可信的承诺。如果村民个体行为选择充满不确定性风险，并缺少监督和惩罚的压力，个体在面临收益成本决策时，将难以形成合作的环境治理意愿（张继亮，2014）。社会资本是理解村民环境治理合作的重要基础（Ostrom，2000），这是因为其作为一种关系资源，能够降低个体行为选择的不确定性风险，强化主体间的联系与信息共享，对加强生态环境治理参与意愿具有重要意义。良好的社会信任能够促进村庄内部成员合作及高效行动，减少决策成本和信息不对称所导致的集体行动困境。完善的社会网络能够嵌入组织和村庄居民之间，能够促进环境利益诉求的表达，从而产生村民主体之间的良性互动。互惠规范可以产生约束行为，通过村规民约和乡风民俗的约束力，可以使村庄环境污染者失去信誉和声望，从而使其遵守相关环境规则。例如，威利等（Willy et al.，2013）在对肯尼亚奈瓦沙湖岸边土壤修复计划的分析中也指出，社会资本和社会参与对肯尼亚地区农民土壤保护集体行动具有显著正向影响，从而提高了土壤保护绩效。何可等（2015）以农业废弃物资源化为例进行研究，提出人际信任和制度信任对农业废弃物资源参与意愿具有显著的促进作用。

---

① 公共池塘资源是一种人们共同使用整个资源系统而分别享用资源收益的公共资源，它具有非排他性和竞争性特征，如渔场、地下水流域、森林、草场、水污染和空气污染等。公共池塘资源由资源系统和资源单位构成，一般而言只要使用者提取量不超过资源的可再生能力，公共池塘资源将能够长期存续。

当村庄居民有能力克服小范围集体行动难题时，他们往往便能够处理更为复杂的环境治理难题。正如奥斯特罗姆（Ostrom，1990）所言，在较小的单位内部克服集体行动难题后，建立在此基础上的边际成本要明显小于先前无自治情形下的治理成本，社区村民能够不断积累社会资本以适应长期应对集体行动难题的需要。这是因为：第一，好的社会信任能够促进环境治理主体之间实现信息共享，并利用有效的环境信息制定治理措施，促进村庄内部成员合作及高效行动（Ostrom，2009）。第二，社会关系网络使村庄居民具有更好的归属感和信任感，生态环境治理的群体利益性特征和组织网络中的目标达成具有一致性，从而能够促成环境治理的村民合作与协调。第三，互惠规范可以产生约束行为，传统村落中的礼尚往来加强了彼此之间的情感交流，能够提升乡村环境治理的凝聚力。村规民约和乡风民俗可以使村庄环境污染者失去信誉和声望，从而使其遵守规则并产生环境治理绩效。

四、文献述评

本节梳理了社会资本与乡村环境治理效果的文献，并从社会资本对乡村环境治理效果的正向影响，社会资本对乡村环境治理效果的负向影响，社会资本、集体行动与乡村环境治理效果三个方面展开综述。文献梳理表明：第一，社会资本对乡村环境治理效果的影响并不一致。一方面，社会信任和社会规范约束、监督了村民的环境污染行为，促进了村民的环境治理参与行为；另一方面，社会资本具有较强的封闭性和宗族性，内部的社会可能存在一定的负外部效应。上述研究为本书进一步开展社会资本对乡村环境治理效果的影响的研究提供了基础。第二，社会资本通过监督、惩罚和制度激励促成村民环境治理的集体行动，因此如何设计一套合理的制度供给，以适应并促进村庄环境治理的参与行动，是社会资本发挥环境治理效应的关键所在。第三，在上述文献中，已有学者对社会资本与环境治理绩效的机制分析主要集中在定性探讨和案例访谈上，缺少使用微观层面的村庄数据，基于实证模型加以验证。验证的难点在于中介机制的复杂性和集体行动的多元性。同时已有研究就社会资本与环境治理效果的分析还缺少完整的理论分析框架。基于上述评述，本书在后续研究中将构建起用于分析社会资本与乡村环境治理效果的理论框架、变量的选取依据，力求做到实证分析的严谨性和合理性。

第三章
理论基础与分析框架

在第二章中，我们详细梳理了与本书研究主题相关的文献，并对乡村环境治理的已有研究和不足进行了述评，这为本书研究社会资本与乡村环境治理打下了文献基础。本章第一节在正式理论分析之前，首先对本书主要相关概念进行说明与阐述，使得理论分析和实证研究更为具体明晰。本章第二节详细梳理了与乡村环境治理密切相关的经典理论，包括集体行动理论、自主治理理论、多中心治理理论、重复博弈理论。本章在理论分析基础之上构建了用于解释社会资本影响乡村环境治理效果的分析框架及研究假说，为后续实证分析提供理论依据。

第一节 相关概念界定

一、社会资本

社会资本（social capital）是一个多维度概念，包含了文化和社会价值系统的各个方面。有关社会资本的研究最早可以追溯到古典经济学的研究。例如，亚当·斯密以及社会学家马克斯·韦伯的研究。社会资本的概念进而得到学界热议，但直到 20 世纪 80 年代相关研究才开始丰富起来。尽管如此，这些研究均未形成公认的且具有普遍性的社会资本的定义。社会资本的定义与测量通常是不成系统且缺乏操作性的。社会资本是抽象的概念并非实际有形的社会现象，其理论根植于信任、规范、非正式网络以及认为"社会关系是有价值的资源"的理念之中。社会资本被定义为包含社会规范、价值、信仰、信任、义务、关系、网络、友谊、公民参与、信息流动以及培育合作和集体行动以实现共同收益的制度。

社会资本的概念最早可追溯到卡尔·马克思（Karl Marx）、涂尔干（Emile Durkheim）、西蒙（Georg Simmel）、杜威（John Dewey）以及马克斯·韦伯（Max Weber），他们强调了文化在推动社会发展中的作用，这初步具有了社会资本的概念雏形。按照史密斯（Smith，2007）的观点，"社会资本"这一概念是哈尼凡（Hanifan）在1916年阐述社区参与对提高学校绩效的重要性中首次提出的。随后这一概念历经长时间的沉寂，直至被雅各布斯（Jacobs，1961）和洛里（Loury，1977）等学者再次使用，这些学者都强调了社会资本的价值。第一次系统阐述社会资本的内容并引起学术争议要归功于布迪厄（Bourdieu，1986）和科尔曼（Coleman，1988）的学术贡献。从整体来看，讨论社会资本及其定义的主要学者和机构主要强调了社会资本是产生收益的社会关系（Pierre Bourdieu，1986；James Coleman，1988；Putnam，1993；Fukuyama，1995；Nan Lin，2001；OECD，2001；World Bank，2007），这些定义的主要差异在于看待社会资本是个体资源还是社会资源。

布迪厄（Bourdieu，1986）认为，资本有三种形式：经济、文化和社会。他将社会资本定义为实际或潜在资源利用的集合体。这些资源与持久性网络的占有密切联系，这一网络是人们共同熟悉且公认的体制化关系网络。这一定义强调了网络的重要性，即将社会资本视为一种集体资产，并认为社会资本可以提高自身的社会地位，社会资本丰富程度依赖于团体网络大小和其他资本形式的存在。科尔曼（Coleman，1990）将社会资本定义为自身功能不是某种单一的实体，而是结合了两种特征的实体。这种实体也就是社会结构，其促成了个体在该结构中产生确定的行动。实体包括义务、期望、信任和信息流等。此外，社会资本是一种生产性资源，在缺少社会资本时某些确定的行动将不能产生。科尔曼识别了社会资本的三种形式：互惠信任、信息渠道和信息流动、惩罚性规范。不同于其他形式的资本，社会资本在个体间不可完全替代，是存在于人们关系中的公共物品。科尔曼同布迪厄一样，都将社会资本看成能够维持和强化的集体资本。帕特南（Putnam，1993）在社会资本成为学者们广泛关注的焦点的过程中扮演了关键角色，他将社会资本定义为社会组织特征，如信任、规范和社会网络能够提高社会集体行动的效率，即个人与社会网络之间的联系以及由此产生的信任与规范。在帕特南看来，社会资本与公民参与紧密相连，参与自愿组织或社会联系，互惠规范和信任得以培育；参与社会网络，促成了合作、协调与沟通，从而解决集体行动困境。社会资本不能转化为个体资本，它因使用而存在，因不使用而消失。福山（Fukuyama，1995）给出了一个更为具体且与前述研究不同的社会资本的定义，即人们在团体和组织中为了共同的目的一起工作的能力。此外，他将社会资本简洁地定义为一组成员之间共享的某种非正式价值观或规范，这些价值观或规范允许他们之间进行合作。福山认为，人际信任是形成社会关系的基础，信任降低了交易成本，增强了个体间的合作，增加了个体间的商业交易。福山给出了衡量社会资本最为直接的含义，即大多数人可以信任的人的比例。但是，就社会资本多维度的本质来看，该衡量有失偏颇。林南（2001）将社会资本定义为投资在社会关系中并希望在市场上获得回报，是一种镶嵌在社会结构之中并且可以通过有目的的行动来获得或流动的资源。这个概念有两层含义：一是资源包含在社会关系中而非个体上，二是资源的可获得和使用属于行动者所有。

从整体来看，不同的学者基于自身学科背景和研究领域提出了不同的社会资本的定义，这恰恰也反映出了社会资本是多维度的概念。即便如此，有关社会资本的定义及社会资本的内容还是在一定程度上达成了一定的共识，如社会资本是包含各形式和功能的多维度概念；社会资本是存在于社会关系形式中的集体性社会资产；共有规范和信任促进了合作与集体行动，带来了共同收益，是一种需要投资的资本资产；如果不进行维护社会资本将会消失；社会资本主要三种要素，即社会网络（包括家庭、朋友、社区、志愿者组织）、互惠规范（包括共有规范、价值观和行为）、信任（包括人际信任和制度信任）。

二、社区

社区（community）是社会学家使用最多的一个词。由于在概念理解和使用范围上较为复杂，有关社区的定义还莫衷一是。"社区"一词最早出现于14世纪的英语中，指的是平民或组织性的团体。德国社会学家滕尼斯在《社区与社会》中首次给出了社区的概念，认为社区是人类生活的共同体，是具有关系亲密的人情往来、互帮互助和邻里来往等特征的共同体。滕尼斯使用"社区"和"社会"分别对应于中文词语的"礼俗社会"和"法理社会"。礼俗社会的特征是亲密无间、彼此往来、拥有共同的价值观念和传统的道德规范，人们中间具有"我们"和"我们的"意识。法理社会的特征更多是基于理性主义和契约意识，人们较为关注个体私利而非集体利益。1936年，芝加哥学派的领军人物帕克（1936）认为，社区的本质特征包括三个方面：一是在一定地区范围内形成的人口聚集；二是一定区域内的人口生存长期依赖于他们的土地；三是一定区域内的居民具有密切的互动和社会往来，并依赖于这种社会关系。

1955年，美国社会学家希勒里（G.A.Hillery）通过搜集有关社区的定义后指出，有关社区的性质并没有给出一个完全相同的解释，如将社区定义为一个群体、一个过程、一个地理区域、一种态度、一个自给自足的地方。希勒里最后将上述社区定义的共性进行了归纳，指出社区包含三大要素：特定的地点、共同的关系、社会的互动。1968年出版的《国际社会科学百科全书》第3卷在谈到社区时给出的社区的定义如下：社区是居住于特定地区范围内的人口；社区以地域为界，并且具有整合功能和社区系统；社区具有地方性的、自治的基层行动单位。1979年出版的《新社会辞典》指出，社区是指人们的集体，这些人在一个共同的地理区域内，共同从事经济活动和政治活动，形成了具有某些共同的价值标准和相互从属感情的自治社会单位，城市、城镇、村庄都是社区的典型例子。埃杰尼（2000）认为，社区的构成有两个基本要素：一是基于社区内部群体熟人社会下的关系网络，二是成员间的共有规范、价值观念以及身份上的认同等。该定义并未提及地域是社区的构成要素，但事实上地域要素仍然是社区重要的组成部分。由此可见，上述关于社区的定义具有较为紧密的联系，即都强调了社区地域性、共同联系纽带和社会联系三种要素。从现代经济学的角度而言，社区作为促成集体行动而形成的组织，能够很好地反应个体之间的合作及行动策略。

村庄属于社区的一种形式。按照地理空间进行定义，村庄是具有自然、社会、经济特征的地域综合体，兼具生产、生活、生态和文化多种功能，是构成人类活动的主要空间。村庄通常聚集于平原、盆地，人口居住比较集中，并且有成片的居民房屋构成建筑群。地处平原的村庄的建筑面积较大，人们主要以农业生产为主，部分村庄可能拥有少量的工业企业及商业服务设施。按照社会关系进行定义，村庄同时也是因地缘关系、血缘关系以及互惠关系构成村庄内部人与人社会关系的总和。这种社会关系有可能来自宗族、道德惯例等传统型社会关联，也有可能来自经济分化或社会契约引起的雇佣关系的现代型社会关联。前者属于传统型村庄，后者则被认为是现代型村庄。传统型村庄村民的社会生活面向过去，社区环境较为稳定且封闭，有着相对活跃的宗族活动和社区组织，人情往来频繁。现代型村庄是以契约为基础建立起来的村庄社会，村庄劳动力外流趋势明显，社会舆论薄弱，村民对公共事物的参与积极性不足。贺雪峰（2018）进一步依据村庄结构差异，将当前中国村庄分为团结型村庄、分裂型村庄和分散型村庄三种类型。团结型村庄是指那些宗族力量强大且宗族结构较为完整的村庄，主要集中在南方地区。分裂型村庄主要是指宗族之间相互竞争，拥有几个或多个小宗族结构的村庄，主要集中在形成华北地区。分散型村庄宗亲血缘关系较为淡薄，农民以户为行动单位的村庄，主要集中在中部地区的长江流域。

三、治理

"治理"一词在中国古代就已出现，如《荀子·君道》："明分职，序事业，材技官能，莫不治理，则公道达而私门塞矣，公义明而私事息矣。"《汉书·赵广汉传》："壹切治理，威名远闻。"《孔子家语·贤君》："吾欲使官府治理，为之奈何？"清王士禛《池北偶谈·谈异六·风异》："帝王克勤天戒，凡有垂象，皆关治理。"这些都体现出了中国古代文人对治国理政的相应论述。世界银行将治理（governance）定义为在基于发展目标而管理一个国家经济和社会资源的过程中权力被运行的方式。在政治学领域，治理的含义为政府如何运用国家权力来管理国家和人民。从新公共管理学的视角来看，治理是将公共部门与市场机制统一起来，建立起更为高效的管理型国家。联合国全球治理委员会（CGG）将治理定义为各种公共的和个人的机构管理其共同事务的诸多方法的总和，是使得相互冲突和不同利益得以调和并采取联合行动的持续过程。事实上，治理机制并非从一开始出现就备受欢迎的，恰恰是当政府和市场出现失灵时，治理机制成为一种良好的替代方案而出现。治理是对政府职能和市场作用的重新审视与度量，政府应集中精力确保市场机制运行，通过制定法律、标准以及管制措施与企业、公民之间达成合作协议，并且部分职能可以由公民组织和社会组织承担。治理的特征不再是政府管制的模式，而是逐渐形成一种相互协作和自我组织之间的关系网络，公共利益的最大化实现方式在于运用政府和公民之间的合作方式。治理理念强调通过国家与公民合作、政府与非政府部门合作、资源团体与公共部门合作，使得社会自治的功能得到强化，不再是仅仅依靠自上而下的科层制架构而是由存在于广泛的治理参与主体中，治理的目标虽然多元但是其最终目标是实现"善治"。当然，治理必须依靠政府和市场机制合作才能发挥作用，治理的方案必须得到国家法律和权威的认可与保护，并得到市场或民众的资金和力量支持，同时治理补充了公共部门和私人企业的绩效，提高了整体社会福利水平。

20世纪90年代末以来，中国开始了对治理理论和实践的研究，分析内容主要分为国家治理、政府治理和社会治理。社会治理是基层治理的重要内容，中国乡村的社会治理体制是在中国共产党的领导下，由政府负责、社会协同、公众参与以及法治保障的现代化乡村社会治理体制。当前中国正积极推进治理体系和治理能力现代化，并将治理资源和服务重心向基层下沉，着力提高社区治理的基础性地位，强化了社区参与、市场合作的治理模式。党的十九届四中全会提出了国家治理体系和治理能力现代化建设，进一步提出了完善群众参与基层社会治理的制度化渠道，提出了要健全党组织领导的自治、法治和德治相结合的城乡基层治理体系，实现政府治理和社会调节、居民自治良性互动。这体现了社会治理中党和政府的公共权力、社会组织和公民的权利之间的协调合作与平衡。

四、正式制度与非正式制度

关于制度（institution）的定义，不同的学者从不同的研究角度给出十分丰富的解释。诺斯（1990）认为，制度是由人们制定的用以规定人类行为和互动关系的社会博弈规则[1]。这种规则有时禁止人们从事某种活动，而有时又会给出一定的边界允许人们从事一些活动[2]。诺斯进一步将制度分为正式制度和非正式制度两个方面。正式制度包含宪法、政府规章和指令等，非正式制度包含习俗、禁忌、行为准则、管理以及共享规范等内容。非正式制度包括裙带关系、庇护关系以及宗族组织等内容，是一些不成文且独立于官方制度之外，并为社会成员共同接受和遵守的一系列规则（Chen & Huhe, 2010）。

奥斯特罗姆（Ostrom, 1990）认为，制度可以理解为工作规则的组合，通常决定了谁有资格在某个领域制定决策；决定了哪种行动将会被允许、哪种规则将会被使用，按照何种程序使用，在必要时应该采取何种行动；决定了在行动之后对个体给出何种回报[3]。工作规则实质上就是为了治理公

---

[1] 道格拉斯·诺斯. 制度、制度变迁与经济绩效 [M]. 杭行，译. 上海：上海三联书店，2014：3.

[2] 诺斯通过团体竞技中的游戏规则对制度中的正式规则和非正式规则进行了解释。他指出，我们的制度是由正式的成文规则和那些对正式的成文规则进行补充的非成文规则组成，如不得故意伤害对方成员中的核心运动员。但是，有时对方成员可能会违反此种规则，因此制度运行的关键在于要使违规有成本，并且惩罚也有轻重之分。

[3] 埃莉诺·奥斯特罗姆. 公共事物的治理之道：集体行动制度的演进 [M]. 余逊达，陈旭东，译. 上海：上海译文出版社，2012.

共池塘资源所采取的监督和强制的实施规则（Commons，1957）。工作规则并不完全等同于法律、行政法规。在许多公共池塘资源管理中，社区内部存在的规则其实与正式的法律体系有很大的差别。此后，奥斯特罗姆（Ostrom，2005）在其著作《理解制度的多样性》中进一步将制度定义为人们用以组织不同形式的重复且有结构的交流规则，包括村民内部的交流以及村民与外界的交流。奥斯特罗姆从理性选择视角出发，十分重视非正式制度的重要性，认为公共池塘资源的使用规则不仅包含了正式法律制度，非正式制度同样具有十分重要的价值（Ostrom，2005）。青木昌彦（2001）基于博弈论分析框架分析了制度的多样性和影响，在其经典著作《比较制度分析》一书中提出，制度是关于博弈如何进行的共有信念的一个自我维系系统，制度的本质是对均衡博弈路径显著和固定特征的一种浓缩型表征。该表征几乎被相关领域的所有参与人感知，并始终是与其决策相关的。由此看来，制度就是一种自我实施的方式，制约着参与者的策略互动，并反过来又被他们在连续变化的环境下的实际决策不断再生产出来①。由此可见，青木昌彦将制度解释为一种博弈规则和共享的信念，制度是在博弈中形成的，其变迁过程也受到文化、历史、政治和法律的影响。

五、公共池塘资源

奥斯特罗姆认为，公共池塘资源（common pool resources，CPRs）是一种具有非排他性和高竞争性的物品②，如地下水、森林资源、公共草场、渔场等。对这些资源，在一定范围内的个体均可以使用，但一个人使用一单位，另一个人就不得不少使用一单位该资源。因此，理解公共池塘资源必须要对资源单位（resource units）和资源系统（resource system）加以理解与区分。所谓资源系统，是指一个资源系统所具有的存量，如牧场、采砂场、公共山地等。资源单位是指个体可以从资源系统中使用的资源数量。例如，从渔场捕获的鱼的数量、在牧场中使用的草原的面积。区分资源系统储存量和资源系统使用单位，就可以得出资源的平均补充率。在公共池塘资源系统中，如果资源的提取率不超过其补充率，则可再生资源便能长

---

① 青木昌彦. 比较制度分析［M］. 周黎安，译. 上海：上海远东出版社，2016.
② 其中一个典型的例子是渔场资源，即某一渔场中的鱼是稀缺的，一个渔民捕到的鱼就不能被其他渔民捕获，任何拥有渔具的人都可以从中捕鱼，这就会产生过度捕捞问题，结果便是渔业资源越来越少，最终导致渔场的毁灭。

期存续①。资源系统可以有多个人使用，但资源单位却无法被共同使用。例如，在公共牧场，许多人都可以占用一块草场，这便是资源系统的非排他性，但公共牧场中的草地资源被一位牧羊人的羊吃过后，其他的牧羊人就不能再占有。一旦多个占用者依赖于既定的资源系统，当为维护系统改进所付出的努力被其他人占用，个体付出的成本却由自身分担时，理性的占用者就不会采取行动为改善公共池塘资源系统努力。奥斯特罗姆（Ostrom，1990）进一步把系统资源的提取称为占用（appropiation），把系统资源的提取者称为占用者（appropriators），如渔民、灌溉者、牧羊人等，把设计和安排公共池塘资源的人称为提供者（providers）。一个国家可以被认为是公共池塘资源系统的提供者，因为其提供了资金和设计。对于社区居民而言，如果当地政府授予了本地村民管理和维护公共池塘资源的权利和义务，则村民就是资源系统的维护者和生产者。区分和理解资源系统和资源单位是更好地认识公共物品和公共池塘资源的异同的基本前提。公共池塘资源单位的可分性将导致过度的使用会超过其数量极限，从而对资源系统本身和可再生能力造成破坏，如渔场和森林，逼近使用极限就会导致生态系统退化。基于公共物品不可分性将不会产生拥挤效应，如一个人使用国防资源，并不会影响和降低社会群体中的总体安全水平（Samulson，1955），因此资源单位的可分性和公共物品的不可分性也是导致竞争与非竞争的重要区别②。

对公共池塘资源的理解和分析，为研究农村环境污染问题提供了有价值的参考。按照公共池塘资源的定义，农村环境污染问题（水资源、土地资源、空气资源等污染）可以作为公共池塘资源过度使用来分析。以水污染为例，资源系统是该村庄河流或地下水流域，资源单位是每个村民所拥有的单位污染排放量（如生活污水、固体废弃物、畜禽粪污等），农村河流具有一定的自净能力，在可承载范围之内，河流拥有自净能力，人们对环境物品的使用是非竞争性的。但是，水资源的环境承载能力是有限的，即对污染排放的可容纳能力是一定的。一个村民排放一单位污染数量，其他村民就必须在此基础上少排放一单位污染数量。如果社区内部村民都过度排放生活污水或进行过度污染行为，将会导致水资源的自净能力丧失，对

---

① 对于自然资源而言，一方面，转化为使用与自然退化的关系；另一方面，转化为养护、修理与投资支出的关系（Ostrom，1990）。

② 从上述论述可以看出，区分公共物品与公共池塘资源并非微不足道的，公共物品的提供并不会在意个体何时何地使用产品，只要所有个体分担产品供给的成本即可。但是，提供公共池塘资源尤其关注的是使用资源的人数和何时何地使用（Ostrom，1990）。

水资源环境物品的使用超过了合理的限度从而导致水污染和社会福利的损失。类似地，土壤污染、空气污染均可看成具有资源系统和资源单位的公共池塘资源过度使用问题①。

第二节　理论基础

正如奥斯特罗姆所言："理解个人如何解决现实中的特定问题时，需要采用从理论世界到行为世界，从行为世界再到理论世界的策略。"如果没有理论，我们便不能很好地理解许多外在现象的基本机制。理论是用来解决实际经验问题的。如果不能解决实际经验问题，则理论工作也仅仅是对理论本身有所创造，而对现实世界的反映将显得微不足道。为考察社会资本对乡村环境治理的具体影响和作用机制，笔者首先梳理与本书研究有关的相关理论，主要包括集体行动理论、自主治理理论、多中心治理理论、重复博弈理论。上述理论在分析村民环境治理的具体行为策略及环境治理效应时具有良好的解释力度。应该说，这些理论并非割裂的，而是具有相互联系的统一整体，它们都将围绕如何克服乡村环境污染治理中的"搭便车"问题展开论述。

一、集体行动理论

群体理论（groups theory）认为，有共同利益的个人组成的集团总是会试图增进共同利益。该逻辑推论的假设前提是集团内的个体是具有理性和自利主义行为的。正如单独个体为自身利益而行事一般，集团内部的成员将会按照同样的行为准则为了他们的共同利益而行动。例如，工人会努力追求更高的工资，组织成员追求共同的谈判利益，消费者都希望得到最低的物品价格。但令人遗憾的是，上述集体行动的逻辑在现实世界中并不成

---

①　需要说明的是，本书重点探讨如何使用村庄内部社会资本和非正式制度，用于克服"搭便车"问题，从而实现"公地的繁荣"。就此目标而言，公共池塘资源研究和公共物品研究并无差异。正如奥斯特罗姆（2002）所言，公共池塘资源问题与小范围的集体物品的提供具有相似性，它们都必须要解决集体物品供给中出现的"搭便车"、承诺兑现、新制度供以及对个人遵守规则的监督问题。因此，对公共池塘资源的理解将非常有助于我们对地方性公共物品集体行动因素的考察和理解。参见：奥斯特罗姆. 公共事物的治理之道：集体行动制度的演进［M］. 余逊达，陈旭东，译. 上海：上海译文出版社，2002：34.

立。在奥尔森（1968）看来，从个体的理性和主动寻求自身利益假设出发，从而逻辑性地推出集团中的个人会为了自身利益采取行动是根本错误的。具备理性和从个体私利主义出发的个体不会采取行动用以实现他们的共同利益，即便是采取集体行动能够使他们各自的利益都能够得到改善，其个人也不会为集体目标采取任何行动，除非是集团内的人数较少，或者在集团内部采取一定的强制手段和经济激励去驱动为他们共同的利益而行事①。这便是奥尔森在《集体行动的逻辑》一书中的经典议题。

在奥尔森（1968）看来，产生上述集体行动困境的原因就在于集体收益具有公共物品的特性，集团成员个人都能够从集团内部获得行动带来的收益，即使他不参与行动仍然无法将其排除在外，而且集团的规模越大，所产生的收益份额也就越小，因此在严格的理性人假定下，没有人会为了共同利益而行动。此外，在一个大集团中，内部成员虽然拥有实现共同目标的共同利益，但其组织中的个体也拥有纯粹的私人利益。这种共同利益与私人利益相结合的情况与完全竞争市场中的产业极为类似。例如，在一个竞争性的市场中，每个企业都认同提高价格会对集体成员有共同利益，但单个企业依靠增加产出却也是个体利益所在，结果便是每一个企业都知道增加产量是有利可图的，但最终每个企业的利润却因此减少了。解决上述困境方法可以试图通过外部性干预，如政府的干预和税收协议等提高他们产品的价格，但争取获得政府税收支持所进行游说花费的时间和金钱成本在大集团内部并没有人愿意承担。这是因为当涉及的企业数量较大时，没有人会注意到一个企业增加产量会带来产品价格的显著降低。与之相似的是，在一个大组织中，少一个资助者为集团利益进行游说并不会显著增加任何一个人的负担，因此集团中的个体不相信自身的"搭便车"行为会对其他人带来明显改变。

在奥尔森看来，只有一种独立的和选择性激励（selective incentives）才能够促进集团内部的成员采取集体行动，这样才能够将参与集团活动并为组织做出贡献的成员福利与不参与集团利益的个人区分出来。选择性激励既可以对不参与集团利益行动的个体采取强制，如对违背集体利益的个人通过规章制度、罚款以及通报批评方式，也可以对个体进行积极的奖励，如对增加集团利益的成员积极购买团体保险、奖励荣誉、给予肯定等。奥尔森（1968）指出，美国诸多工会组织得以存在的原因在于通过强制会员

---

① 奥尔森指出，小集团集体行动情况要比大集团集体行动情况复杂得多。小集团内部可能存在某些自愿执行的行动，在小集团为共同利益分担成本时，确实存在少数剥削多数的情况。

参与来提供集体物品，通过设立工会组织用以提高工资。除此之外，工会组织为参加工会的人提供各种形式的保险项目，其只给参与工会的成员提供，而将未参与工会的个体排除在外。同样地，如果国家作为组织的一种特殊形态，仅依靠感情资源而用强制手段去获得税收的话，其基本的公共服务将无法开展。当然，虽然奥尔森也提出了大集团破解集体行动困境的方案，但对于大集团而言，其还是无法完全摆脱组织成员"搭便车"的动机。因为做到精准的赏罚也需要付出较高成本，只有规模才是决定个体是否行动的决定因素。因此，在奥尔森看来，小集团总是比大集团更容易实现集体利益的增进。

奥尔森（1968）进一步指出了小集团在集体物品供给比大集团更有效率的原因（Hare，1952；Simmel，1950）[1]。在大集团中，即使其完全不顾个体利益，某人的贡献和努力并不会对集团产生很大的影响，个人的努力并不能对他人产生非常显著的改变。对于个体而言，其增进集体利益的贡献较小，基于理性考虑其仍然不会自发地提供集体物品[2]。但小集团则不适用于上述分析，小集团不用强制或任何激励手段都可以使成员自愿为其提供公共物品。在一个小集团中，由于成员人数较少，每个成员都可以获得集体收益相当大的部分，即使需要个体成员承担所有成本也比不参与行动所获得的收益更多。奥尔森还指出，在小集团内部，人们之间的熟悉与交往使每个成员都对其他成员有直接的了解，个人很看重自己的社会地位、声誉和自尊，个人之间可能会运用"社会压力"来迫使他们承担集体目标的责任。社会激励在小集团内部"面对面"中的确存在重要作用。詹姆斯（James，1951）通过对各种公共机构和私人机构的集体行动研究，发现小集团采取集体行动的概率要比大集团高，而采取行动的小集团人数为 6.5 人，而采取行动的平均人数为 14 人。塞缪尔（Simmel，1950）指出，与大集团相比，小集团的行动更为果断，而且能够更好地发掘它们的能量与资源，但是大集团的这种资源总是作为一种潜在资源未能充分发挥。

总体而言，奥尔森集体行动理论考虑了具有共同利益时理性个人如何面临"搭便车"困境以及在分析集团规模时个体行动的表现，这对已有传统群体理论产生了巨大影响。20 世纪 80 年代后期，许多学者对集体行动理论进行了完善与发展，如哈丁（1982）和艾克塞罗德（1984）不断丰富和

---

① 事实上，奥尔森主要论证了大集团内的集体物品提供，但他已经意识到小集团在集体行动中具有的优势。奥尔森还通过技术性证明了小集团在提供集体物品中的自愿性优势。

② 例如，一个农民即使置于自己的利益于不顾，他也不会限制自己的产量以提高农产品价格，因为他知道他的牺牲不会给任何人带来多大的好处。

发展了集体行动理论，其中哈丁还将奥尔森的集体行动理论表示为 N 个人的囚徒困境博弈。实际上，囚徒困境也是集体行动理论的典型表述。20 世纪 90 年代初，许多学者对集体行动理论提出挑战，他们认为奥尔森集体行动理论对集团内部，人们通过相互沟通和理解，并基于长期重复博弈过程中形成的习俗、规范、道德、信任等非正式制度建立起来的小规模公共事物治理并不适用。在小范围社区内部，人们通过内部的自治体系可以很好地获取共同收益，通过制定内部规则来保护资源（Milgrom，1990；Ostrom，1990；Bromely，2005）。在阿玛蒂亚·森看来，不同的个体在团体内的不同承诺约束了他们之间的相互交往，这类承诺可以减少个体冲突①。例如，森（1974）在确保博弈规则（assurance principle）中指出，在一个完全自我利益最大化的囚徒困境模型中，背叛是参与者的占优策略，但当出现多种形式的承诺之后，在一个博弈个体超过两人的博弈模型中，假定一个参与者确保自己会合作的话，那么另一个参与人也会参与合作。

集体行动理论为本书研究社会资本在乡村环境治理中的作用提供了极为坚实的理论基础。农村环境污染治理具有典型的公共物品特性，每个人都知道良好的环境生态对个体是有益的，但环境治理需要付出成本（时间和金钱等），因此村庄内部成员将会存在"别人参与环境治理，我不参与"的"搭便车"诱惑。例如，在豫东平原地区的 M 村庄，道路两旁和沟渠中的杂草属于居民住宅之外的"公地"，杂草不仅影响了整体的村容村貌，还造成沟渠水流的流动受阻，水体含氧量不足。事实上，如果村民合作起来共同参与杂草的整治工作，村庄内部的生态环境将得到提升，村庄整体的地表水质量将得到明显改善。然而事实上，本村内部村民均认为"水污染治理与我无关"，最后都不愿意付出时间和精力去参与这类公共事物，最后不得不由村委会负责组织专人，通过公益性岗位工作人员，由村委会每月拨付一定的资金来整治道路环境卫生。但即使如此，仍然存在问题，即公益性工作人员在整治杂草的过程中，同样也会存在"偷懒"的道德风险。他们大多是仅仅将长势比较旺盛的杂草铲除，而对砖缝中的杂草并未处理。不存在监督设计和验收机制很容易导致他们出工不出力的道德风险行为，进而并未从根本上将环境卫生整治到位。这表明，在面对公共事物治理时，尝试克服集体行动困境将是极其重要的内容，村民自身的参与性要调动起来。中国乡村环境治理最为重要的是基层政治组织如何调动村民内部的环

---

① 阿玛蒂亚·森（1977）指出，承诺是在特定博弈情形中影响个体行为决策的一系列变量，承诺反映了一定的道德观、意识形态甚至是宗教情操等价值观念。

境治理的参与性，从而为共同保护村庄内部的环境而行动。与奥尔森有关小集团更容易实现自我参与极为相似的是，中国乡村具备有关小集团的社会关系特征。乡村是以熟人社会为基础的，人们之间的熟人关系、良好的信誉和声望是一种珍贵的社会资产，其中许多的规范和信任内部社会激励使人们能够在一个相互依存的生活环境中实现合作，从而达到实现乡村环境治理效果。

二、自主治理理论

自主治理理论是由美国印第安纳大学政治学教授埃莉诺·奥斯特罗姆（1990）在研究公共池塘资源管理时提出的。其核心内容如下：具有共同利益联系的村庄居民，如何通过内部规范和规则来自我实施，从而克服由于公共事物治理中的公地悲剧，获得公共事物治理绩效。奥斯特罗姆是美国印第安纳大学公共选择学派和制度分析学派的重要创始人，她因为在经济治理领域做出的杰出贡献而获得 2009 年诺贝尔经济学奖，并成为首位获此殊荣的女性学者。她的成名之作《公共事物的治理之道：集体行动制度的演进》中所提出的自主治理（self-governance）理论，打破了已有公共池塘资源管理中通过政府强制和市场机制的非此即彼的二分法，为世界领域内公共事物治理研究提供了强有力的理论基础和分析思路；强调了村庄内部村民通过内部规则、共享规范以及互惠信任等非正式制度，在面临"搭便车"困境下，如何实现公共事物的善治[1]。

与集体行动困境具有相同表述含义的"公地悲剧"（tragedy of commons）一词最早由哈丁（1968）提出[2]。其含义是对多数人共同使用的一种资源（如水资源、草地资源、村庄灌溉设施等），人们一般都不会选择合理善用，总会为达到自身利益最大化而产生过度使用问题。目前，雾霾污染、酸雨问题、土壤肥力下降、地下水开采过度以及动植物减少等都是公地悲剧的典型表现。由于公地悲剧中存在资源使用的无效率，早期学者提出了可以

---

① 除此之外，埃莉诺·奥斯特罗姆的重要著作还包括《规则、博弈与公共池塘资源》《自主治理灌溉系统的行业制度》《社群组织与警察服务的提供》《制度激励与可持续发展：基础设施政策透视》《政治研究的方法》等十余部著作，重要学术论文 100 余篇。

② 哈丁设定了一个对所有人开放的牧场。在该牧场内部，从个体利益出发来看，每个人都愿多放牧一只羊来增加个人收益，但是由于牧场资源承载能力有限，多放牧一只羊带来的收益还应该减去过度使用草地资源带来的损失。由于所承担的损失由所有放牧者承担，因此其个体承担微乎其微，便也感觉不到，而收益却由过度放牧者个人享有。这样一来，所有人都有多放牧更多羊的动机，最终导致草场被不可逆转地破坏。这被称为经典的"公地悲剧"问题。

通过建立政府法律制度或交由市场机制进行解决。例如，政府强制方案指出，在杂乱无章的世界中，如果想避免公地资源被破坏，就必须从外在制度中对使用者施加强制和法律。这种方案实质上是想通过外部的力量约束村民内部行为，迫使其改变因徒困境中的背叛策略，从而改变哈丁的"牧人博弈"。该方案的前提是假定中央政府能够对不合作的背叛者适当地课征罚金，将能够改变哈丁的"牧人博弈"的结局。但是，政府在公地治理中存在信息不对称问题，中央政府因为缺少公共池塘信息的现场知识，常常由于罚金太高或太低以及错罚好人和漏罚坏人而导致该方案存在失灵的情况。高昂的信息成本使得对交易物品属性和属性层次的衡量不可能是全面的或完全精确的①。辨明每一次交换单位的各种属性及层次的高低所需要的信息成本，是这种意义上的交易费用的根源（North，1990）。即便是交易者双方均拥有共同的目标函数（objective function），获取必要的信息成本仍然是存在的，这主要包含每个单位的属性层次、买方和卖方的交易地点等。更进一步而言，参与者之间还可能存在信息不对称的情况，如医生对自身服务质量及医术的了解总比病人多，向保险公司购买保险的人比商业保险公司更知道他自身的健康状况②。事实上，只要交易一方比另一方拥有更多有价值的信息，他将会选择欺骗、撒谎来使自己的利益最大化，这是阿克洛夫有关柠檬市场的研究基础（Akerlof，1970），也是逆向选择和道德风险的基础（Holmstrom，1979）。信息交易成本使得我们不可能再停留于同质商品的即时交易上，而必须将大量的时间用于衡量代理人的监管和实施上。实施不会是一个自发的事情，在没有制度约束的情形下，追求自身利益的最大化行为将使得实施变得非常困难。原因在于风险溢价（risk premium）的存在，对方不一定理解遵守合约对他是有利的，因此风险溢价越大，个体不遵守合约的可能性也就越大。

第二种方案是实行私有化市场方案。该种方案同样受到上述三种模型的影响，要求在属于公地的领域完全实行私有产权制度。有研究者指出，私有化是解决公共池塘资源问题最为优选的方法（Welch，1983）。但在奥

---

① 诺斯在《制度、制度变迁与经济绩效》一书中对交易物品属性给出了形象解释。他举例解释道，当个体购买橙汁时，他从消费的橙汁中获得的是维生素 C 的含量及其口味中获得的效用；当个体购买其一辆汽车时，他获得一种特定颜色、加速器、款式、内部设计、汽油里程；当个体购买医生服务时，医术、医德以及候诊时间，都是个体购买物品属性的一部分。衡量这些属性的价值需要耗费资源，而对被转让权利的界定与衡量还需要耗费额外的资源。

② 经常可以看到使用商标、特许权、学历和资历证书等用于减少信息搜集带来交易成本的手段。

斯特罗姆看来，某些资源不能清晰界定产权（如流动的水、游动的鱼以及流通的空气等）。我们在讨论土地实行私有产权时，很明确地知道将土地分块分配给某些人，但如果该资源具有流动性，产权无法分割时，这种私有化方案同样面临困境。奥斯特罗姆在经验性的替代解决方案中指出，在彼此十分了解、经常沟通，并建立起相互信任的村庄内部，人们可以实现公共池塘资源的有效治理。她认为，已有的公共池塘资源治理方案都将视野投向了外部制度建设，而对村庄内部居民的非正式制度却没有得到足够的重视，许多为解决公共池塘资源的制度努力并没有来自国有化或市场化的治理方案，但它们在解决"搭便车"和机会主义诱惑问题中呈现出了富有成效的治理效果。由此她引出了第三条道路下的治理方案——自主治理或自主组织理论。

自主治理理论指出，无论是外部统治者还是希望获得收益的一组当事人，解决公共池塘资源管理难题的本质是如何将村庄内部居民组织起来，通过发挥内部规范和自我设计的规则，从而实现有效的治理。解决公共池塘资源必须解决的三个问题便是制度供给问题、可信承诺问题和相互监督问题。一是制度供给问题。尽管村民知道提供一个新制度能够惠及每个人的利益，但制度供给也是一项公共物品，在以个人利益最大化为前提下，没有人会主动参与制度设计，而只想得到最终制度的好处。这种强烈的机会主义行为严重阻碍了村民自治的效率（Bates，1988）。解决二阶困境可能比改变一阶困境更为困难。奥斯特罗姆指出，基于村庄内部的信任和关系网络，在相互熟悉的社区内部人们通过不断沟通和社会交往，知道谁是可以信任的。人们在长期生活中建立起来的熟人社会为解决制度供给的难题提供了有效的工具。二是可信承诺问题。在社群内部的个体对自己未来预期收益流量做出预测之后，如果不能够拥有实际的惩罚机制，或者惩罚成本不足以抵消其违背规则的成本，则长期来看个体就极有可能出现违背规则的动机。通常，使用外部性的制裁方案被认为对解决制度供给问题较为有效（Schelling，1984）。自主治理理论提出，社区内部在没有外部强制力量的情况下，个体激励自身去监督他人的活动从而保证规则的遵守。三是相互监督问题。前述的可信承诺问题只有在解决了相互监督难题后才能够解决，监督才是可信承诺问题得以解决的前提。惩罚别人也是一项公共物品，惩罚需要花费时间与精力，且在村庄内部极容易造成冲突。村庄内部的居民同样需要二阶选择的激励，又会碰到"搭便车"的难题。奥斯特罗姆认为，只要人们做出相机决策，就会拥有监督他人的动机，监督一组规则的实施情况的成本和收益，并不独立于特定规则本身，监督成为人们实施规则进行自主治理的副产品。

奥斯特罗姆总结了不同国家自主治理地下水资源、公共森林资源、灌溉系统等公共池塘资源以后指出，传统集体行动理论忽略了集团内部成员之间长期博弈过程中形成的规则、信任规范和社会网络等社会资本在治理绩效中的隐形激励效应。传统治理模型忽略了村庄长期存在的内部规范，只适用于高贴现率、人们缺乏信任与沟通、没有建立大家一致认同的规则与策略的情形。在相互熟悉的村庄范围内，人们经常不断沟通和互动，能够知道谁是可以信任的、其个人行为将会对他人产生何种影响以及对公共事物治理产生何种影响。奥斯特罗姆还提出了自主治理长期存续公共池塘资源制度的八项原则：第一，清晰界定边界，要对公共池塘资源自身的边界给出清晰的划定，同时还要对村民内部的使用人进行明确的界定和规定。第二，占用和供应规则与当地条件相一致，要对村民获取公共池塘资源的时间、地点以及采取的使用技术给出明确的安排。第三，集体选择安排。社区内部有权利更改自己的规则，每个居民也都可以自由参与规则修改。第四，监督，包括对公共池塘资源使用者的监督和对实施监督人自己的监督。第五，分级制裁，对违反村庄内部规则的人可以实施行之有效的惩罚机制。第六，冲突解决机制。村庄内部居民有能力，或者与当地组织协商有效解决公共池塘资源使用中的冲突。第七，对组织权的最低限度的认可。政府或行政机构对社区内部的规则制定给予支持和认可。第八，嵌套式企业。

无论是微观的社区组织，抑或全球公共事物治理，奥斯特罗姆的自主治理理论都在理论和经验层面给出了十分具有前瞻性和理论性的实践检验。毋庸置疑的是，自主治理理论为中国乡村环境污染治理提供了十分有利的理论基础。首先，中国乡村环境治理是以社区为单位的，社区是中国环境治理的基层组织，也是发挥多元社会治理作用的微观基础。自主治理理论所探讨的社区形式（50~1500人）的公共事物参与规模与中国农村社区具有较好的吻合性，这保证了本书环境治理与自主治理理论在研究层次上具有内在的融合性。其次，自主治理理论所分析的具体案例对中国乡村环境治理具有丰富的启示意义。这是因为乡村环境治理的实施存在诸多信息监管成本。就中央政府而言，其对社区内部的污染程度、污染源地点并不知晓，这都需要充分的信息搜集来确定惩罚的力度和政策执行的范围。环境污染程度检测需要精密的仪器，农村普遍存在基础设施薄弱和精密仪器缺乏的现实情况，因此上级部门对农村环境治理的科学性和针对性便不能保证。社区内部的居民拥有丰富的现场知识，他们知道本村环境污染的程度、范围以及地点等。中国乡村是典型的熟人社会，村民内部长期存在的完整的文化制度、习俗惯例、信任、互惠规范等非正式制度，这为环境治理合作和环境保护行为提供了良好的社会资本。这样一来，信息不对称的成本将会降低，环境治理绩效将有改善的契机。就村民之间环境治理参与而言，村民普遍认为环境治理是政府事务，多数村民对社区内部的环境污染将会选择政策性庇护来获取利益（李永生，2019），村民参与环境治理的责任感不强。环境治理的交易成本主要体现在部分村民可能存在通过欺骗、撒谎来选择让其他村民进行污染防治，而自身却存在违约行为使其自身利益最大化。

三、多中心治理理论

多中心治理理论（polycentric governance）最早是由埃莉诺·奥斯特罗姆和文森特·奥斯特朗姆提出的。该理论的核心内容如下：通过把有限的决策权力由不同层级权利中心使用，每个独立的权利中心之间可以相互合作和监督，从而使不同决策中心为着共同的治理目标而开展行动（Ostrom，1999）。多中心治理理论主张将多元竞争机制引入公共物品提供中来，认为与市场机制一样，应存在多个利益机制在竞争与契约性的合作事务中，运用于公共物品的供给（奥斯特罗姆和蒂布特等，2000）。这表明多中心治理理论强调了政府部门、科研机构、高校组织、社区以及非营利社会组织之间合作，它们均是公共事物治理的参与者。奥斯特罗姆认为，已有学者过分强调集权制和分权制，都有无法调试的适用性问题。例如，在集权制的实施过程中，政府官员由于缺乏充分的信息和现场知识而无法对现场环境做出适应性调整。分权制虽然能够有充分的信息和现场知识适应环境，却面临因规避责任和制度缺失造成治理失灵。多中心治理有效平衡了集权制和分权制的弊端，通过内部信息共享，可以有效实现地方资源系统占有者和政府官员间的互动学习（Duit，2008；Loorbach，2010）。在充分互动过程中，不同的行为单位可以根据环境变化来调整并制定规则，从而避免了由自上而下行政决策的低效率。与集权制和分权制相比，多中心治理的特征主要体现在以下两个方面：第一，多中心治理包含有多个决策中心，这些决策中心均具有独立但有限的官方地位，并且这些独立的决策中心具有明显的合作协调机制（Anderson，2008；Claudia，2014）。第二，多中心治理强调了政府、市场和社会的多元化合作，在强调以社区自治为中心的自主治理结构中，强调了权利分散和交叠式管辖的特征。这种权利分散和交叠式管辖可以是地理上的也可以是决策中心的层级嵌入形式（Calaz, 2012）。

多中心治理理论在公共事物治理中具有显著优势。其主要表现如下：第一，多中心治理有利于提供具有科学性和适应性的非正式制度。与集权制和分权制不同的是，多中心治理理论强调公共利益各主体之间的充分合作和协调，这就使得与当地联系最为密切的利益主体可以充分利用现场知识，制定合适的非正式规则。这种自下而上的非正式规则的制定，能够更好地适应治理中的环境冲击。第二，多中心治理理论能更好地解决公共参与中的"搭便车"问题。由于当地资源系统的占有者对本地资源存量和资源属性非常熟悉，因此其可以设计出精确且有效的实施规则。这些非正式规则能够有效降低监督成本和实施成本，并基于社区内部彼此的信任，降低了因违反规则和制裁带来的成本。例如，日本的平野村基于村民自治制度，村民自行设计监督规则和惩罚系统，实现了村庄森林资源得以长期存续。第三，多中心治理理论提高了基层治理的参与主动性和积极性。多中心治理理论非常强调通过社区内部的自发组织形成多中心的自主治理结构来实现公共事物的良性治理。多中心治理理论强调的决策中心的多样和决策中心的下移将使得基层决策能够顺利展开。基层民众和基层组织的互动学习，不仅可以提高居民组织治理公共事物的积极性，还能够使政府在正式制度建设中掌握充分的信息知识。

目前，多中心治理理论不断丰富发展，在诸多领域已经得到广泛应用，并对国内公共事物治理产生了积极影响。宋妍等（2009）基于该理论，采用一般效用函数模型，分析了消防服务的供给，发现引入民间自发消防队服务能够充分反映地方公共服务的需求和偏好，多中心的供给治理模式能够克服政府单一治理模式的局限性。谭江涛（2018）基于多中心治理理论分析了某地渔业资源的治理效果和制度变迁，发现基于县政府、渔民承包组、渔政主管部门等多中心公共池塘资源治理，确实增进了渔业资源治理的激励，且多中心治理中的协调和合作机制减缓了渔业资源的过度捕捞，从而使得收益惠及多方利益主体。姚如清（2011）运用多中心治理理论解析了杭州农村生活污水处理设施公众参与积极性不高以及层级权责不明、寻租腐败造成的污水处理设施供给还处于低效率问题，提出了提高层级权利结构的互动与协调、提高公民参与主体地位的政策意见。

多中心治理理论为农村环境污染治理提供了有益的分析思路，中国农村环境治理经历了从政府主导到市场参与再到强调社会力量参与的发展历程。近年来，中央政府的有关农村环境保护文件中已经多次强调社会参与、村民自治和社区治理等内容，这不仅体现出了环境治理的多元化导向，还强调了注重农村居民在环境治理中的主体地位。基于中国乡村发展的实际，农村居民对环境污染的状况十分熟悉，农村居民拥有丰富的现场知识和治理策略，这在改善自身社区环境治理中具有十分重要的作用。积极发挥多元化的村庄自治模式，充分利用治理主体优势和合作，将能够更好地解决农村环境污染问题（多中心治理模式如图3-1所示）。

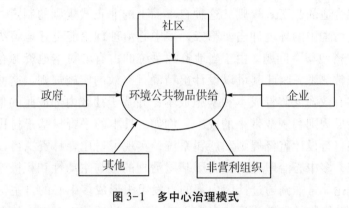

图3-1　多中心治理模式

四、重复博弈理论

（一）囚徒困境

博弈论（game theory）是一门策略学，它是研究决策个体的效用函数不仅依赖于自己的选择，而且依赖于别人的选择，即一个人的选择不仅受到他人的影响，反过来他人也会根据你的选择来决定其策略的决策问题或均衡问题。博弈论为理解农村环境污染治理中的"公地悲剧"提供了极为有力的分析模型，著名的"囚徒困境"更是奠定了非合作博弈理论分析的基础[1]。囚徒困境讲的是两个罪犯被警察逮捕后分别关在两个屋子里，他们之间不能交流，警察知道他们有犯罪事实，但没有足够的证据证明他们有罪。警察分别对两名罪犯谈话并告知他们，如果他们坦白，他们将被关押8年，但如果两个人都不认罪，因为犯罪证据不足只能给他们一个很轻的惩罚。如果两个人中一人选择坦白、一人选择抵赖，那么坦白的囚犯将直接获得释放，而另一方将会得到严重的处分，因此将被关押10年。表3-1给出了囚徒困境博弈模型。在理想状态下，双方都选择抵赖的结果，这时的两个

---

① 囚徒困境已经成为非合作博弈理论分析的经典案例，它深刻揭示了个体理性与集体理性之间矛盾产生的原因，类似于囚徒困境有关的非合作博弈问题还有军备竞赛、寡头竞争以及农村公共物品供给等。

人都判刑最轻，然而这构不成纳什均衡。产生上述均衡原因是假定囚犯 A 坦白，这时囚犯 B 坦白会被判 8 年，而不坦白会被判刑 10 年；假定 A 不坦白，囚犯 B 坦白会被直接释放，因此坦白总是比不坦白好，因此囚犯 B 选择坦白。同样地，我们再看囚犯 A 的选择策略，如果囚犯 B 坦白，囚犯 A 这时选择抵赖将会被判 10 年，选择坦白将会被判 8 年；如果囚犯 B 抵赖，囚犯 A 坦白就会被直接释放，囚犯 A 抵赖则会被判 1 年。上述结果最终达成二人都选择坦白的均衡结果，各被判 8 年的结果。囚徒困境的分析说明了无论对方做出何种选择，自己总有一个占优策略使自己的处境变为最好[1]，但这并非一个帕累托最优的结局，最终博弈仍然走向双方均选择坦白的结果。囚徒困境深刻揭示了个体理性策略导致的集体非理性结局问题，由囚徒困境延伸出来的许多公共事物治理困境均可以深刻揭示上述静态博弈均衡难题，如世界气候变暖、酸雨、军事冲突和农村地下水污染等问题。

表 3-1 囚徒困境博弈模型

囚徒 A	囚徒 B	
	坦白	抵赖
坦白	(-8, -8)	(0, 10)
抵赖	(-10, 0)	(-1, -1)

囚徒困境非合作博弈模型为分析农村环境污染问题提供了极为有力的分析工具。以农村地下水污染为例，我们假设一个村庄中有 n 个农民共同拥有一片土地，每个农民都可以决定在这片土地上施用多少化肥和农药。我们用 $g_i \in [0, \infty)$ 代表第 i 个农民施肥或农药的数量，$i = 1, 2, \cdots, n$。$G = \sum_{i=1}^{n} g_i$。其中，G 代表了 n 个农民化肥施用和农药的总数量，v 代表每千克化肥和农药所带来的平均价值。这里有一个重要的假设是 v 为 G 的函数，$v = v(G)$。土地的化肥和农药需要量是有限的，超过了施用数量将会导致土壤肥力下降、土壤可修复能力下降以及地下水域污染等。因此，使用化肥和农药有一个最大的量 $G_{\max}$，当 $G < G_{\max}$ 时，$v(G) > 0$，而当 $G \geqslant G_{\max}$ 时，$v(G) = 0$。所有农民中只是个别农民过量施用化肥和农药时，可能并不会对土壤和地下水体污染产生太大影响，但是当大多数农民都为了提高自己的

---

[1] 即使囚徒困境双方允许互相交流，如关押在一起的囚犯 A 对囚犯 B 说："我们两个可以都选择合作抵赖，只要你抵赖我就抵赖，这样双方都会有利。"但承诺是不可信的，在最后的决策中双方还是会按照自身的利益最大化均选择抵赖。

粮食产量而过度施用化肥和农药时，土壤污染就会加快，地下水流域的水体污染将严重影响村民健康，用偏导数可以表示为：

$$\frac{\partial v}{\partial G} < 0, \ \frac{\partial^2 v}{\partial G^2} < 0$$

在这个博弈中，每个农民都会选择 g 以使自己的粮食产量最大化，如果一单位化肥和农药的价格为 c，那么农户的利润函数就变成了：

$$\pi_i = (g_i, \cdots, g_i, \cdots, g_n) = g_i v\left(\sum g_j\right) - g_i c, \ i = 1, 2, \cdots, n$$

最优化的一阶条件是：

$$\frac{\partial \pi_i}{\partial g_i} = v(G) + g_i v'(G) - c = 0, \ i = 1, 2, \cdots, n$$

从上述一阶条件可以看出，每多施用一单位化肥和农药存在正负两个方面的效应，正的效应是单位粮食的价值 v，负的效应便是这一单位化肥和农药造成的水源污染使村庄内部居民都受到的损害（$G_i v < 0$）。最优解又满足边际收益等于边际成本的条件，上述 n 个一阶条件定义了 n 个反应函数：

$$g_i{}^* = g_i(g_1, \cdots, g_{i-1}, g_{i+1}, \cdots, g_n), \ i = 1, 2, \cdots, n$$

因为：

$$\frac{\partial^2 \pi_i}{\partial g_i^2} = v'(G) + v'(G) + g_i v''(G) < 0$$

所以：

$$\frac{\partial g_i}{\partial g_j} = \frac{\dfrac{\partial^2 \pi_i}{\partial g_i \partial g_j}}{\dfrac{\partial^2 \pi_i}{\partial g_i^2}} < 0$$

上述公式证明，第 i 个农民的最优施用化肥和农药的数量随着其他农民施用化肥和农药数量的增加而递减，n 个反应函数的交叉点就是纳什均衡：$g^* = (g_1{}^*, \cdots, g_i{}^*, \cdots, g_n{}^*)$，而纳什均衡下的施用化肥和农药总量为 $G^* = \sum\limits_{i=1}^{n} g_i{}^*$。通过对一阶条件分析可以看出，每个农民在决定自身施用化肥和农药数量时仅考虑的是自己单位粮食的价值，尽管考虑到过量施用化肥和农药带来的负效应，其也不会考虑所有农户的施用化肥和农药量。因此，最优点上的个人边际成本小于社会边际成本，纳什均衡下的施用化肥和农药总量总是会高于最优量。上述结论还可以得到进一步证明，将 n 个一阶条件相加可以得到：

$$u(G^*) + \frac{G^*}{n}v'(G^*) = c$$

最优化的一阶条件还可以表示为：

$$v(G^{**}) + G^{**}v'(G^{**}) = c$$

这里的 G^{**} 就是社会最优的施用化肥和农药量，比较社会最优的一阶条件和个人最优的一阶条件可以发现 $G^* > G^{**}$，因此村庄内部的土地被施用了过量的化肥和农药，这便是农村环境污染形成的原因。

上述分析似乎表明理性的个体之间在面对环境保护中的合作行为是不可能的，而基于政府强制农民限制化肥使用数量或基于市场财政补贴激励成为解决"公地悲剧"问题的典型方案。对于上级官员而言，其由于缺少现场知识，要准确了解农村环境污染的准确信息，比如了解污染源头、农民施用化肥和农药量等都十分困难，政府的强制政策将因信息不对称产生高额成本而无法实施，私有化解决也可能因面临产权界定不清而失效。在对农村公共池塘资源治理非合作博弈分析中，奥斯特罗姆指出，已有"公地悲剧"的分析是建立在农民缺乏信任和无法相互沟通以及农民不能自行制定规则时做出的。在一个存在重复往来和富有人情关系的熟人社会，农民可以自行设计和监督过度施用化肥和农药的问题，从而实现环境的有效治理。奥斯特罗姆对解决"公地悲剧"制度选择的进一步探讨中提出了自筹资金的合约执行博弈。我们假定在非合作博弈中双方在都选择环境合作的情况下均可得到 10 单位的利益，虽然该种帕累托最优无法实现。在村庄内部，居民可以通过达成一个有约束力的合约，从而实现环境合作。如表 3-2 所示，我们现在考虑对每一个个体收入加入一个参数 e，该参数的实质就是实行协定的费用。在该博弈中，农村内部的居民可以就施用多少化肥或向河流中排放多少污水进行相互沟通和谈判，在最终就化肥使用量或向河流排放生活污水量达成一致意见的情况之下，村民 A 和村民 B 就可以平等减少污染排放量，每人均摊的执行合约费用不应该高于其获得的实际收益。但需要注意的是，任何一方不同意合约的实施都将该均衡再次推向囚徒困境的（0，0）均衡。奥斯特罗姆认为，村庄内部居民可以通过手中掌握的信息自行设计规则和解决方案。村庄内部居民拥有比上级政府更为准确的现场知识和资源信息，他们基于信任和规范等社会资本能够积极促成对村庄内环境污染行为进行监督，因此对违背规则的行为有着积极的监督行为。

表 3-2　自筹资金的合约实行博弈

村民 A	村民 B	
	遵守合约	不遵守合约
遵守合约	$(10 - e/2,\ 10 - e/2)$	$(0,\ 0)$
不遵守合约	$(0,\ 0)$	$(0,\ 0)$

（二）正式制度下乡村环境治理博弈分析

为了应对普遍存在的农村环境污染治理问题，以克服"公地悲剧"的困境，政府通常会采取颁布法令或通过环境监管政策，如 2016 年国务院印发的《土壤污染防治行动计划》明确指出，积极推进土壤污染防治立法，系统构建标准体系，加强基层土壤污染执法力度等要求。但是，农村环境污染治理同城市污染治理存在很大差别，农村环境污染点源分散且不易观测，中央政府的政策指令对农村环境污染的治理可能并不有效。为说明通过法律规章等正式制度在农村环境治理中出现的困境，本书通过博弈模型分析其中的具体机制。我们首先假定上级政府对农村环境污染程度和环境污染治理方案具有完全信息，构建如表 3-3 所示的博弈模型。假定农村居民向村内河流排放污水，中央政府能够准确知道谁产生了背叛策略，并对其无成本地施以 2 单位的罚款或惩罚，那么此时能够实现博弈（合作，合作）的结果，此时村民 A 和村民 B 都可以得到 10 单位的收益，囚徒困境博弈得到了更改。

表 3-3　完全信息下村民环境治理博弈报酬模型

村民 A	村民 B	
	合作	不合作
合作	$(10,\ 10)$	$(-1,\ 9)$
不合作	$(9,\ -1)$	$(-2,\ -2)$

然而必须明确的是，上述合作均衡策略是建立在政府具有完全信息能力、监督能力很强且制裁成本为零的前提假设之下。在现实中，政府做到完全信息十分困难，经常会出现罚金太高或太低、错罚好人和漏罚坏人的情况，因此我们假定上级政府对环境污染治理没有完全的信息，即不知道村庄内部居民谁排了污水，或者谁乱丢了垃圾等信息。我们还假定中央政府对乱排污者的正确惩罚概率为 Y，对未能惩罚乱排污村民的概率为 $1-Y$，惩罚合作村民的概率为 X，未对合作村民做出惩罚的概率为 $1-X$。表 3-4 显

示了一个不完全信息下村民环境治理博弈报酬模型。正确实施两种制裁的概率分别是 0.3 和 0.7（$X = 0.3$，$Y = 0.7$）。

表 3-4　不完全信息下村民环境治理博弈报酬模型

村民 A	村民 B	
	合作	不合作
合作	$(10-2X,\ 10-2X)$	$(-1-2X,\ 11-2Y)$
不合作	$(11-2Y,\ -1-2X)$	$(-2Y,\ -2Y)$

表 3-5 显示了不完全信息下村民环境治理博弈报酬模型。对于村民 A 而言，选择合作的收益为 9.4，选择不合作的收益为 9.6，因此村民 A 选择不合作；同样，村民 B 也选择不合作，该博弈报酬模型中村民将再次陷入囚徒困境，博弈均衡的结果为（-1.4，-1.4）。这种结果甚至低于政府干预时的均衡结果（0，0）。该博弈模型表明，在政府对村民环境治理策略缺乏完全信息的情况下，政府如果不能充分掌握农村环境污染状况和奖惩信息，则环境治理的效率就有待进一步提升。

表 3-5　不完全信息下村民环境治理博弈报酬模型

村民 A	村民 B	
	合作	不合作
合作	(9.4, 9.4)	(-1.6, 9.6)
不合作	(9.6, -1.6)	(-1.4, -1.4)

（三）非正式制度下乡村环境治理博弈分析

为了进一步寻找何种环境治理方案可以更好地解决村庄环境公共物品供给的难题，乡村环境公共产品使用因在技术上难以排除那些不承担成本的个体，由此个人将会有强烈的"搭便车"动机。传统经济学家一直认为，政府和市场在提供环境公共产品上互为替代，将产权私有化或依靠国家强制被认为是解决"公地悲剧"问题的主要路径。私有化方案为私人所有者创造了市场激励，但也可能带来效率不公的问题。国有化方案实现了严厉的制裁威胁，却也面临因信息不完全带来错罚好人和漏罚坏人的无效率问题（Ostrom，1990）。伴随着公民意识的逐渐提高和政府对村民主体地位的日益强调，社区内部村民通过持续沟通交流建立起来的价值规范和社会资本可以实现农村环境治理的自我实施。为了构建社会资本与乡村环境治理的理论分析框架，我们首先引入了重复博弈模型来具体分析社区内部的非正式制度（如信任、规范以及习俗惯例等）如何满足社区环境治理的自我实施条件，从而在惩罚违规者方面具有高度的利益一致性。

我们来考虑一个村庄内部环境治理的两人参与博弈模型。农村环境污染治理参与可以概括为一种典型的囚徒困境，即双方都能够从环境治理中获得利益，但任何一方选择不参与，均可以带来更多的利益（如减少时间成本和人工成本用于其他生产活动）。因此，若不对该种投机行为加以限制，潜在对双方有利的机会将不会达成。如表3-6所示，该矩阵代表了村民双方从一次交易中可以得到的收益，收益大小取决于他们采取的策略，矩阵中每一方格的第一个数字表示参与人的获得的收益，如果社区内部的村民A和村民B都选择合作参与，那么他们从环境治理参与中将得到的收益为Γ，之后每人各分一半，所得为$\Gamma/2$；如果有一方选择不参与，他的个人收益价将会是$A > \Gamma/2$或$\hat{\alpha} > \Gamma/2$，但给对方的损害$-\beta < 0$或$-\hat{\beta} < 0$，这将导致一定的社会损失。由于$\Gamma - (\alpha - \beta) > 0$，相应地，$\Gamma - (\hat{\alpha} - \hat{\beta}) > 0$；如果每个人都预期到其他人会选择不参与，那么他也会选择不参与，导致两个人的报酬均为0。如果该博弈只进行一次，则两个人都选择不参与是唯一的纳什均衡。

表3-6　村民参与环境治理的博弈报酬结果

村民A	村民B	
	参与	不参与
参与	（$\Gamma/2$，$\Gamma/2$）	（$-\hat{\beta}$，$\hat{\alpha}$）
不参与	（α，$-\beta$）	（$-\gamma$，$-\gamma$）

何种机制才能约束村民行为，使其都选择参与环境污染治理？解决此囚徒困境的经典方案是通过村庄内部居民的信任和声誉等社区非正式制度来解决环境污染治理的"搭便车"问题。我们设想这样一种情景，在一个社区内部，村民A和村民B经常重复沟通与往来，他们对未来的收益的折扣不太大，即双方对未来都有足够的耐心，这样就使得参与者与不参与者所有交易机会的威胁变得可置信。假定上述博弈每周进行一次，双方对下周的单位效用按照贴现因子δ折现，设想每个村民都会选择以下相机策略：只要对方参与环境治理，我就选择参与；如果在本周选择不参与，我就永远选择不参与。让我们看看一个人选择不参与策略的后果：假定一个人选择不参与，另一个人选择参与，选择不参与的人现期的净收益是$\alpha - \Gamma/2$，但是接下来的每次博弈收益均为0，因此偏离带来的成本之和现值为$\dfrac{\delta}{1-\delta} \times$

$\frac{\Gamma}{2}$。这表明，只要是 δ 足够大，使得 $\delta > \frac{\alpha - \Gamma/2}{\alpha}$，选择不参与永远是得不偿失的。

如果某一村民不小心选择了一次不参与，这种策略对于实施惩罚者的代价也是过于高昂的。假定选择不参与的个体将被其他村民在连续 T 周之内进行惩罚，若犯规者在这期间一直选择参与，那么他将获得原谅，参与环境治理的交易将能够继续进行。若在惩罚期受罚人又选择了不参与，另一村民选择参与，此时偏离导致的成本总和的贴现值等于 $\frac{\delta(1-\delta^T)}{1-\delta}(\Gamma/2 + \beta)$，如果 δ 和 T 足够大，使得成本总和偏离一周的收益为 $\alpha - \Gamma/2$，那么选择不参与环境治理就永远是得不偿失的。T 不能太大，要保证犯规者在受罚期间接受惩罚和选择参与环境治理的激励是相容的。该条件为：

$$- \beta(\delta + \cdots + \delta^T) + \frac{\Gamma}{2}(\delta^{T+1} + \delta^{T+2} + \cdots) > 0$$

如果还是同以前一样 $\delta > \frac{\alpha - \Gamma/2}{\alpha}$，那么对于正数的 T，上述两个条件必须同时满足，但是如果某一村民选择不参与，另一方最好的反应就是报复 T^* 期，T^* 期必须满足上述两个条件最大值 T。如果说互惠互利的交易在这种双边的声誉机制的作用下每周进行一次，则私人信任机制完全可以支持它，因为建立在双方认定不参与会带来严重的报复且不参与肯定不会发生的信念基础上。上述博弈模型分析结果表明，长期存续于村民内部的社会规范和社会信任，通过道德谴责和监督惩罚机制，会促成村民参与环境治理，从而促成环境治理的集体行动。

第三节　分析框架与研究假设

一、社会信任与乡村环境治理效果

社会信任，即相信他人会可靠地、互惠地履行承诺，它是促成集体行动的核心要素（Ostrom & Ahn, 2003；Putnam, 2001）。社会信任是社会资本的核心要素，也是实现环境合作治理的前提和基础。信任是个体在具有长期贴现率的情形下，追求长期利益重复博弈的结果（Kreps, 1990；张维迎, 2002）。社会信任主要通过建立环境信息共享机制、合作机制以及内在约束机制来改善乡村环境治理绩效。农村环境问题的主要来源是环境信息的缺乏，污染的信息不对称不仅导致政府惩罚失效，也不利于村民对污染行为进行监督。在村民面对环境污染的负外部性时，社会信任可以使村民与他人分享信息和解决冲突（Paul，2016；Adger，2003），并利用有效的环境信息制定环境治理措施，促进村庄内部成员环境治理合作及高效行动（Ostrom，2009）。人际信任降低了信息交易成本，这种基于人情往来的村庄社会，通过村庄内部信息披露，促进了村庄内部居民在与政府进行博弈时，可以最大化减少信息不对称的情形。在事前，信任可以降低信息搜寻和缔结成本；在事后，信任又可以减少道德风险，降低监督成本（刘凤委等，2009）。信任促进治理主体之间相互学习和环境保护知识共享，使得治理主体之间能够利用丰富的信息资源采取有针对性的措施治理环境污染。

社会信任通过建立合作机制进而影响乡村环境治理。多中心治理理论和重复博弈理论为基于合作建立环境治理体系提供了详细依据。村民是乡村环境的破坏者、污染治理的参与者。由于信息不对称、乡土观念和生计问题，村民参与动力不足。村民作为理性经济人，同样会选择符合自身利益的行为策略。农村环境公共物品的特点使得村民在环境治理中出现"搭便车"动机，降低了自身参与环境治理的动力。村民间的合作是实现乡村环境实现有效治理的关键。由于环境治理的复杂性、环境资源的公共性和环境保护成果的共享性都需要加强环境治理主体间的合作，提高治理效率，提高环境责任的分担程度和环境政策的接受程度（Mark，2008）。社会信任处于较高水平的时候，环境治理中所具有的交易成本将下降。在一般情形下，若村民之间只进行一次博弈，那么结果便是囚徒困境；若村民之间进行多次重复博弈，环境治理合作就是每个人最优的结果。村庄是基于熟人社会建立起来的生活共同体。村庄内部人们彼此之间具有共同的生活准则和生产方式。人们之间相互交流，个人声誉是重要的无形资产，大量的重复博弈使得交易双方行动策略都变得可信，合作是形成双方长期利益最优的策略。

信任促成环境治理的内在约束机制。在村庄内部，人际信任和制度信任能够形成一种"软约束"，这是一种珍贵的个人社会资产，相当于隐形货币。这种"相信你遵守，我也会遵守"的信任机制，能够对村庄居民形成一种内在的环境污染行为约束，使环境污染行为的个体意识到，污染的成本不仅使其受到惩罚，还可能使其受到他人谴责（何可等，2015；宋言奇，2015）。村民间的人际信任能够促进村庄内部成员合作及高效行动，促进环境治理主体之间实现信息共享，并利用有效的环境信息制定环境治理措施，克服机会主义倾向和"搭便车"行为，从而实现良好的环境治理目标。基于上述分析，本书提出假说1。

假说1：社会信任形成内在信息共享机制、合作机制和内在约束机制对乡村环境治理的改善有显著的促进作用。

二、社会网络与乡村环境治理效果

社会网络通过沟通桥梁机制、利益协调机制和信息分享机制促进乡村环境治理参与，从而改善了乡村环境治理效果。关系网络是乡村环境治理中的重要资源，同时也是村民参与基层治理水平的重要基础（张军等，2020）。社会网络是个体之间因互动而产生的相对稳定的社会联系，强调了人们之间的互动和沟通，是提升环境治理水平的重要因素（史恒通等，2018）。

首先，村民之间的关系网络实际上充当了连接政府、企业、组织、村民的沟通桥梁作用，从而为农村环境污染的协同治理提供了重要保障（Anserson，2006；Cramb，2005）。社会网络是内嵌于社会结构中各行为主体之间通过互动合作形成的社会关联，是实现环境治理的重要载体（张诚，2020）。构建起由基层政治组织、市场、社会组织和村民组成的社会网络是实现环境合作治理的重要平台。社会网络使得各行为主体可以紧密联系起来，充分发挥各自治理优势。基层政治组织是乡村治理的政治力量和政治堡垒，在乡村环境治理中发挥着政治引领作用，基层政治组织可以引导村民和企业参与农村环境治理，通过政府购买环境保护服务，改善乡村环境污染状况。市场可以为村庄环境治理提供资金和技术支持。环境保护组织起着基层政治组织和村民之间的沟通桥梁作用，发挥组织协调、信息分享、化解村民环境利益冲突、宣传地方政府环境保护政策的作用。村民可以实现监督企业、政府的环境行为，为政府的环境决策提供信息和建议。

其次，社会网络通过利益协调机制促进村民环境治理参与。紧密的社会网络可以将乡村社会整合成一个复杂的利益共同体，充当起信息桥梁作用，将不同的利益主体紧密联系起来，推动村民参与集体的环境公共事物，从而达到优化乡村秩序和基层治理的效果。社会关系网络是行动者之间社会关系的反映，体现了一个社区内部网络结构的密度大小。处在同一个社会关系网络中的村民由于利益相互关联形成了一个利益共同体，从而能够有效缓解在环境污染中的利益冲突。乡村社会网络的存在为村民搭建起了沟通平台，使得地方政府和村民之间的沟通交流成为可能，有利于环境利益协调机制的建立，弥补了地方政府单维度管理的不足，提高了环境治理效果。乡村人际网络是以血缘和地缘为纽带形成的，村庄内部的价值观念和道德理念较为相近，在集体行动时更能够获得一致意见，从而增强凝聚力和归属感（胡志平等，2019）。此外，社会网络表现在不同行为主体之间的垂直合作和水平合作上，增强了彼此间的人际信任，从而在村庄环境治理中发挥着人多力量大的优势，降低了协调成本。

最后，环境污染存在较为严重的信息不对称问题。在污染主体、污染量和污染危害程度方面，上级政府无法掌握充分信息，村民则拥有现场知识。根据格兰诺维特（Granovetter，1985）的研究，个体所做的决策并非完全独立的，而是依赖于所处社区的社会网络。同一村庄内村民关系网络规模越大，意味着村民对环境治理的信息获取及传播渠道就越丰富。信息分享使其更加了解同村其他村民之间的环境治理信息，帮助他们提高环境治理的认知水平，引导更多村民在环境治理中产生互惠行为，减弱单个村民在选择中的不确定性，带来更高水平的生态环境治理保护。社会网络既可以是存在于社区村民间的水平社会网络，也可以是产生于跨等级间的垂直网络（Putnam，1993），社会网络能促进信息在社区居民间传播扩散。史雨星（2018）基于 Triple-Hurdle 模型，分析了内蒙古牧户参与草场社区治理模式的意愿，发现社会网络对草场社区治理模式参与意愿具有显著的正向影响。这是因为社区社会网络越发达，村民间信息获取和分享的能力越强，降低了社区居民自行决策中的不确定风险，减少了机会主义行为，从而提高了环境治理合作意愿。基于上述分析，本书提出假说2。

假说2：社会网络通过沟通桥梁机制、利益协调机制和信息分享机制对乡村环境治理具有显著的促进作用。

三、社会组织与乡村环境治理效果

农村社会组织是为了特定目标而建立起来的特殊群体，并通过稳定的合作形式加以呈现。社会组织多依托于基层政府建立起来，协助其为社区提供某种公共服务（张军等，2020）。社会组织是基于自愿自觉建立起来的具有去中心化和扁平化特征的组织。社会组织在组织内部使组织成员间保持了平等精神和合作意识，聚合和扩展社会信任。在农村，各类型社会组织是各种规范要素的凝结，不仅能够使得社会资本有能力将分散的社会力量凝聚起来，还可以充分协调好组织内部之间的环境利益冲突，发挥出监督效应、激励效应，进而达到良好的治理效果。

社会组织成员在互动过程中形成的社会规范具有较强的自我约束作用。存在于村庄内部的社会组织有助于信任的建立，使得一次博弈变成了重复博弈。参与村庄社会组织，好比获得一枚"社会印章"（social seal of approval）。如果一个村庄参与人选择偷懒或不合作，那么其他村民将会基于集体规范或村规民约将其"驱逐"出去，从而使其失去较高的未来贴现率。社会组织内部具有的规范和认同是一种非正式的软约束，对居民行为进行监督。社会组织通过规范和礼俗对成员实施监督与制约，这种制约方式会使得不遵从者"见不得人，抬不起头"，人际关系和生活风险增大，成员之间将自觉遵守社会组织中形成的规则。社会组织属于连接型社会资本（bridging social capital）的一种，能够帮助个体和农户获取社区之外的信息与资源，加强与外部组织和政府官员的联系①，产生更好的资源供应效果（Karlsson，2015）。克拉姆（Cramb，2005）在考察菲律宾南部2002—2003年土壤修复项目计划实施效率时发现，社区土地保育组织和城市土地保护协会使得村民之间面对面的信息交流更为便利和频繁，这能够改变该地区土地耕作方式和土壤保护行为，从而实现地区长期土地资源的有效管理。此外，社会组织使村庄居民具有更好的归属感和信任感，生态环境治理的群体利益性特征和组织网络中的目标达成具有一致性，从而能够促成环境治理的村民合作与协调。

社会组织具有较强的激励机制，社会组织强调各行为主体之间在乡村环境治理中共商、共治、共享的环境治理理念，并对符合村庄社会规范的个体和组织给予奖励，从正面引导治理主体积极参与乡村环境治理。例如，环境保护组织可以通过协商、讨论和辩论的形式制定出基于组织成员共识性的环境治理政策，地方政府对环境保护组织、农民环境保护行为给予奖励，从而激励社会组织和村民积极保护环境。进一步来看，近年来日益发展的环保组织或志愿者组织，因为具有团体专业化和成员内部信息充分交流与无成本的"廉价交谈"（cheap talk），减少了村民在环境保护中的因知识信息缺乏而带来的污染环境行为。有研究指出，社会组织是居民拥有合作态度和公民技巧的主要训练所，这些组织网络可以转化为居民的参与行

① 奥斯特罗姆（2012）在分析斯里兰卡田间灌溉设施维护时指出，在田间渠道组织（field channel organization）的组织下，农民们常常参加团体活动，清理自己的水渠，甚至还会清理官员们因缺乏资金没有清理的支渠道。农民们可以在田间渠道组织中发表意见及讨论，因为用水之间的冲突减少了。此外，田间渠道组织提供了更多的沟通途径，促进了农民与官员更好地相互理解和信任。参见：埃莉诺·奥斯特罗姆. 公共事物的治理之道：集体行动制度的演进［M］. 余逊达，陈旭东，译. 上海：上海译文出版社，2012：200.

动，进而影响环境治理效果。积极培育社区内部的组织数量、规模和类型结构能够促进居民之间环境治理的合作能力（方亚琴，2019）。社会组织在农村的不断发展，很好地克服了个体独立行动导致的利益不一致和合作失效的问题。社会组织基于利益纽带，其显性功能是合作者寻求利益关系，其潜在功能是团体成员参与沟通意愿表达，在促进生态环境治理中具有积极作用（宋言奇，2010）。

　　中国在长期历史发展中经历了许多变化，但唯一不变的是氏族血缘纽带，这形成了中国特有的血缘理性，并成为中国人日常生活和行为活动中的重要行为依据，"祖赋人权"构成了血缘理性的本体原则①（徐勇，2018）。血缘共同体存在人们普遍接受且认可的"自然法则"和"习惯法则"，并使之成为支配血缘共同体的最高理性原则。宗族组织被赋予一定的道德色彩，人们的行为策略必须考虑集体利益，一旦违背宗族组织或村规民约的相关规定，个体将受到村庄内部居民的"社会惩罚"，并将被认为是品德不好的表现②。村庄宗族衍生出的规范、习俗等社会资本内容，对协调农村居民的集体行动和共同努力是必不可少的，村庄规范及非正式制度对乡村环境污染者的行为可以构成一种可置信承诺。这种源自内在的互惠规范机制在村庄熟人社会形成的集体认同感，更进一步强化了村庄居民对村规民约及环境保护规范的认同和监督，对环境治理参与的偷懒者，村庄其他居民对其采取惩罚措施和舆论的谴责（陈寒非，2018）。有研究者（Tsai，2002）基于中国河北、山西、福建、江西316个村庄的数据分析发现，村庄宗族组织是村庄公共物品供给（修路、修缮寺庙、捐款）的重要力量。在村庄公共服务设施比较健全的村庄，村庄宗族发挥着社区凝聚力和道德权威的民间团体作用，对"搭便车"行为予以道德谴责和施以惩罚压力，村民会积极参与村庄集体行动。村庄宗族、民间权威以及家族网络作为中国乡土社会特有的"自组织资源"，有助于降低村民之间的协商合作成本，从而提高了集体行动的概率，实现一种"善治"（俞可平，2002）。温莹莹（2013）通过定性访谈和定量研究相结合的方法，研究了福州市永泰县T村宗族对村庄公共物品供给的影响，发现村民对"头家"表现出一种特殊的信任③，在出资修缮道路和翻修宗庙、祖祠等公共事物活动中，村民都给予

---

　　① 徐勇（2018）将"祖赋人权"定义为血缘共同体成员因为祖先而享有与生俱来的自然权利，该权利赋予了血缘共同体获得利益和资格的合理性与正当性。

　　② 现代国家制度与村庄自治传统之间始终存在一定张力，如果该关系处理得好，则宗族在乡村治理中更多体现为一种合作性因素，否则宗族网络在乡村治理中更多体现出一种冲突。

　　③ "头家"是指某些定期集会的轮流召集人。

了积极配合。上述分析表明，只有充分重视宗族网络在村民集体行动和公共物品供给中的激励作用，才能更好地发挥社会资本的环境治理效应。基于此，本书提出假设3。

假说3：社会组织通过监督惩罚机制、激励引导机制和合作参与机制提升了乡村环境治理效果。

基于上述理论分析，本书绘制了社会资本与乡村环境治理效果的理论框架，如图3-2所示。

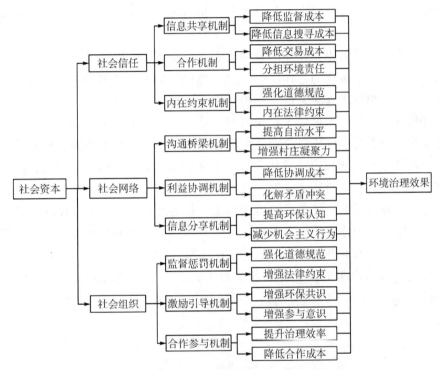

图3-2　社会资本与乡村环境治理效果的理论框架

第四节　本章小结

理论和分析框架是研究的核心逻辑所在，本书在全面梳理已有乡村环境污染治理和社会资本相关文献的基础之上，基于理论分析，构建了社会资本与乡村环境污染治理的分析框架。具体而言，本章的主要内容分为三部分：第一，本章详细梳理了与本书的分析有关的重要概念，包括社会资本、社区、治理、制度以及公共池塘资源，这为后文的理论分析打下了坚实的基础。第二，本章详细分析了集体行动理论、自主治理理论、多中心治理理论、重复博弈理论。集体行动理论的核心在于解释了小集团为何比大集团更有效率以及在使用选择性激励下，团体内部成员如何实现合作的集体行动问题。自主治理理论强调了在一个相互联系的社区内部，内部居民如何使用丰富的社会资本存量，在解决制度供给、监督难题和可信承诺下实现公共池塘资源的长期存续问题。多中心治理理论强调社会主体应是多元的而非一元的，村庄环境治理应由多主体参与，每个公共当局都应有有限的权利，没有任何个人和群体可以超越法律之上。重复博弈理论则从最为经典的囚徒困境展开，将其扩展至农村环境污染治理之中，分析指出了个体理性导致集体非理性的具体机制，并基于合约博弈模型和更改参数来实现农村环境治理的合作状态。这些理论的分析并非割裂的，而是具有相互联系和相互递进的关系。上述分析模型均为本书回答社会资本如何改善乡村环境治理效果提供了理论解释。第三，基于上述理论分析，本书构建了社会资本与乡村环境治理效果的分析框架。本章基于博弈模型回答了以强制指令为主的政府环境治理模式在不具备村民治理参与策略信息下，如何导致政策失灵的具体过程。同时本章还进一步分析了在使用社区内部规范和声誉机制下，村庄环境治理实现合作的具体过程。本章在此基础上详细介绍了用于分析社会资本如何影响乡村环境治理的具体分析框架。该框架的建立，为本书分析社会信任、社会网络和社会组织如何有效发挥村民环境自治的作用提供了有力的分析工具，并为后续的实证分析奠定了基础。

第四章
乡村环境治理效果与社会资本测量分析

在第三章中，本书基于理论分析重点探讨了社会资本影响乡村环境污染治理的内在逻辑，并在非正式制度的博弈分析中，借鉴奥斯特罗姆的制度分析与发展框架，提出了本书的理论分析框架和研究假设。实证分析的前提是科学并准确地测度社区社会资本。由于社区社会资本是隐性指标，因此需要通过一系列显性指标才能够测量出来。在进入正式回归分析之前，本章重点分析以下两个方面内容：一是探讨了如何将社区社会资本测度出来，并考察社区社会资本在不同乡村的具体分布情况和存量大小。二是观察当前中国乡村环境污染的状况。本章通过梳理不同时期农村环境治理的政策演进趋势，把握中国不同阶段环境污染特征和政策制定的内在逻辑与效果。本章通过对 2012—2016 年村庄环境污染数据的详细描述，全面观察村庄环境污染内部状况和变化趋势。

第一节　乡村环境治理政策的历史演进

实施乡村振兴战略是建设美丽中国的关键举措，同时也是乡村绿色可持续发展的重要内容。2018 年，中共中央、国务院印发的《乡村振兴战略规划（2018—2022 年)》提出了产业兴旺、生态宜居、乡风文明、治理有效、生活富裕的总体方针，其中生态宜居是实施乡村振兴战略的关键。农村生态环境问题并非与生俱来的，而是在乡村城镇化和现代化进程中产生的。中国农村生态环境问题从无到有，从不明显到非常明显，这其中既有阶段性城镇化污染问题，也有贯穿始终的农业面源污染问题，更有在人民群众消费水平日益提高下产生的生活污染问题。在各个阶段，政府出台了诸多富有成效的农村环境治理政策，积极应对不断发展变化的农村环境污染问题。本书系统梳理了自 1978 年改革开放至当前新时代乡村振兴战略下中国农村环境政策的演进历程，这能够让我们准确把握乡村环境污染的阶段性特征和政府在不同时期的治理思路，从整体上准确理解农村环境污染的历史性演进规律，从而加快推行乡村绿色发展方式，科学性地提出农村环境污染治理对策，构建人与自然和谐共生的乡村发展新格局。

一、改革开放初期（1978—1980 年）

在以传统小农经济为主的农耕社会中，人们对自然界保持着一种顺应和保护。传统知识是内生的，人们敬畏自然和尊重自然环境，并通过该种体系化的农业实践，实现人与自然的可持续发展。早在 20 世纪 80 年代初，环境保护就被列为基本国策（张文斌，2010）。在这一时期，家庭联产承包责任制代替了生产队集体生产体制，提高了农村农业发展水平，解放和发展了生产力。解决人民温饱和粮食短缺问题是该阶段的主要目标与任务，该时期的农村环境污染略有呈现，主要是并不突出的农村水污染问题（闵继胜，2016）。1979 年 9 月 13 日，我国出台了《中华人民共和国环境保护法（试行）》。该法第二十一条涉及了农村环境保护内容，指出要积极发展高效、低毒、低残留农药，合理利用污水灌溉，防止土壤和作物的污染等。农田污水灌溉为促进农业生产起到了一定作用，但也给农村土壤污染带来较大隐患。应该说，此时的农村环境污染问题较少在农村法律层面进行确定，该阶段对环境保护的界定主要集中在大气、水、土地、矿藏、森林、草原、野生动物、野生植物、水生生物，防治农村环境污染的内容出现较少。20 世纪 80 年代初期，该阶段农村环境污染问题并未呈现明显迹象，提高农村经济发展水平、改变农村贫穷面貌是该阶段重要的发展主题。

二、乡镇企业迅速发展时期（1981—1989 年）

进入 20 世纪 80 年代以后，一个鲜明的时代特征是中国农村地区乡镇工业企业开始快速兴起，迫于摆脱贫困和经济发展的需要，工业化和城镇化在农村地区迅速发展。农村现代化发展是一把双刃剑。一方面，乡镇企业的发展，为我国农村克服耕地有限、劳动力过多、资金短缺的困难，为建立新的城乡关系带来了新思路；另一方面，农村现代化在推动农村经济发展的同时，也导致农村环境污染问题不断加深。城市内部的工业企业将部分零部件加工或原材料加工环节转移给乡镇企业以节省成本，一些高污染企业（如造纸、化工等企业）以联营或分厂的形式直接进入农村，带来了较为严重的环境污染问题。1984 年，国务院发布了《国务院关于加强乡镇、街道企业环境管理的规定》，明确指出要坚决制止污染转嫁，并对乡镇、街道企业依法征收排污费。1986 年，国务院制订的《中华人民共和国国民经济和社会发展第七个五年计划》在第五十二章的环境保护内容中，也明确指出了要保护农村环境，进一步完善环境法规和标准，大力加强环境保护的教育工作，组织好科学研究和攻关。到了 20 世纪 90 年代中期，中国乡镇企业总产值已经占到全国工业产值的一半（王晓毅，2014），由于发展模式粗放、生产规模较小且技术落后，工业生产中产生的工业"三废"直接进入生态环境之中，给土壤、空气和乡村河流造成了严重污染（金书秦，2015）。这一时期的乡镇企业由于缺少合理的规划和监管手段，加之乡镇企业在农村分布较为分散，使得乡镇企业带来的环境污染问题远超工业污染问题，并日渐引起了社会和政府的关注。该阶段有关农村环境保护的文件包括 1999 年国家环保总局印发的《国家环境保护总局关于加强农村生态环境保护工作的若干意见》，该政策文件是有关农村环境保护的第一个政策性文件，强调了要在农业用水、土地和生物资源等方面制定专门的法规。总体而言，该阶段中国乡村环境政策不多，环境污染出现以乡镇企业污染为主、农业污染较轻的情况。1981—1989 年农村环境治理政策演进轨迹如表 4-1 所示。

表 4-1　1981—1989 年农村环境治理政策演进轨迹

年份	政策内容	文件名称
1984	乡镇、街道企业不准从事污染严重的生产项目，严禁将有毒、有害的产品委托或转移给没有污染防治能力的乡镇、街道企业生产	《国务院关于加强乡镇、街道企业环境管理的规定》
1984	认真保护农业生态环境。各级环境保护部门要会同有关部门积极推广生态农业，防止农业环境的污染和破坏	《国务院关于环境保护工作的决定》
1986	进一步搞好国土整治，加强对自然资源的合理开发利用和对污染的防治	《中华人民共和国国民经济和社会发展第七个五年计划》
1989	县级、乡级人民政府应当提高农村环境保护公共服务水平，推动农村环境综合整治	《中华人民共和国环境保护法》

三、点源污染与面源污染交织叠加时期（1990—2002 年）

进入 20 世纪 90 年代以后，我国开始呈现出农业面源污染日益凸显的环境污染特征。家庭联产承包责任制实行后，农村经济不断发展。如何制定合理的农村环境治理政策，以破解农村环境污染问题也日益成为学界和政界关注的焦点。针对农业生产中产生的农业面源污染问题，1990 年国务院出台了《国务院关于进一步加强环境保护工作的决定》，明确指出农业部门必须要重视对农业生态环境的保护与管理，严格控制农药、化肥以及农膜对环境的污染，并根据当地的资源和环境保护要求，合理调整农业结构并积极发展农业生产。随后，在 1991 年和 1993 年，国家分别出台了《中华人民共和国水土保持法》和《中华人民共和国农业法》，强调发展生态农业，保护和改善生态环境。这从法律层面对农药和化肥的投入、农村生态环境治理提供了指导。农民和农业生产经营组织应当保养耕地，合理使用化肥、农药、农膜，增加使用有机肥料，采用先进生产技术，保护和提高土壤肥力，防止农用地的污染、破坏和地力衰退。1998 年，《中共中央关于农业和农村工作若干重大问题的决定》进一步强调，控制工业、生活以及农业不合理使用化肥、农药、农膜对土地和水资源造成的污染，切实改善农业生态环境。

1990—2002 年农村环境治理政策演进轨迹如表 4-2 所示。

表 4-2　1990—2002 年农村环境治理政策演进轨迹

年份	政策内容	政策文件
1990	农业部门必须加强对农业环境的保护和管理，控制农药、化肥、农膜对环境的污染，推广植物病虫害的综合防治；根据当地资源和环境保护要求，合理调整农业结构，积极发展农业生产	《国务院关于进一步加强环境保护工作的决定》
1991	扩大森林覆盖面积，根据实际情况，逐步退耕，植树种草，恢复植被，或者修建梯田	《中华人民共和国水土保持法》
1993	农民和农业生产经营组织应当保养耕地，合理使用化肥、农药、农用薄膜；从事畜禽等动物规模养殖的单位和个人应当对粪便、废水及其他废弃物进行无害化处理或综合利用；农产品采收后的秸秆及其他剩余物质应当综合利用	《中华人民共和国农业法》

表4-2(续)

年份	政策内容	政策文件
1993	维护村容镇貌和环境卫生，妥善处理粪堆、垃圾堆、柴草堆，养护树木花草，美化环境	《村庄和集镇规划建设管理条例》
1995	国家鼓励农村生活垃圾源头减量；建立建筑垃圾分类处理制度；从事畜禽规模养殖应当及时收集、贮存、利用或者处置养殖过程中产生的畜禽粪污等固体废物，避免造成环境污染	《中华人民共和国固体废物污染环境防治法》
1996	在维护生态平衡的前提下合理进行开发利用，发展生态农业，控制农药、化肥、农膜等对农田和水源的污染	《国务院关于环境保护若干问题的决定》
1996	积极发展无污染、少污染和低资源消耗的企业；地方人民政府应当制定和实施乡镇企业环境保护规划，提高乡镇企业防治污染的能力	《中华人民共和国乡镇企业法》
1998	对过度开垦、围垦的土地，要有计划有步骤地还林、还草、还湖，控制工业、生活以及农业不合理使用化肥、农药、农膜对土地和水资源造成的污染	《中共中央关于农业和农村工作若干重大问题的决定》
1998	国家提倡和鼓励农业生产者对其经营的基本农田施用有机肥料，合理施用化肥和农药，利用基本农田从事农业生产的单位和个人应当保持和培肥地力	《基本农田保护条例》

由于此时的农业生产模式较为粗放，农药、化肥以及农膜和地膜的投入是提高农业产量的主要手段，这给农村环境带来了新的问题，即农业面源污染问题。从表4-3可以看出1990—2004年农村化肥、农药等生产物资的使用情况。1990—2004年，化肥使用量从1990年的2 590.3万吨增加至2004年的4 636.6万吨，净增加2 046.3万吨，与基期相比增加了79.0%。塑料膜使用量从1990年的48.19万吨增加至2004年的167.99万吨，增长了248.60%。地膜使用量从1995年的47万吨增加至2004年的93.14万吨，增长了98.17%。柴油使用量从1995年的1 087.8万吨增加至2004年的1 819.5万吨，净增加731.7万吨，增长了67.26%。农药使用量从1990年的73.3万吨增加至2004年的138.6万吨，增长了89.09%。可以看出，在农业生产要素投入中，塑料膜和地膜的投入增长分别高达248.60%和98.17%，化肥和农药的投入增长分别达到了79.0%和89.09%，表明在此期间农村环境污染面临严峻形势，农业面源污染开始日益突出。中央政府为控制农业面源污染，在法律层面进行了积极探索和尝试，但由于农村面源污染分散，监管和执法难度较大以及政府环境治理资金投入不足等原因，

农村环境污染问题仍然未能得到根本解决。

表 4-3　1990—2004 年农村环境污染治理趋势变化　　单位：万吨

年份	化肥	塑料膜	地膜	柴油	农药
1990	2 590.3	48.19	—	—	73.3
1995	3 593.7	91.54	47.00	1 087.8	108.7
1998	4 083.7	120.68	67.26	1 314.7	123.2
1999	4 124.3	125.86	69.36	1 354.3	132.2
2000	4 146.4	133.54	72.24	1 405	128
2001	4 253.8	144.92	78.09	1 485.3	127.5
2002	4 339.4	153.94	83.97	1 507.5	131.2
2003	4 411.6	159.16	85.51	1 574.6	132.5
2004	4 636.6	167.99	93.14	1 819.5	138.6

注：数据来源于《中国农村统计年鉴》，笔者自行整理而得。

四、社会主义新农村建设时期（2003—2012 年）

在 21 世纪初期，农村环境保护形势依然严峻。点源污染与面源污染共存，生活污染和工业污染叠加。工业及城市污染向农村转移，危及农村饮水安全和农产品安全，农村面临环境污染和生态破坏的双重威胁。这突出表现为生活污染加剧、面源污染加重、工矿污染凸显、饮用水存在安全隐患、生态退化尚未得到有效遏制。由于乡镇企业以及工业污染具有一定的时代性，因此其带来的污染具有一定的阶段性。农村环境污染主要集中于农业农村自身生产生活，许多地区的农业面源污染甚至超过了工业污染。化肥、农药、农膜和地膜的使用导致农村环境污染更加严重。为积极应对农村复杂的环境污染问题，中央制定了一系列政策措施。

党的十六届五中全会通过了《中共中央关于制定国民经济和社会发展第十一个五年规划的建议》，明确了之后 5 年我国经济社会发展的奋斗目标和行动纲领，提出了建设社会主义新农村的重大历史任务。2005 年 12 月，中央一号文件——《中共中央 国务院关于推进社会主义新农村建设的若干意见》印发，强调了要落实科学发展观，正确处理好经济、人口、资源与环境的关系，社会主义新农村建设的目标是"经济繁荣、设施完善、环境优美、文明和谐"，突出了农村人居环境整治和农村污水、垃圾治理等内容。2006 年 10 月，国家环保总局发布《国家农村小康环保行动计划》，提出到 2010 年年初，初步解决农村的"脏、乱、差"环境问题，农村环境监管能力和公众意识得到进一步提高，国家准备投入 500 个工业企业污染治理项目，1 万个行政村农村生活垃圾处理系统，500 个规模化养殖污染防治示范工程，10 处土壤污染防治与修复工程。2007 年，国家环保总局印发了《关于加强农村环境保护工作的意见》，进一步将饮用水安全作为农村环境治理的重点任务，要求严格控制农业面源污染、畜禽养殖污染、农村土壤污染等。2007 年 8 月，生态环境部印发了《关于开展生态补偿试点工作的指导意见》，提出要以保护生态环境、促进人与自然和谐共生为目的，积极探索生态功能区转移支付，采取环境保护的专项资金向功能区重点倾斜，采取截污和控污等各种手段，有效降低农业面源污染。2008 年出台的《中华人民共和国循环经济促进法》鼓励和支持农业生产者和相关企业采取农业生产技术对农作物秸秆以及畜禽粪便、农用地膜等进行综合利用。2010年发布的《关于深化"以奖促治"工作促进农村生态文明建设的指导意见》指出，多渠道筹集资金，建立政府激励与市场机制相结合的政策机制，引导和鼓励社会资金参与农村环境保护，逐步建立农村生活污水和垃圾处理的投入与运行机制。

2005—2012 年农村环境治理政策演进轨迹如表 4-4 所示。

表 4-4　2005—2012 年农村环境治理政策演进轨迹

年份	政策内容	文件名称
2005	加强村庄规划和人居环境治理,引导和帮助农民切实解决住宅与畜禽圈舍混杂问题,搞好农村污水、垃圾治理,改善农村环境卫生	《中共中央 国务院关于推进社会主义新农村建设的若干意见》
2006	开展全国土壤污染现状调查,综合治理土壤污染。防治农药、化肥和农膜等面源污染,加强规模化养殖场污染治理。推进农村生活垃圾和污水处理,改善环境卫生和村容村貌	《中华人民共和国国民经济和社会发展第十一个五年规划纲要》
2006	到 2010 年,初步解决农村环境"脏、乱、差"问题,农村地区工业企业污染防治取得阶段性成效,农村饮用水环境得到改善,规模化畜禽养殖污染得到基本控制	《国家农村小康环保行动计划》
2007	重点抓好农村饮用水源地保护、生活污水和垃圾治理、农村地区工业污染防治、规模化畜禽养殖污染防治、土壤污染治理,加强农村环境的监测和监管	《关于加强农村环境保护工作的意见》

表4-4(续)

年份	政策内容	文件名称
2007	加大重要生态功能区内的城乡环境综合整治力度，在继续加强城市环境综合整治和工业污染防治的同时，积极采取控污、截污等多种手段，有效控制农村面源污染，促进城乡经济社会与环境的协调发展	《关于开展生态补偿试点工作的指导意见》
2008	国家鼓励和支持农业生产者与相关企业采用先进或适用技术，对农作物秸秆、畜禽粪便、农产品加工业副产品、废农用薄膜等进行综合利用，开发利用沼气等生物质能源	《中华人民共和国循环经济促进法》
2009	到2015年，环境问题突出、严重危害群众健康的村镇基本得到治理，环境监管能力明显加强，环保意识明显增强	《关于实行"以奖促治"加快解决突出的农村环境问题的实施方案》
2012	推进农业清洁生产，引导农民合理使用化肥和农药，加强农村沼气工程和小水电代燃料生态保护工程建设，加快农业面源污染治理和农村污水、垃圾处理，改善农村人居环境	《关于加快推进农业科技创新持续增强农产品供给保障能力的若干意见》

整体而言，这一时期中央政府通过出台一系列环境治理政策使农村环境污染治理取得了初步的治理成效，农村饮用水环境得到改善，规模化畜禽养殖污染得到基本控制。但也要看到，这一时期农村生活污水、垃圾、农业生产以及畜禽养殖废弃物排放量增大，农村地区环境状况依然面临严峻形势。从表4-5可以看出2005—2012年农业面源污染状况。从整体来看，各个农业生产投入指标均呈现出逐年递增的趋势。2005年化肥投入量为4 766.2万吨，到了2012年化肥投入量已经达到了5 838.8万吨，净增加1 072.6万吨，增长了22.5%。农用塑料膜2005年投入量为176.23万吨，2012年投入量已达238.3万吨，净增加62.07万吨，增长了35.22%。农用地膜也保持了基本一致的增幅，增长了36.65%。柴油使用量2005年为1 902.7万吨，2012年为2 107.6万吨，净增加204.9万吨，增长了10.77%。2005年农药使用量为146万吨，2012年增加至180.6万吨，净增加34.6万吨，增长了23.70%。从上述分析可以看出，农用塑料膜和地膜的增速最快，其次为农药和化肥的增速，最后为柴油的增速。这说明农村面源污染中农用塑料膜、地膜以及化肥和农药的投入逐年递增，对农村水环境和土壤环境产生了严重的破坏。有研究指出，仅有35%的化肥和15%~30%的农药是能够被农作物吸收的，其余的则均转化为残留物污染水体和土壤（Luan et al.，2013；金书秦等，2013）。

在传统农业发展时期，农民根据自然演化出的内在知识进行生产，保持了资源与生存之间的协调发展。农户采用自家沤制的农家肥进行土壤施肥，施肥方式对土壤的破坏很小。传统耕作通过锄地方法来替代农药的投入，这种方法对铲除杂草和保水保墒具有良好的效果，然而传统农业需要投入大量的劳动力和时间成本。因此，越来越多的农民转而使用资本替代劳动的方式。在工业化和农业化下的现代农业发展中，农业劳动力用工工资逐步提高，农业规模化和技术化逐渐替代了传统的农耕方式，现代化的农业生产强调了技术性和专业化生产要求。但是，由于农民对专业化技术施肥缺乏经验，往往采取多施肥的方式确保农业增收，结果便是多余的化肥和农药残留在植物体内或通过雨水流入河流和地下水区域，严重造成地表水和地下水污染以及土壤污染。此外，农用塑料膜、地膜的大量使用，影响了土壤的透气性和土壤肥力，残膜的隔离作用影响了农作物正常吸收养分，影响肥料利用效率致使产量下降。

表 4-5　2005—2012 年农村环境污染治理趋势变化　　单位：万吨

年份	化肥	塑料膜	地膜	柴油	农药
2005	4 766.2	176.23	95.94	1 902.7	146
2006	4 927.7	184.54	100.77	1 922.8	153.7
2007	5 107.8	193.74	105.61	2 020.8	162.3
2008	5 239	200.7	110.6	1 887.9	167.2
2009	5 404.4	208.00	112.8	1 959.9	170.9
2010	5 561.7	217.30	118.4	2 023.1	175.8
2011	5 704.2	229.5	124.5	2 057.4	178.7
2012	5 838.8	238.3	131.1	2 107.6	180.6

注：数据来源于《中国农村统计年鉴》，笔者自行整理而得。

五、新时代美丽乡村建设时期（2013 年至今）

进入 21 世纪初期，随着城镇化和工业化的发展，农村经济发展水平提高、基础设施进一步完善，环境治理和农业农村绿色协调发展也取得了一定进展。但是，农村环境治理问题仍然面临较为严峻形势。党和国家通过实施一系列农村环境治理的政策举措，使农村环境污染在一定程度上得到遏制，乡镇企业污染明显减少。应当注意的是，新时代美丽中国建设仍存在点源污染与面源污染共存、新旧污染交织、乡镇企业污染和城市污染转移的挑战。农药和化肥对土壤、水体的污染日益显现，农村生活垃圾污染和污水排放污染也越来越严重（金书秦，2015），规模化养殖造成的氨氮排放物等甚至超过了工业污染的负荷（苏杨等，2006）。党的十八大以来，我国推动生态环境保护的认识深度、推进力度和实践广度前所未有，中央将生态文明建设纳入中国特色社会主义事业五位一体总体布局，明确提出大力推进生态文明建设，努力建设美丽中国，实现中华民族永续发展，以更大力度、更实措施、更多参与，开启新时代社会主义生态文明新征程。我国生态文明建设的治理体系和治理能力建设呈现出一场深刻的变革。

为治理突出的农村环境污染问题，中央制定了一系列富有成效的环境政策（见表4-6）。2013年，国务院出台了《畜禽规模养殖污染防治条例》，强调各级政府应加强畜禽防治工作的组织和领导，采取有效措施加大资金投入，对畜禽防治和畜禽养殖废弃物综合利用的个体和企业给予扶持，并加强激励措施和法律惩罚并行的防治。2014年，中共中央、国务院印发的《关于全面深化农村改革加快推进农业现代化的若干意见》指出，一方面，促进生态友好型农业发展，加快推广土壤有机质提升补贴项目，开展病虫害绿色防控，支持并推广高效肥和低残留农药的使用，规模化畜禽养殖废弃物无害化利用，推广高标准农膜回收试点；另一方面，开展农村人居环境整治，编制村庄规划，以垃圾和污水为治理重点。2015年，国务院印发了《水污染防治行动计划》，表明了中国向水污染宣战的决心，防治行动计划工作目标是到2020年全国水环境质量得到阶段性改善，饮用水安全保障水平持续提升，地下水污染加剧得到逐步控制。水污染防治行动计划突出了农业面源污染防治内容和农村环境的综合整治，通过科学划定畜禽养殖禁养区，实行测土配方施肥，推广精准施肥技术和机具，降低农业面源污染。国家支持通过引入农村污水处理设施，集中连片整治，开展河道清淤和"以奖促治"政策，提升农村环境综合整治质量。2015年，为进一步针对农药和化肥施用过量导致的农业面源污染问题，农业部印发了《到2020年化肥使用量零增长行动方案》和《到2020年农药使用量零增长行动方案》，提出到2020年初步建立起科学施肥管理和技术体系，科学施肥水平明显提升；2015—2019年，逐步将化肥使用量年增长率控制在1%以内；力争到2020年，主要农作物化肥使用量实现零增长。该行动方案给出了具体的防控路径和施肥方式，提出使用有机肥替代化肥以及提高肥料利用效率。2016年，国务院印发了《土壤污染防治行动计划》，对土壤污染防治提出了详细的规划和指导，强调要严格控制农业污染，合理使用化肥和农药，鼓励增加有机肥的使用比例，同时加强农膜回收利用，开展废弃物回收试点；鼓励政府、企业、社区和居民共同参与，建立村庄保洁制度，推进生活垃圾治理等多项有效措施。2017 年，国务院办公厅印发了《国务院办公厅关于加快推进畜禽养殖废弃物资源化利用的意见》，指出畜禽养殖规模化为中国肉蛋奶供给和人民生活水平提高提供了有力保障，但对废弃物资源化的利用却没有得到很好的保障，因此要建立健全畜禽养殖废弃物利用制度，强化责任落实，完善扶持政策，严格执法监管，加强科技支撑。

　　党的十九大为新时代农村生态环境治理提供了新思路。2017 年，乡村振兴战略在党的十九大报告中首次提出，并按照产业兴旺、生态宜居、乡风文明、治理有效、生活富裕的总要求，对实施乡村振兴战略做出阶段性谋划。2018 年，中共中央、国务院印发了《乡村振兴战略规划（2018—2022 年)》，指出了在较长一段时间内村庄环境治理的整体目标和关键举措。该规划明确了要实现以资源节约型和环境友好型推动形成农业绿色生产方式，实现投入品减量化，推动清洁生产，集中治理工业突出的环境污染问题。此外，该规划提出了以建设美丽宜居村庄为导向，着重以农村垃圾、污水治理和村容村貌提升为主攻方向，开展农村人居环境整治行动，全面提升农村人居环境质量。2018 年 2 月，中共中央办公厅、国务院办公厅印发了《农村人居环境整治三年行动方案》，指出改善农村人居环境、建设美丽宜居乡村是实施乡村振兴战略的重要任务。2019 年 3 月，中共中央办公厅、国务院办公厅转发《中央农办、农业农村部、国家发展改革委关于深入学习浙江"千村示范、万村整治"工程经验扎实推进农村人居环境整治工作的报告》，进一步突出了村容村貌、厕所革命、生活污水治理以及垃圾处理等内容。浙江省"千万工程"注重规划和引领，强调分类指导的作用，建立量力而行、尽力而为的投入机制，完善社会多元力量参与。2020 年中央一号文件《中共中央 国务院关于抓好"三农"领域重点工作确保如期实现全面小康的意见》明确了分类推进农村厕所革命，全面推进农村生活垃圾治理，开展就地分类、源头减量试点，梯次推进农村生活污水治理，优先解决乡镇所在地和中心村生活污水问题。

表 4-6 2012—2020 年农村环境治理政策演进轨迹

年份	政策内容	文件名称
2013	畜牧业发展规划应当统筹考虑环境承载能力以及畜禽养殖污染防治要求，合理布局，科学确定畜禽养殖的品种、规模、总量	《畜禽规模养殖污染防治条例》
2014	加大农业面源污染防治力度，支持高效肥和低残留农药使用、规模养殖场畜禽粪便资源化利用、新型农业经营主体使用有机肥、推广高标准农膜和残膜回收等试点；加快编制村庄规划，推行以奖促治政策，以治理垃圾、污水为重点，改善村庄人居环境	《关于全面深化农村改革加快推进农业现代化的若干意见》
2015	加快农村环境综合整治。以县级行政区域为单元，实行农村污水处理统一规划、统一建设、统一管理，有条件的地区积极推进城镇污水处理设施和服务向农村延伸。深化"以奖促治"政策，实施农村清洁工程，开展河道清淤疏浚，推进农村环境连片整治。到 2020 年，新增完成环境综合整治的建制村 13 万个	《水污染防治行动计划》
2015	加快转变施肥方式，深入推进科学施肥，大力开展耕地质量保护与提升，增加有机肥资源利用，减少不合理化肥投入，加强宣传培训和肥料使用管理	《到 2020 年化肥使用量零增长行动方案》
2016	坚持预防为主、保护优先、风险管控，突出重点区域、行业和污染物，实施分类别、分用途、分阶段治理，严控新增污染、逐步减少存量，形成政府主导、企业担责、公众参与、社会监督的土壤污染防治体系	《土壤污染防治行动计划》
2017	健全制度体系，强化责任落实，完善扶持政策，严格执法监管，加强科技支撑，强化装备保障，全面推进畜禽养殖废弃物资源化利用，加快构建种养结合、农牧循环的可持续发展新格局，为全面建成小康社会提供有力支撑	《国务院办公厅关于加快推进畜禽养殖废弃物资源化利用的意见》
2018	以生态环境友好和资源永续利用为导向，推动形成农业绿色生产方式，实现投入品减量化、生产清洁化、废弃物资源化、产业模式生态化，提高农业可持续发展能力。以建设美丽宜居村庄为导向，以农村垃圾、污水治理和村容村貌提升为主攻方向，开展农村人居环境整治行动，全面提升农村人居环境质量	《乡村振兴战略规划（2018—2022 年）》
2018	以建设美丽宜居村庄为导向，以农村垃圾、污水治理和村容村貌提升为主攻方向，动员各方力量，整合各种资源，强化各项举措，加快补齐农村人居环境突出短板，为如期实现全面建成小康社会目标打下坚实基础	《农村人居环境整治三年行动方案》

表4-6（续）

年份	政策内容	文件名称
2019	认真贯彻落实中央《农村人居环境整治三年行动方案》，突出农村垃圾污水处理、"厕所革命"、村容村貌整治提升等重点，尽快将工作部署从规划示范转到全面推开上来，以更加有力的举措、更加扎实的行动，确保实现农村人居环境整治三年行动目标	《中央农办、农业农村部、国家发展改革委关于深入学习浙江"千村示范、万村整治"工程经验扎实推进农村人居环境整治工作的报告》
2020	治理农村生态环境突出问题。大力推进畜禽粪污资源化利用，基本完成大规模养殖场粪污治理设施建设。深入开展农药化肥减量行动，加强农膜污染治理，推进秸秆综合利用	《中共中央　国务院关于抓好"三农"领域重点工作确保如期实现全面小康的意见》

　　整体来看，上述农村环境治理政策从治理对象、治理主体、参与机制、法律法规制度建设、资金投入以及多元主体共治等方面为建设生态宜居和美丽乡村提供了诸多有益的分析思路。从表4-7可以看出党的十大以来乡村环境污染治理状况。化肥、农药、农用地膜（含塑料膜、地膜）、柴油投入均在2015年之后呈现下降趋势。具体而言，2013年化肥投入为5 911.9万吨，2018年降至5 653.4万吨，净减少258.5万吨，下降了4.37%。2013年塑料膜使用量为249.3万吨，2018年降至246.5万吨，净减少2.8万吨，下降了1.12%。2013年地膜使用量为136.2万吨，2018年降至140.4万吨，净减少4.2万吨，下降了3.08%。2013年柴油使用量为2 154.9万吨，2018年降至2 003.4万吨，净减少151.5万吨，下降了7.03%。农药投入的降幅最大，下降了16.5%，净减少29.8万吨。

表4-7　2013—2018年乡村环境污染治理趋势变化　　单位：万吨

年份	化肥	塑料膜	地膜	柴油	农药
2013	5 911.9	249.3	136.2	2 154.9	180.2
2014	5 996.4	258.0	144.1	2 176.3	180.7
2015	6 022.6	260.4	145.5	2 197.7	178.3
2016	5 984.1	260.3	147.0	2 117.1	174.0
2017	5 859.4	252.8	143.7	2 095.1	165.5
2018	5 653.4	246.5	140.4	2 003.4	150.4

　　注：数据来源于2014—2019年《中国农村统计年鉴》，笔者自行整理而得。

第二节 乡村环境治理效果整体性描述分析

在上一节中，本书从"农村环境问题的演进→政策出台背景→治理效果"这一逻辑思路详细梳理了农村环境治理政策的演进轨迹，并使用数据证明了各个阶段的农村环境污染状况，这对从整体上把握当前农村环境污染状况和环境治理成效具有重要的现实意义。为了更进一步观察当前村庄环境污染的具体分布，笔者在本节中基于 623 个村庄的调查数据，进一步描述了当前中国村庄环境污染的具体情形。本节为理解中国村庄内部的生态环境质量和区域间环境治理差异进行了基本的描述和解释。

一、乡村环境治理效果的动态性描述

为了从整体上观察 2012—2016 年村庄环境污染的平均变动趋势，基于样本数据，本书计算出了 2012—2016 年村庄环境污染变动均值。如图 4-1 所示，空气污染、土壤污染、水污染和噪声污染均为 1、2、3、4、5 的排序变量，分别表示"非常严重""比较严重""一般""不严重""没有此类污染"。数值越高表示环境污染程度越不明显，数值越低表示环境污染程度越严重。整体上而言，各个环境污染指标的得分呈现显著差异，空气污染和水污染整体得分明显低于土壤污染和噪声污染整体得分，这表明村庄内部的空气污染和水污染较为严重，尤其是水污染问题，历年均值得分均低于4.5 分。在各个指标的动态变化中，村庄空气污染状况变化较为平稳，数值表现出先上升后下降的特点，整体上空气污染有一定的上升趋势。与 2012 年得分为 4.494 相比，2016 年得分为 4.509，增幅为 0.334%。在土壤污染指标中，土壤污染数均值在 2012—2016 年呈现下降趋势，且 2014—2016 年基本持平。2012 年土壤污染指标得分为 4.793，2016 年得分为 4.651，得分减少了 0.142，下降了 2.96%，说明村庄土壤污染程度呈现上升趋势。在水污染指标中，2012 年得分为 4.379，2016 年得分为 4.468，得分增加了 0.089，上升了 2.03%，说明村庄水污染状况略微改善，但相较于其他环境污染指标而言，水污染得分依旧最低，在各个年份仍然是村庄突出的环境治理难题。这符合当前中国乡村环境问题的实际，生活垃圾随意倾倒、生活污水以及农药和化肥的使用都对农村水质带来极大的破坏。在噪声污染中，虽然整体而言该指标得分较高，2012 年得分为 4.816，2016 年得分为

4.642，得分减少了0.174，在村庄中不属于突出的环境污染问题，但从历年的变动趋势可以看出，噪声污染指标得分逐年降低，表明噪声污染有加重的趋势。整体而言，村庄内部的环境问题存在较大差异，当前村庄环境污染中水污染和空气污染问题较为突出，虽然随着时间变化，这两类污染有略微的改善，但整体改善幅度较小，问题依旧突出。土壤污染和噪声污染程度较低，但在时间的推移中，这两类污染程度有一定的上升趋势。土壤污染程度在历年调查中均低于空气污染和水污染，但结合中国乡村实际，农村土壤污染现象依旧不容乐观。相较于空气污染和水污染，土壤污染较难观察，需要通过环境科学仪器进行测量，直观观察可能会低估土壤污染程度。土壤污染不仅对粮食安全和食品安全带来严重影响，一些农药残留和化学肥料残留物在经雨水径流溶解下，也对土壤和地下水体产生了双重危害。因此，村庄的环境污染治理不仅需要重点治理水污染和空气污染问题，也需要兼顾好土壤污染的监测和治理。

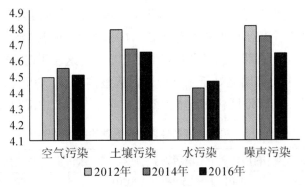

图4-1　乡村环境污染动态变化

二、乡村环境治理效果的分类别描述

（一）2012年乡村环境污染治理的描述性分析

为具体观察村庄内部环境污染的具体状况①，本书列出了污染程度最低

① 由于本书使用的CLDS数据未给出村庄具体名称，仅给出了村庄编码，村庄代码的前两位数为省级代码信息，这对本书社会资本分布的解释并不造成影响。为便于分析，我们列出了具体省级代码信息如下：11北京市；12天津市；13河北省；14山西省；15内蒙古自治区；21辽宁省；22吉林省；23黑龙江省；31上海市；32江苏省；33浙江省；34安徽省；35福建省；36江西省；37山东省；41河南省；42湖北省；43湖南省；44广东省；45广西壮族自治区；46海南省；50重庆市；51四川省；52贵州省；53云南省；54西藏自治区；61陕西省；62甘肃省；63青海省；64宁夏回族自治区；65新疆维吾尔自治区。以下各表同。

的 10 个村庄和污染程度最高的 10 个村庄环境污染得分情况。如表 4-8 所示，2012 年空气污染程度最低的 10 个村庄中，空气污染较轻的村庄主要集中在西南地区和中部地区，有 6 个位于西部地区，有 4 个村庄位于西部地区。空气污染程度最高的 10 个村庄中，空气污染非常严重的村庄主要位于中东部地区，西部地区仅有 3 个。这表明在 2012 年空气污染严重的村庄主要集中在东部地区，而西部地区空气质量较好。在土壤污染程度较轻的 10 个村庄中，有 5 个位于西部地区，3 个位于中部地区，仅有 2 个位于东部地区。在土壤污染程度较为严重的 10 个村庄中，有 7 个位于东部沿海地区，且主要位于广东省，仅有 1 个村庄位于西部地区。这表明村庄土壤污染程度呈现出中西部地区较轻，而东部地区较严重的分布状况。在水污染程度较轻的前 10 个村庄中，有 3 个位于中部地区，3 个位于西部地区，4 个位于东部地区。在水污染程度较严重的 10 个村庄中，有 6 个村庄位于东部地区，3 个位于中部地区。这表明村庄水污染存在区域间的不平衡问题，东部地区村庄中的环境治理效果呈现出一定的非平衡性。在噪声污染程度较轻的 10 个村庄中，有 6 个位于中部和西部地区。在噪声污染程度较严重的 10 个村庄中，有 7 个位于东部地区且主要集中在广东省。这表明在调查范围内，中西部地区的噪声污染明显好于东部地区。从整体来看，2012 年的环境污染分布状况表明，东部地区村庄环境污染状况明显严重于中部和西部地区。

表 4-8　2012 年乡村环境污染治理的描述性分析

村庄代码	空气污染	村庄代码	土壤污染	村庄代码	水污染	村庄代码	噪声污染
520301	5	520301	5	520301	5	120101	5
450601	5	620502	5	620502	5	210602	5
530302	5	430301	5	410102	5	620502	5
350402	5	442701	5	450102	5	620201	5
430402	5	450102	5	220401	5	370802	5
130202	5	442102	5	510402	5	610202	5
140402	5	370902	5	370101	5	220301	5
510402	5	510402	5	210501	5	420901	5
530501	5	620501	5	320601	5	442702	5
410302	5	370803	5	350101	5	420903	5
—	—	—	—	—	—	—	—
360202	1	350102	5	370502	1	350301	5
530502	1	330501	1	120101	1	440901	5
442201	1	441101	1	441902	1	360101	1

表4-8(续)

村庄代码	空气污染	村庄代码	土壤污染	村庄代码	水污染	村庄代码	噪声污染
320802	1	450401	1	420801	1	441101	1
450501	1	120101	1	420902	1	441001	1
350301	1	441002	1	350301	1	420902	1
140501	1	441902	1	441202	1	442201	1
441101	1	442802	1	340502	1	441002	1
520102	1	420902	1	370801	1	210601	1
350701	1	340502	1	450401	1	420801	1

（二）2014年乡村环境污染治理的描述性分析

表4-9显示了2014年环境污染程度最低的10个村庄和污染程度最高的10个村庄。可以看出，在空气污染程度较轻的10个村庄中，有3个位于西部地区，有7个位于中东部地区。在空气污染较为严重的10个村庄中，有7个位于东部地区且有5个是广东省的村庄，2个位于中部地区，1个位于西部地区。这表明东部地区内村庄空气污染呈现出非均衡性。在土壤污染程度较轻的10个村庄中，有4个位于东部地区，4个位于中部地区，2个位于西部地区，表明中东部地区土壤污染程度较轻。在土壤污染程度较严重的10个村庄中，有4个位于东部地区，4个位于中部地区，2个位于西部地区。这表明土壤污染在中东部地区较为明显，上述事实同样表明中东部区域村庄环境污染状况的非均衡性。在水污染程度较轻的10个村庄中，有7个位于中西部地区，3个位于东部地区。在水污染程度较严重的村庄中，有8个位于东部地区，2个位于中部地区。这表明水污染在东部地区较为严重，而在中西部地区污染程度较轻。上述分析与中国乡村工业化和城镇化进程一致，由于东部地区工业化和城镇化起步较早，在经济取得快速发展的同时，乡镇工业产生的"三废"也对农村水质造成严重污染。加之东部地区农村居民生活水平高于中西部地区，其产生的生活污水和固体废弃物也对农村地表水与地下水造成污染。在噪声污染程度较轻的10个村庄中，有4个位于东部地区，3个位于中部地区，3个位于西南部地区。在噪声污染程度较严重的10个村庄中，有5个位于东部地区。这表明东部地区村庄的噪声污染较为严重。整体而言，与2012年相比，2014年环境污染状况仍然呈现出东部地区严重，中西部地区环境污染程度较轻的发展趋势。

表4-9　2014年乡村环境污染治理的描述性分析

村庄代码	空气污染	村庄代码	土壤污染	村庄代码	水污染	村庄代码	噪声污染
650502	5	610901	5	420904	5	410501	5
430304	5	410402	5	430304	5	442201	5
370501	5	320101	5	370401	5	410601	5
530301	5	430701	5	610101	5	530502	5
510103	5	360103	5	370803	5	420901	5
350501	5	320202	5	510402	5	210901	5
620101	5	330801	5	510601	5	510504	5
442802	5	450602	5	510102	5	110302	5
420702	5	410502	5	430502	5	520301	5
350731	5	210401	5	370802	5	320101	5
—	—	—	—	—	—	—	—
120101	2	120101	3	440901	2	442501	3
442501	2	420801	2	130403	2	331001	2
441101	2	510204	2	442003	1	610102	2
610204	2	610204	2	442103	1	130403	2
441202	2	442901	2	442501	1	442901	2
442003	2	430503	2	442701	1	410602	2
130403	1	130301	2	210602	1	441101	2
410604	1	442003	2	440501	1	330602	2
441901	1	130403	2	331001	1	340901	1
331001	1	440501	1	360104	1	140401	1

（三）2016年乡村环境污染治理的描述性分析

表4-10显示了2016年环境污染程度最低的10个村庄和污染程度最高的10个村庄。可以看出，在空气污染程度较轻的10个村庄中，有3个位于中部地区，3个位于西部地区，4个位于东部地区。在空气污染程度较严重的10个村庄中，有6个位于中部地区，3个位于东部地区。这表明中部地区村庄的空气污染较为严重，而西部地区和东部地区的空气污染较轻。在土壤污染程度较轻的10个村庄中，有3个位于东部地区，7个位于中西部地区。在土壤污染程度较严重的10个村庄中，有5个位于东部地区，5个位于中西部地区。这表明东部地区村庄土壤污染较为严重，而中西部地区村庄土壤污染较轻。在水污染状况分布中，治理效果较好的10个村庄主要

位于东部地区，治理效果较差的 10 个村庄主要位于中西部地区。在噪声污染状况分布中，治理效果较好的 10 个村庄中，有 5 个位于东部地区，5 个位于中部地区。在噪声污染治理效果较差的 10 个村庄中，有 7 个村庄位于东部地区，2 个位于中部地区，仅有 1 个位于西部地区。整体来看，与 2012 年和 2014 年相比，2016 年村庄环境污染状况呈现出一种分散性，各污染指标的地区集中趋势减弱，环境污染治理效果的区域内和区域间差异较为明显。

表 4-10　2016 年乡村环境污染治理的描述性分析

村庄代码	空气污染	村庄代码	土壤污染	村庄代码	水污染	村庄代码	噪声污染
330401	5	210602	5	510701	5	330401	5
530301	5	530901	5	371101	5	450501	5
120101	5	370902	5	320603	5	430402	5
421301	5	211001	5	370101	5	443901	5
620302	5	530601	5	340601	5	530302	5
130201	5	640104	5	430301	5	140403	5
320503	5	220301	5	500501	5	211001	5
370704	5	410902	5	441301	5	442901	5
410602	5	620203	5	370803	5	430502	5
500301	5	360301	5	360101	5	442702	5
—	5	—	—	—	—	—	—
360401	5	421201	2	450403	2	120801	2
331501	—	650304	2	442003	2	441302	2
130403	2	331001	2	350201	2	320502	2
410604	2	442003	2	331001	2	330902	2
450501	2	330902	2	360401	2	331401	2
330902	1	510402	2	430402	1	430801	2
360202	1	360104	2	442102	1	360202	2
130102	1	130102	2	650304	1	510402	2
120801	1	350201	2	360104	1	331001	2
360104	1	331401	2	410604	1	330702	2

三、乡村环境治理效果的分省份描述

为了进一步分析村庄环境污染状况的区域分布差异，图 4-2 显示了

2012—2016 年各省份乡村环境污染治理效果得分。可以看出，各省份村庄环境污染状况差异较小，多数省份的村庄得分均值在 18 分以上，表明各省份村庄环境治理效果较好。整体而言，部分省份在不同年份的环境污染呈现一定的变动趋势，变动趋势较大的省份有天津、河北、浙江、安徽、陕西、新疆。各省份村庄内部的差异大于各省份村庄之间的差异。环境污染状况较差的村庄主要集中在天津、浙江、福建、江西、广东和湖北，环境污染较轻的村庄主要集中在北京、辽宁、吉林、黑龙江、贵州、云南、甘肃、内蒙古、宁夏、新疆。这表明环境污染严重的村庄主要分布在东部沿海地区和中部地区的部分省份，而环境污染较轻的村庄主要集中在东北地区、西北地区以及西南地区。一种可能的解释是东部地区、中部地区城镇化发展水平高，乡镇企业和乡镇工业发展较早，且人口密集，生产生活污水排放量高。西部地区由于城镇化发展程度较低，人口总量较少，产生的污染总量和污染排放远低于东部地区、中部地区。就乡村环境污染的具体分布而言，村庄环境污染状况呈现出东部、中部、西部递减的趋势。

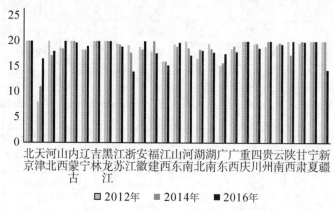

图 4-2　2012—2016 年各省份乡村环境污染治理效果得分

第三节　村庄社会资本测量

一、村庄社会资本测量现状

当前，我国农村空间和社会结构正在发生深刻转变，学界已对村庄环境治理、社区维权、集体行动、基层组织建设给予了关注。社区社会资本是社区作为地域共同体的本质或内核，以社区为依托或载体而形成的集体性社会资本（方亚琴，2014）。在各类研究中，社区社会资本成为核心的概念。社区社会资本属于中观层面集体性质的社会资本，一直以来有关集体社会资本的测量存在诸多争议。首要原因是概念的模糊性导致集体社会资本难以测量（Magson，2014；Sabatini，2009）。科尔曼（Coleman，1990）将社会资本定义为社会结构方面有助于组织内个人集体行动的某些行为。该定义过于模糊化而难以形成理论和操作化兼顾的测量工具，无法进行实证检验。近年来，有研究者将社会资本定义为多方面、多维度的构成。例如，经济合作与发展组织（OECD，2001）将社会资本定义为促进社区内部和社区间合作的网络（networks）、规范（norms）、价值观（values）等。世界银行对社会资本的定义注重社会凝聚力，将其描述为社会内部的社会和文化一致性，规范和指导人们在共有的社区内部进行整合（Grootaert，1998）。除此以外，帕特南（Patuman，2000）将社会资本定义为某种信任（trustworthiness）、互惠（reciprocity）、社会网络（social networks），能够促成社区内部的集体行动，以解决公共事物的治理难题并实现共同的目标。奥斯特罗姆（2008）对社会资本的定义与帕特南具有一致性，她将社会资本定义为信任、网络、正式制度和非正式制度，是促成个体合作和集体行动的重要内容。从上述定义来看，相较于个体社会资本的研究，由于集体社会资本概念多元化，涉及不同层次和不同层面，很难使用清晰的语言进行表达，因此相关研究也主要集中在对指标的甄选、概念界定以及理论探讨等方面。

出于对社会资本内容和层次的不同理解，自20世纪90年代起，有关社区社会资本的测量便逐步兴起，许多学者提出了有关社区社会资本测量的指标体系（桂勇，2008；Silva，2006）。例如，帕特南在社会资本社区基准调查（social capital community benchmark survey，SCCBS）中认为，社会资本包含社会信任、社区参与平等性、非正式网络、正式网络、政治参与（Hudson，2002）。奥尼克斯（Onyx，2000）在对澳大利亚社区的研究中指出，社区社会资本应包含社区参与、社区能动性、信任、邻里、朋友关系、差异容忍度等。但奥尼克斯的测量没有将社会资本的内容和社会资本的结果区分开来，社区参与属于社会资本结果内容，而差异容忍度、价值观以及社会能动性是否属于社会资本还有待商榷。纳拉扬和卡斯迪（Narayan & Cassidy，2001）认为，社区社会资本应该包括社团参与、信任关系、志愿主义、和睦相处、一般规范、邻里关系。和睦相处与社区凝聚力指标基本吻合，邻里关系测量了社区邻里的社会支持。纳拉扬（Narayan）的测度侧

重于社会支持、社团参与、日常社交、社区凝聚力、志愿主义。梅根森
(Magson, 2014) 使用社会资本与凝聚力指数 (SCCS) 进行测试，包含了
网络、信任和互惠（家庭、朋友、邻里、制度）。该测度方法侧重于强调社
区三个维度，即信任关系、社区网络和互惠规范的内容。值得一提的是，
世界银行为社区社会资本的测量做出了突出贡献。世界银行所推出的社会
资本测量工具（social capital assessment tools, SCAT）为社区社会资本测量
提供了系统性工具。由于 SCAT 量表过长，后来学者们对此进一步改进形成
A-SCAT 量表，A-SCAT 量表有 7 个问题测量结构性社会资本，11 个问题测
量认知性社会资本。这 18 个问题包含了集体行动、公共事物、社区参与、
归属感、信任、互惠规范等。应当指出的是，集体行动和社区参与应属于
社会资本的结果。此后，在此基础上，有学者在社会资本综合问卷中（SC-
IQ）使用 6 个维度测量社会资本，其中两个维度测量社会资本决定因素，
两个维度测量社会资本本身（分别是社团和网络、信任和团结），两个维度
测量社会资本后果 (Grootaert, 2003)。席尔瓦 (Silva, 2006) 在基于对越
南、秘鲁、印度的社区研究中，使用一个 ASCAT (adapted social capital as-
sessment tool, ASCAT) 量表，测量维度包括了组织参与、社会支持、公共
事物参与以及认知性社会资本，其中认知性社会资本使用信任、社区凝聚
力、社区归属感、社区互助四个维度进行衡量。整体而言，国外有关社会资
本的测量主要集中在社区。社会资本的测量指标主要包括社会网络、信任、
互惠、志愿主义、社会支持、社区归属感、社区凝聚力、地方性社团组织。

　　与国外的研究相比，国内的研究对社区社会资本在分析集体行动和社
区参与等方面给予了积极关注。尤其是在当前倡导积极推行社会治理体系
和治理能力现代化背景下，在借鉴国外学者有关社会资本测度的基础上，
许多学者在社区社会资本测量方面进行了富有成效的探索。裴志军（2010）
基于浙江西部 37 个村庄的研究，提出社会资本测量的 6 个维度，包括普遍
信任、规范、正式网络、非正式网络、共同愿景与社会支持。桂勇（2008）
系统梳理国外社区社会资本测量的研究后，结合中国具体社区发展实际，
选取了社团或组织、社会网络、社会互动、信任、志愿主义、社区支持、
社区凝聚力、社区归属感等测量维度。毕向阳（2019）选取了互动交往、
志愿主义、社区信任、认同归属四个维度测度集体社会资本。方亚琴
（2019）指出，社区居民的社会交往是社区社会资本形成的内生动力，其基
于社区关系网络、社区信任、社区互惠、社区社会组织维度层面分析了社
区内部的社会资本的形成和培育。罗家德和方震平（2014）将社会资本分
为关系维度、结构维度和认知维度。关系维度包括信任、互惠和义务；结

构维度包括网络结构和社会组织；认知维度包括共同价值观、共有规范、习俗惯例等。纵观上述分析，学者们对社区社会资本从不同层面和不同维度进行测度，但仍然存在碎片化和模糊化问题，也没有对社区社会资本测量给出一致稳定的量表，其中有些测量还无法完全适应中国情境。例如，桂勇（2008）提出的量表（见表4-11）包含了志愿者精神和社团组织参与的内容，但结合中国乡村发展实际，中国农村社团组织并不发达，且与政府有着密切的联系，这与西方国家志愿社团组织有着极大的区别。因此，以社团组织参与衡量本土社会资本参与，缺乏必要的信度和效度。又如，表4-11中，缺少了村庄内部的非正式制度的测量（村规民约、习俗、惯例），非正式制度同样是促成集体行动的重要因素之一，也是促成社区环境治理绩效的重要因素。因此，对社会资本的操作和理解必须应用于特定的环境中，中国乡村社会资本的形成与西方国家社区具有显著的差异，如宗族网络、乡规民约等社会资本在中国乡村治理绩效中有着突出的作用。如何对已有的研究指标做出调整，以适应中国具体的情境分析是本书需要关注的重点之一。

表4-11　社区社会资本测量量表

代码	指标	问题选项/编码
	社团组织参与（association）	
A1	您是否参加了社区中的社团	1=有，0=没有
	社会网络（networks）	
N1	小区里和你见面打招呼的邻居数量	次
N2	可登门拜访的邻居数量	个
N3	与你关系密切的朋友中，有多少人居住在本社区内	个
N4	你的普通朋友中，有多少人居住在本社区内	个
	社会互动（sociability）	
SOC1	你个人上个月的手机费是多少元	元
SOC2	过去两周内和朋友通电话的次数	次
SOC3	最近两周拜访邻居的次数	次
SOC4	最近两周邻居拜访你的次数	次
SOC5	最近两周有多少次和非家庭成员一起吃饭	次
	信任（trust）	
T1	你在多大程度上信任居委会	1=很不信任，4=很信任
T2	你在多大程度上信任业委会	1=很不信任，4=很信任
T3	一般来说，你觉得大多数人可以信任吗	1=很不信任，4=很信任
T4	你在多大程度信任小区居民	1=很不信任，4=很信任

表4-11(续)

代码	指标	问题选项/编码
	志愿者精神（volunteerism）	
V1	如果有问题影响社区，你会发动居民一起解决吗	0=不会，1=会
V2	如果有人发动居民解决问题，你是否参加	0=不会，1=会
V3	小区公共项目不直接对你有利，你是否为此付出时间	0=不会，1=会
V4	小区公共项目不直接对你有利，你是否为此付出金钱	0=不会，1=会
	社区凝聚力（cohesion）	
C1	小区里大部分人愿意互相帮助	0=不会，1=会
C2	大部分小区参与精神很高	1=不同意，5=非常不同意
C3	你对小区中发生的事情很感兴趣	1=不同意，5=非常不同意
C4	总体而言，小区内部的居民关系是和睦的	1=不同意，5=非常不同意
C5	我是小区内重要的一分子	1=不同意，5=非常不同意
	社区归属感（sentiment）	
SE1	在小区有家的感觉	1=不同意，5=非常不同意
SE2	喜欢我的小区	1=不同意，5=非常不同意
SE3	告诉别人我住在那里很自豪	1=不同意，5=非常不同意
SE4	如果不得不搬走会很遗憾	1=不同意，5=非常不同意

注：表格根据桂勇等（2008）文献整理而得。

二、村庄社会资本测量方法

如果说由于社区社会资本概念模糊导致社区社会资本测量存在困难，那么社区社会资本的测量方法就成为第二个测量难点。早期的社会资本研究都将个人拥有的社会网络或社会资源作为社会资本的衡量指标，这不难理解也容易操作。那么，如何得到社区社会资本存量或中观层次的社会资本指数呢？目前，许多学者使用了个人变量中的均值进行汇总，平均后形成社区社会资本指标，从个体层面搜集数据，组群层面的构念来自对个体层面的聚合，但并没有证据表明个体均值的汇总就是社区社会资本的合适估计，如果个体内部差异很大，取均值的方式掩盖了很多信息（毕向阳，2019）。普雷彻（Preacher，2010）将个体社会资本聚合至社区中的问题总结如下：第一，个体组内的变异信息被削弱，实际上相当于假定了被聚合变量组内变动性为零。第二，组群内变异不论规模的大小，都在估计时给予同样的权重。第三，从个体加总得到的均值聚合变量不一定能够很好地代表组群层面的构念。应该说，将个体社会资本变量进行均值汇总，可能存在层次谬误问题（Kawachi，2004）。这一点使用多水平协方差的结构分析能够得到充分说明（Muthen，1990，1994）。定义样本组间协方差矩阵如下：

$$SB = \frac{\sum_{i}^{j} ni(Y\bar{Y}i - Y\bar{Y})(Y\bar{Y}i - Y\bar{Y})'}{J - 1}$$

从上式可以看出，SB 由各组变量的聚合均值得到（并去中心化），组均值的因子分析正是基于加权或未加权的协方差矩阵。但是，马森在上述公式中证明了并非协方差矩阵 $\sum B$ 的一致估计，实际上 SB 不仅是 $\sum B$ 的函数，也是组群规模以及总体协方差 $\sum W$ 的函数，即有：

$$SB = \hat{\Sigma}W + c\hat{\Sigma}B$$

如果以 S_w 表示样本组内协方差矩阵，因为有 $S_w = \hat{\Sigma}W$，从上式我们可以推导出：

$$\hat{\Sigma}B = \frac{SB - \hat{\Sigma}W}{C}$$

上式的结果表明，若要准确估计 $\hat{\Sigma}B$，不仅需要从 SB 中消除 $\hat{\Sigma}W$ 的影响，还要考虑 C。总体而言，如果将个体层面加总得到社区社会资本的均值，实际上是基于 SB 混杂了个体异质性，并非"纯正"的社区层面的指标构建。也有学者指出，在社区人力、物力资源受限的情况下，使用该方法应当被接受（桂勇，2008），使用个体层面的测量指标具有自身优势，其更加符合了社会资本的特征和理论含义，但在进行社区社会资本分析前，需要检验组内的一致性。若在一致性较低的情况下聚合，通常就意味着高水平聚合缺乏信度和效度（Harpham，2007）。

那么，如何使用个体社会资本测量社区层面的集体社会资本指标呢？目前，许多学者在社区社会资本测量中给予了充分探讨，但并未得出一致意见，且研究单元主要集中在城市社区。例如，桂勇（2008）使用探索性因子分析（exploratory factor analysis，EFA）的方法，调查了上海 50 个社区的 1 587 个居民个体，修正后的社会资本为 7 个维度 29 个条目，信度系数在 0.614～0.852。梅根森（Magson，2014）则选择使用验证性因子分析（confirmatory factor analysis，CFA）的方法，分析了澳大利亚的两个社区的社会资本存量，样本个体为 1 371 个。在评估模型的拟合优度时，其分别报告了 RMSEA、TLI 和 CFI 拟合优度指数。探索性因子分析较适用于给定已知固定量表，即变量维度给定且已知的情形。进一步地，毕向阳（2019）指出，在缺少一致性条件下，个体层面的加总聚合就会出现问题，尤其是当样本个体较少时，会导致估计结果的偏差。他提出使用结构方程模型（SEM）是比较好的解决思路，结构方程模型通过潜变量、显变量、误差项之间的关系，既包含了探索性因子分析的优点，又包含了路径分析。该模型允许测量误差的存在，能使潜变量较少受到测量误差的干扰，从而提高估计结果的准确性。然而，该模型也存在一定的局限性。首先，结构方程模型需要大样本支持，而一般社区调查数据的成本及时间成本高昂，社区样本较小将导致模型识别存在困难。其次，该方法虽然能够提高非全局性特征构念的信度和效度，但难以捕捉内生的复杂互动过程，因此在结构性维度的社会资本测量方面仍然存在许多困境，如何将社会资本结构维度和认知维度整合为统一的研究框架的问题仍有待解决。当然就目前而言，使用探索性因子分析是社区社会资本维度构建和测量的主要方向（桂勇，2008；杨秀勇，2020）。

三、村庄社会资本测量指标

上述分析表明，测量社区社会资本应结合中国乡村现实情境，选择社会资本的测量指标。本书选择村庄社会资本的测量指标的原则主要包括三点：第一，社会资本的测量指标的选择需要结合理论和已有文献。第二，社会资本选择应为社会资本本身，应是产生集体行动和经济绩效的原因，而非结果，因此集体行动、公共事物参与等变量不应该包括在内。第三，村庄内部的集体社会资本需要一个多维度、多元化的构念。一般而言，要提高社会资本领域的认识，就必须摆脱单一项目指标，并制定一套一致性的测量指标，这些指标应尽可能适用于不同文化群体的研究结论。基于上述分析原则，本书借鉴普雷蒂（Pretty，2001）和奥斯特罗姆（Ostrom，2009）有关村庄社会资本的论述。普雷蒂（Pretty，2001）指出，村庄社会资本包含了信任关系，互惠和交换、共同规则、规范和惩罚，社会网络和组织。奥斯特罗姆（Ostrom，2009）选择了促成集体行动最为重要的三类社会资本，包括信任、网络、正式或非正式的规则和制度，她将社会资本看成个人与社会关系的一种属性，该属性增强了村民解决集体行动问题的能力。从上述研究可以发现，与集体行动相关的社会资本主要包含4个维度，分别为信任关系、社会网络、互惠与交换、非正式制度。信任关系降低了村民信息交易成本，节省了监督带来的时间和金钱成本，是促成村民环境治理合作的重要基础（Pretty，2003）。本书提出的社会资本测量量表中包含了人际信任和制度信任两个方面，分别为定序变量 1＝非常不信任、2＝不信任、3＝一般、4＝信任、5＝非常信任。帕特南（Patuman，1993）指出，网络密度是提升互惠交换和社会规范的重要条件，密集的社交网络鼓励了在值得信赖与不值得信赖的个人之间开展信息传递，发展互惠规范。规则和规范包含了允诺、禁止、许可以及村庄习俗、惯例等内容（Ostrom，1994），有学者又称其为博弈规则（Taylor，1982）。正式规则由中央或地方政府出台的法律法规组成，正式制度的执行具有强制性和权威性。社区内部非正式规则对个体行为和集体责任具有激励和监督作用，对村庄个体行为具有强约束力。村庄社会资本越多，共有规范和规则的实施效果可能越好。基于上述理论分析，并结合中国乡村发展的实际，本书构建了用于分析村庄层面社会资本的测量量表。如表 4-12 所示，本书构建的村庄社会资本测量量表包含了 4 个维度共计 16 个指标①，这些指标涵盖了中国村庄社会资本的主要内容（包括信任关系、社会网络、互惠和社会规范）。在已有研究中，有学者将社区凝聚力放入测量维度中，但社区凝聚力与社区互惠维度相重合，且在已有公共事物治理的研究中，主要包含上述 4 个维度内容，因此本书未将社区凝聚力单独列出。

表 4-12　村庄社会资本测量量表

代码	指标体系	指标选项
	信任关系（trust）	
T1	您对本社区（村）的邻里、街坊以及其他居民信任吗？	1＝非常不信任,5＝非常信任
T2	总体来说，您是否同意"大多数人是可以信任的"这种看法？	1＝非常不同意,4＝非常同意
T3	★总体而言，您对社区（村）干部的信任程度如何？	1＝非常不信任,5＝非常信任
	社会网络（networks）	
N1	在本地,您有多少关系密切、可以得到他们支持和帮助的朋友或熟人？	个
N2	本村社区外出官员或企业家对本村捐赠了多少钱？	元
N3	在本地关系密切的人中,您可以同他讨论重要问题的有几个？	个
N4	本村有多少个经济组织？	个
N5	本村有多少个社会组织？	个

---

① 在上述量表中，除社会网络和组织维度属于数值变量外，其余维度指标均为 1~4 或 1~5 的定序变量，数值越高，表示村庄社会资本越丰富。该量表中★表示该指标在本书的调查数据中缺失，但属于社会资本维度的重要内容。本书暂时无法考察该部分指标，后续将在数据可得的情况下进行深入探讨。

表4-12(续)

代码	指标体系	指标选项
	互惠(reciprocity)	
R1	您和本社区(村)的邻里、街坊以及其他居民互相之间的熟悉程度是怎样的?	1=非常不熟悉,5=非常熟悉
R2	您与本社区(村)的邻里、街坊以及其他居民互相之间有互助吗?	1=非常少,5=非常多
R3	您和您居住社区的本地人交往频率是多少?	1=从不,4=经常
R4	你请人在外面就餐过吗?	1=从不,5=经常
R5	你被他人请在外面就餐过吗?	1=从不,5=经常
	社会规范(norm)	
NO1	★您村环境治理的乡规民约和村规民约建设情况如何?	1=很不好,5=非常好
NO2	★您是否赞成应对随意倾倒垃圾行为予以惩罚?	1=非常不赞成,5=非常赞成
NO3	★您是否会自觉遵守村庄环境保护的习俗和惯例?	1=从不遵守,5=一直遵守

四、村庄社会资本测量过程

(一)数据来源

本书社会资本测量使用的数据来自中山大学发布的中国劳动力动态调查(China labor-force dynamic survey,CLDS)数据。该调查通过对中国城市和农村进行两年一次的追踪调查,建立了以劳动力为调查对象的综合性数据库,包含了劳动力个体、家庭和社区三个层次的追踪和横截面数据。CLDS采用了多阶段、多层次、与劳动力规模成比例的概率抽样方法。2011年CLDS在广州市开展了试调查。2012年,CLDS开始在全国29个省份(除港、澳、台地区,西藏和海南外)展开。2014年、2016年,CLDS进行追踪调查,村居问卷包括劳动力迁移、社区治理、社区环境、宗族组织、土地与经济等模块内容。基于研究需要,本书使用2012—2016年三期非平衡面板数据。对于数据缺失值,本书根据村庄所在地级市均值进行填补。本书根据研究需要基于被调查社区是村委会或居委会来确定社区类型。本书删除居委会样本,最终得到623个观测值样本,其中2012年有174个样本、2014年有225个样本、2016年有224个样本。

(二)探索性因子分析

本书构建了社会资本指标体系,数据中是否能够形成上述维度需要加以验证,探索性因子分析注重探索变量间的未知规律。本书借鉴桂勇(2008)的研究方法,相较于传统专家打分法和德尔菲法受到人为因素干扰较少，能客观反映出指标间的差异特征。探索性因子分析方法是根据相关性大小把原始变量进行分组，使得同组内的变量之间相关性较高，不同组的变量之间的相关性较低。每组变量代表一个基本结构，并用一个不可观测的综合变量表示综合评价指标。由于因子分析完全基于样本的自身特点和结构来确定权重，因此能够很好地克服主观赋值方法带来的随意性和人为因素干扰。具体而言，因子分析方法客观赋权计算过程如下：

1. 数据标准化处理

本书将原始数据进行标准化处理，以消除变量之间在数量级和量纲上的不同。具体计算公式如下：

$$X_i = \frac{X_i - \mathrm{E}(X_i)}{\sqrt{\mathrm{var}(X_i)}} \tag{4-1}$$

式（4-1）中，$\mathrm{E}(X_i)$ 为 X_i 的均值，$\sqrt{\mathrm{var}(X_i)}$ 是 X_i 的标准差。标准化不改变变量之间的相关关系。此时，用于分析的变量之间的相关系数的值将介于 $[-1, 1]$。

2. 求相关矩阵的特征值 λ_i 和特征向量 l_i

$$\begin{cases} X_1 = a_{11}F_1 + a_{12}F_2 + \cdots + a_{1m}F_m + \varepsilon_1 \\ X_2 = a_{21}F_1 + a_{22}F_2 + \cdots + a_{2m}F_m + \varepsilon_2 \\ \vdots \\ X_p = a_{p1}F_1 + a_{p2}F_2 + \cdots + a_{pm}F_m + \varepsilon_p \end{cases} \tag{4-2}$$

式（4-2）中，含有 p 个可能存在相关关系的实测变量 X_1，X_2，$\cdots$，X_p，含有 m 个独立的公共因子 F_1，F_2，$\cdots$，$F_m (p \geqslant m)$，每个变量均由 m 个公共因子和自身相应的独特因子 ε 的线性关系来表现。在此基础上，本书求相关系数矩阵 R 的特征值 $\lambda(\lambda_1 > \lambda_2 > \cdots > \lambda_p > 0)$ 和标准正交的特征向量 l_i。

3. 提取公因子

在提取公因子的方法中，主成分分析法是使用最为普遍的一种方法。它通过变量之间的线性组合，从实测变量中提取最大方差，通过各因子的方差贡献率和累积贡献率，得到具体的公因子。计算公式如下：

$$\frac{\lambda_i}{\sum\limits_{k=1}^{p} \lambda_k} \quad (i = 1, 2, \cdots, p) \tag{4-3}$$

$$\frac{\sum\limits_{k=1}^{i} \lambda_k}{\sum\limits_{k=1}^{p} \lambda_k} \quad (i = 1, 2, \cdots, p) \tag{4-4}$$

式（4-3）为各因子方差贡献率，λ_i 为相关系数特征值，式（4-4）为因子累积贡献率。一般取累积贡献率大于70%的特征值所对应的第一个、第二个……第 m（$m \leqslant p$）个主成分。若所得到的 m 个因子无法确定或实际意义并不是很明显时，需要将因子进行旋转以使得因子具有明显的实际意义。

4. 生成因子载荷矩阵

$$A = \begin{bmatrix} a_{11} & a_{12} & \cdots & a_{1m} \\ a_{21} & a_{22} & \cdots & a_{2m} \\ \vdots & \vdots & & \vdots \\ a_{p1} & a_{p2} & \cdots & a_{pm} \end{bmatrix} = \begin{bmatrix} \sqrt{\lambda_1}\,l_{11} & \sqrt{\lambda_2}\,l_{12} & \cdots & \sqrt{\lambda_m}\,l_{1m} \\ \sqrt{\lambda_1}\,l_{21} & \sqrt{\lambda_2}\,l_{22} & \cdots & \sqrt{\lambda_m}\,l_{2m} \\ \vdots & \vdots & & \vdots \\ \sqrt{\lambda_1}\,l_{p1} & \sqrt{\lambda_2}\,l_{p2} & \cdots & \sqrt{\lambda_m}\,l_{pm} \end{bmatrix}$$

$$= (\sqrt{\lambda_1}\,l_1; \ \sqrt{\lambda_2}\,l_2; \ \sqrt{\lambda_m}\,l_m) \tag{4-5}$$

式（4-5）中，A 表示因子载荷矩阵，a_{pm} 为原方程中的系数，表示第 p 个变量 X_i 在第 m 个因子上的负载。本书简称因子负载，通过因子载荷矩阵得到因变量和原有变量之间的关系，对式（4-5）中的因子进行命名。若因子命名不具有明显的实际意义，通常需要对因子载荷矩阵进行因子旋转，使得原有的因子变量更具有解释作用。

5. 计算各因子变量得分

因子变量确定以后，需要计算各因子的具体数值。本书采用回归估计法，用原指标的线性组合来求得各因子得分。计算公式如下：

$$\begin{cases} F_1 = a_{11}x_1 + a_{12}x_2 + \cdots + a_{1p}x_p \\ F_2 = a_{21}x_1 + a_{22}x_2 + \cdots + a_{2p}x_p \\ \vdots \\ F_m = a_{m1}x_1 + a_{m2}x_2 + \cdots + a_{mp}x_p \end{cases} \tag{4-6}$$

6. 计算综合得分

$$F = \frac{r_1 F_1 + r_2 F_2 + \cdots + r_m F_m}{r_1 + r_2 + \cdots + r_m} = \sum_{t=1}^{n} w_i F_i \tag{4-7}$$

式（4-7）中，r_i 表示各因子方差的百分比，w_i 表示旋转前和旋转后因子方差的贡献率。

（三）指标选择

本书依据构建的村庄社会资本测量量表，结合可得数据，从社会信任、社会网络和社会组织三个维度对社会资本进行测度。表4-13显示了村庄社会资本的各维度分析结果。在社会信任维度中，本书使用问卷中的"您对本社区（村）的邻居、街坊以及其他居民信任吗"进行衡量，1、2、3、4、5分别代表非常不信任、不太信任、一般、较信任、非常信任。本书使用问卷中的"总体来说，您是否同意'大多数人是可以信任的'这种看法"进行衡量，1、2、3、4分别代表非常不同意、不同意、同意和非常同意。此外，在社会信任维度中，邻里互助使用问卷中的"您与本社区（村）的邻里、街坊以及其他居民互相之间有互助吗"进行衡量，1、2、3、4、5分别代表非常少、比较少、一般、比较多、非常多。居民熟悉程度使用问卷中的"您与本社区（村）邻里、街坊以及其他居民之间的熟悉程度是怎样的"进行衡量，1、2、3、4、5分别代表非常不熟悉、不太熟悉、一般、比较熟悉、非常熟悉。在社会网络维度中，本书使用问卷中的"在本地，您有多少关系密切、可以得到他们支持和帮助的朋友或熟人"进行衡量，1、2、3、4、5分别代表1个也没有、1~5个、6~10个、11~15个、16个及以上①。社区可以谈心的人数和遇到困难可以借钱的人数使用问卷中的"在本地关系密切的人中，您可以同他讨论重要问题的有几个"进行衡量。在社会组织维度中，本书使用"本村庄是否有文化组织""村庄是否有经济组织"和"村庄中是否有宗族组织"进行衡量，如果有则赋值为1，如果没有则赋值为0。

表4-13 村庄社会资本指标选择与描述性统计

变量维度	变量定义	观测值	均值	标准差	最小值	最大值
社会信任	对邻里的信任程度	623	3.763	0.310	2.960	4.792
	对他人的信任程度	623	2.889	0.525	1	4
	社区内部居民之间的互助频率	623	3.505	0.435	2.309	4.912
	社区居民之间的熟悉程度	623	3.990	0.324	2.809	4.842
社会网络	社区内可寻求帮助的人数	623	2.623	0.540	1.139	4.493
	社区内可以谈心的人数	623	2.256	0.484	1.066	4.428
	遇到困难可询问问题的人数	623	2.325	0.432	1.054	4.423
	遇到困难可以借钱的人数	623	1.977	0.457	0.676	4.183
社会组织	文化组织	623	0.145	0.285	0	1
	经济组织	623	0.553	0.497	0	1
	宗族组织	623	0.321	0.223	0	1

---

① 该题项在2012年中的调查单位是为定序变量，而在2014年和2016年的问卷中则以连续变量的形式出现。为了保证研究的统一性，笔者将2014年和2016年的连续变量重新赋值，其中1=1个也没有，2=1~5个，3=6~10个，4=11~15个，5=16个及以上。其他三类社会网络变量与上述处理方法相同。

（四）探索性因子分析过程

在进行探索性因子分析前，本书需要检验所选指标是否具有良好的相关性，以决定是否可以使用探索性因子分析方法[①]。在因子分析之前，本书对样本指标体系进行了 KMO 检验[②]和 Bartlett 球形检验，检验比较变量间的简单相关性和偏向关系数。KMO 检验值为 0.808，表明所选变量很适合使用因子分析。Bartlett 球形检验卡方值为 4 394.68，自由度为 45，P 值为 0，同样表明数据使用因子分析具有良好的适用性。表 4-14 中在使用主成分方法（PCA）提取特征值大于 1 的因子后，发现前三个因子了方差累计百分比达到 74.35%，表明使用这三个公因子可以解释 74.35% 的模型变化。

表 4-14 因子分析累计百分比

因子	特征根	方差	百分比	累计百分比
Factor1	4.375 78	2.455 37	0.437 6	0.437 6
Factor2	1.920 41	0.781 58	0.192 0	0.629 6
Factor3	1.138 83	0.313 02	0.113 9	0.743 5
Factor4	0.825 81	0.243 31	0.082 6	0.826 1
Factor5	0.582 50	0.116 28	0.058 2	0.884 3
Factor6	0.466 22	0.172 21	0.046 6	0.931 0
Factor7	0.294 00	0.064 47	0.029 4	0.960 4
Factor8	0.229 53	0.109 42	0.023 0	0.983 3
Factor9	0.120 11	0.073 29	0.012 0	0.995 3
Factor10	0.046 82	0.103 21	0.002 5	0.997 8
Factor11	0.032 12		0.002 2	1.000 0

表 4-15 显示了使用因子旋转载荷矩阵发现的各因子中的系数。因子 1 中系数大于 0.5 的指标分别为"社区内可以寻求帮助的人数""社区内可以谈心的人数""遇到困难可询问问题的人数""遇到困难可以借钱的人数"。因子 2 中系数大于 0.5 的指标分别为"对邻里的信任程度""对他人的信任程度""社区内部居民之间的熟悉程度""社区内部居民之间的互助频率"。从表面上看，后两个指标不能列入社会信任的维度，但是实质上社区内部居民之间的熟悉程度是社会信任的另一种解释。社区内部居民之间的互助频率虽然在一定程度上更能代表互惠与交换，但社会信任是提升村民互惠

---

① 本书所有探索性因子分析过程均采用 Stata15 进行完成。

② Kaiser-Meyer-Olkin（KMO）抽样充分性测度是用于测量变量之间相关关系的强弱的重要指标，KMO 介于 0～1。KMO 越高，表明变量的共性越强。一般而言，KMO 在 0.70～0.79 为可以接受，在 0.80～0.89 为比较好，在 0.90～1.00 为非常好。

与交换的重要基础。因子 3 中系数大于 0.5 的指标分别"文化组织""经济组织""宗族组织"。从因子 1 可以发现，社会网络的指标被分成了两类（正式网络和非正式网络）。本书依据前文村庄社会资本测量指标，分别将因子 1 命名为"社会网络"、因子 2 命名为"社会信任"、因子 3 命名为"社会组织"，修正后的社会资本指标共包含 3 个维度和 11 项指标。

表 4-15　因子旋转载荷矩阵

项目	因子 1	因子 2	因子 3
	社会网络	社会信任	社会组织
对邻里的信任程度	0.225 2	0.917 4	0.009 0
对他人的信任程度	0.090 2	0.725 2	-0.141 7
社区内部居民之间的熟悉程度	0.115 3	0.868 5	0.057 4
社区内部居民之间的互助频率	0.319 7	0.850 3	-0.083 0
社区内可寻求帮助的人数	0.797 4	0.107 2	0.063 2
社区内可以谈心的人数	0.927 7	0.225 3	-0.050 9
遇到困难可询问问题的人数	0.922 2	0.201 9	-0.075 6
遇到困难可以借钱的人数	0.828 0	0.170 6	0.068 2
文化组织	0.130 6	-0.204 6	0.714 9
经济组织	-0.143 8	0.099 1	0.776 8
宗族组织	0.112 5	0.083 2	0.746 1

本书进一步分析了三类因子得分在不同村庄中的具体分布，图 4-3 和图 4-4 显示了 2012—2016 年 623 个村庄中三类因子得分散点分布情况。社会网络、社会信任和社会组织的三类因子得分取值均在-4~4 这一区间范围内。在本次调查的村庄中，社会网络得分和社会信任得分大多集中在-1~1，社会网络得分的离散程度明显高于社会信任。图 4-4 中社会组织得分分布相较于社会网络得分分布，跨度较小呈现横条状特征，表明社会组织得分具有一定的跳跃性，社会组织水平在不同村庄中的存量呈现出较大差别。以上从整体上观察了社会资本的分布特征，后续本书将基于因子综合得分，更为深入地考察社会资本在不同村庄内部的分布情形。

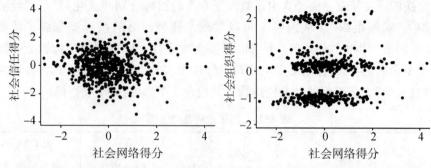

图 4-3 社会网络与社会信任得分散点 图 4-4 社会组织与社会网络得分散点
　　　　分布情况 　　　　分布情况

五、村庄社会资本测量结果

(一) 2012 年村庄社会资本分布描述

为了观察社会资本在不同村庄的分布状况与得分差异，基于前述三类因子得分，笔者计算了社会资本综合值①，基于村庄社会资本指数和三类因子得分，笔者考察社会资本指数和各维度历年的村庄变动趋势。表 4-16 显示了 2012 年排前 10 名的村庄和排后 10 名的村庄在各维度中的得分。从表 4-16 可以看出，就横向比较来看，排前 10 名的村庄在各维度中，社会组织维度的总体得分最高，均值为 2.155，其次为社会网络的总体得分，均值为 1.776；最后为社会信任维度的总体得分，均值为 1.655。排在后 10 名的村庄在各维度中，社会网络维度的总体得分最低，均值为-2.151 1；社会信任维度得分均值为-1.937，社会组织维度得分均值为-1.206。这表明排前 10 名的村庄和排后 10 名的村庄差异较大，其中差异最大的是社会信任维度得分，第 1 名和最后 1 名的差异得分达到了 6.122，而差异最小的社会资本综合值差异仅为 2.865。这表明村庄整体社会资本分布差异小于各维度分布差异。就纵向比较而言，在社会网络维度排前 10 名的村庄中，有 9 个位于中部地区、西北地区和西南地区，仅有 1 个位于东部地区。同样在社会信任维度中，排前 10 名的村庄均集中在中部地区和西部地区。在社会组织维度中，排前 10 名的村庄分布略有变化，有 5 个位于江苏、浙江和福建，其余主要

---

① 计算过程为社会资本=社会网络×$W1$ +社会信任×$W2$+ 社会组织×$W3$，其中 $W1$、$W2$ 和 $W3$ 为各因子权重（使用各因子百分比÷三类因子累计百分比得到）。根据本次数据分析可知，社会网络的权重 $W1$ = 0.436 4（0.324 5÷0.743 5），社会信任的权重 $W2$ = 0.407 4（0.302 9÷0.743 5），社会组织的权重 $W3$ = 0.156 3（0.116 2÷0.743 5）。

位于黑龙江和山东。在社会资本综合值中，排前 10 名的有 3 个村庄来自山东，2 个村庄来自云南，其余 5 个村庄来自黑龙江、陕西、河南、辽宁。这表明 2012 年社会资本整体存量较高的区域主要集中在中部地区和西部地区。在排后 10 名的村庄中，从社会资本综合值维度来看，有 4 个村庄来自广东和福建，其余 6 个村庄来自内蒙古、新疆、山东、甘肃、江西和湖北。这表明排后 10 名的社会资本存量较低的村庄呈现明显的分散性。

表 4-16 2012 年村庄社会资本分布

村庄代码	社会资本综合值	村庄代码	社会网络	村庄代码	社会信任	村庄代码	社会组织
230501	1.625	370902	2.886	370101	3.532	230501	2.316
370902	1.623	410102	2.343	410402	2.258	320301	2.194
370101	1.351	110302	2.036	230501	2.219	610203	2.170
530501	1.280	530501	1.802	370901	1.718	320601	2.153
370901	1.268	410401	1.654	650501	1.324	370301	2.138
610102	1.030	420802	1.584	130201	1.219	370801	2.131
530303	0.955	610102	1.482	340703	1.155	350701	2.128
410402	0.861	450601	1.382	530501	1.144	320802	2.120
210401	0.793	530301	1.356	430402	1.020	230401	2.115
530502	0.792	530303	1.237	530502	0.965	330602	2.088
—							
350401	−0.985	210603	−1.641	442002	−1.647	420702	−1.153
150102	−0.989	230402	−1.760	360103	−1.672	440501	−1.154
650303	−1.082	210602	−1.879	441101	−1.713	510101	−1.172
440901	−1.098	520301	−1.965	110302	−1.733	620501	−1.181
370501	−1.110	441401	−2.138	420301	−1.805	450301	−1.191
442002	−1.139	620202	−2.191	520102	−1.871	450602	−1.202
620203	−1.147	620201	−2.284	442201	−1.938	360301	−1.220
443002	−1.176	430303	−2.289	420702	−2.182	620302	−1.229
360301	−1.215	370501	−2.665	441001	−2.219	620601	−1.242
420702	−1.240	620203	−2.699	440901	−2.590	410301	−1.322

（二）2014 年村庄社会资本分布描述

表 4-17 进一步呈现了 2014 年排前 10 名和后 10 名的村庄社会资本各维度具体分布情况。就横向比较而言，在排前 10 名的村庄中，社会网络维度得分较高，均值为 3.125；其次为社会信任维度，均值为 2.280；最后为社

会组织，均值为0.449；社会资本综合值的均值为1.82。可以看出，社会网络和社会信任维度均值明显高于社会资本综合值的均值。在排后10名的村庄中，社会信任维度的得分最低，均值为-2.323；其次为社会网络维度的得分，均值为-1.600；再次为社会组织维度的得分，均值为-1.261；最后为社会资本综合值的得分，均值为-0.949。这表明三类社会资本维度得分均显著低于社会资本综合值。在这四项社会资本指标中，存在多数同一省份的村庄。上述分析表明，社会资本在村庄分布中存在所谓共变效应，即社会资本各维度得分较高的地区，其社会资本存量也较为丰富，社会资本各维度得分较低的地区，其整体社会资本存量也明显不足。从纵向比较来看，就社会资本综合值而言，排在前10名的村庄中有4个位于福建，4个位于山东，其余两个分别位于河南和山东。在社会网络维度中，同样也呈现这样的分布状态，位于山东和福建的村庄有6个。在社会信任维度中，排前10名的村庄主要分布在山东和陕西。在社会组织维度中，排前10名的东部省份村庄有8个，仅有两个村庄位于西部地区（四川和云南）。排在后10名的村庄中同样也主要位于中东部地区（以广东、湖北、江苏、安徽为主）。上述分析表明社会资本在区域内部呈现明显的非均衡性，同一省份内的村庄社会资本存量呈现较大差异，社区社会资本丰富的地区主要集中在山东、福建，社会资本存量不足的村庄主要集中在广东。与2012年相比较，这表明社会资本的"质"与"量"是不同的，社会资本的变化对不同时期的乡村环境治理效果呈现出差异性，尤其是在城镇化背景下，乡村社会资本快速流失，这一变化影响乡村环境治理效果。

表4-17　2014年村庄社会资本分布

村庄代码	社会资本综合值	村庄代码	社会网络	村庄代码	社会信任	村庄代码	社会组织
371002	2.725	371002	4.301	370801	3.002	320802	0.533
410501	2.070	370704	4.048	370804	2.911	441902	0.526
350703	1.804	410501	3.585	410101	2.790	441301	0.498
370901	1.774	370102	3.281	230402	2.362	350402	0.473
370704	1.761	140402	3.271	450601	2.240	530601	0.465
370902	1.739	370901	2.822	371002	1.968	441401	0.458
530601	1.684	350102	2.594	220401	1.967	510201	0.406
350102	1.610	530601	2.489	610103	1.904	350401	0.404
350101	1.532	350501	2.434	610101	1.837	330502	0.366
350501	1.510	443201	2.431	370902	1.823	320803	0.362
—		—		—		—	

表4-17(续)

村庄代码	社会资本综合值	村庄代码	社会网络	村庄代码	社会信任	村庄代码	社会组织
510401	-0.809	210603	-1.176	520102	-1.650	420904	-1.205
360301	-0.827	320101	-1.286	441202	-1.838	510401	-1.206
430503	-0.863	420802	-1.291	442601	-1.887	510204	-1.207
441202	-0.874	420904	-1.492	110302	-2.131	650301	-1.214
360104	-0.900	340101	-1.629	320202	-2.187	430701	-1.225
440901	-0.918	500201	-1.659	420702	-2.257	340702	-1.233
443401	-1.018	320701	-1.707	443401	-2.486	210601	-1.258
420901	-1.067	370801	-1.811	443201	-2.586	510102	-1.273
420902	-1.075	340103	-1.841	441101	-2.770	360301	-1.283
420904	-1.148	340102	-2.114	440901	-3.441	370301	-1.511

（三）2016 年村庄社会资本分布描述性分析

表 4-18 反映了 2016 年村庄社会资本分布。从横向比较来看，排前 10 名的村庄中，社会信任维度得分最高，均值为 2.304，社会组织维度得分均值为 2.106，社会网络维度得分均值为 2.074，三个维度得分均显著高于社会资本综合值得分（均值为 1.433）。排后 10 名的村庄中，社会信任维度得分最低，均值为-2.067，社会网络维度得分均值为-1.806，社会组织维度得分最低。三个维度得分均值均低于社会资本综合值得分（均值为-1.174）。值得一提的是，社会资本综合值得分和三个社会资本维度得分排前 10 的村庄存在一致性，即社会资本得分较高的村庄主要集中在山东、云南、河南等省份，表明社会资本丰富的村庄主要集中在东部和中部地区，而西部地区村庄的社会资本存量较少。从纵向比较来看，排在前 10 名的村庄中，社会资本综合值得分较高的村庄主要集中在山东、云南以及其他中部地区省份，社会网络维度得分较高的村庄主要集中在河南、云南，社会信任维度得分较高的村庄主要集中在山东、河南，社会组织维度得分较高的村庄主要集中在云南、江西和广东。这表明整体而言，社会资本存量丰富的村庄主要分布在中部和西部地区，而东部地区的村庄社会资本存量较少。排在后 10 名的村庄中，社会资本匮乏的村庄主要分布在广东、安徽和江西。这表明社会资本存量在同一地区内存在极不平衡现象，同一区域内、不同省份之间村庄的社会资本存量呈现显著差异。例如，东部地区的山东为社会资本丰富地区，而同样处于东部地区的广东则社会资本存量明显不足。整体而言，上述分析表明当前社会资本在村庄分布中呈现非均衡性。

表 4-18　2016 年村庄社会资本分布

村庄代码	社会资本综合值	村庄代码	社会网络	村庄代码	社会信任	村庄代码	社会组织
410101	2.141	220501	2.392	371501	3.347	410101	2.237
370804	1.585	531001	2.314	370804	2.863	530901	2.161
370901	1.567	411501	2.244	370102	2.714	360103	2.139
371501	1.523	530302	2.198	370901	2.422	360101	2.114
530601	1.489	530601	2.177	410101	2.291	441302	2.111
220501	1.337	371401	2.029	500201	2.060	442802	2.093
370102	1.262	410101	1.966	371201	1.867	500201	2.067
530901	1.175	530901	1.935	410501	1.856	530402	2.047
610102	1.164	331401	1.762	130402	1.823	442901	2.047
430901	1.090	441004	1.730	620801	1.805	620201	2.045
—	—	—	—	—	—	—	—
442103	-0.957	442104	-1.500	443601	-1.490	340102	-1.216
442104	-0.977	421301	-1.511	360301	-1.523	450502	-1.230
444101	-0.981	411201	-1.544	320202	-1.625	341301	-1.239
420904	-1.082	210301	-1.658	441001	-1.859	340103	-1.246
443801	-1.119	442902	-1.692	443801	-1.923	360202	-1.249
210301	-1.125	510504	-1.831	442002	-2.088	443901	-1.254
441003	-1.136	340102	-1.915	443401	-2.212	450602	-1.259
443901	-1.384	340103	-2.134	443901	-2.483	441003	-1.263
443202	-1.471	210601	-2.135	441003	-2.507	510601	-1.306
341301	-1.515	341301	-2.147	443202	-2.966	530302	-1.359

（四）乡村社会资本的变动趋势

为了进一步分析社会资本存量在 2012—2016 年的动态变化，本书绘制了 2012—2016 年村庄社会资本的变化情况，以便从整体把握村庄社会资本动态演变趋势。图 4-5 显示了排前 10 名的村庄社会资本综合值得分在 2012—2016 年的变化趋势。可以看出，社会资本综合值得分从 2012 年后整体呈现上升趋势，但在 2016 年后有所降低，介于 2012 年和 2014 年中间，整体高于 2012 年社会资本综合值得分，即社会资本呈现出了上升→略微下降的趋势。图 4-6 显示的社会网络得分的变化趋势与社会资本综合值得分的变化趋势基本一致，2012—2016 年均呈现出上升→下降的趋势。图 4-7 反映了社会信任得分在 2014 年呈现出上升趋势，且 2016 年与 2014 年得分基本保持稳定。这表明在该时间段内，社会信任得分呈现上升→保持稳定的趋势。图4-8反映了社会组织得分在2012年和2016年均呈现出较高水平，但在2014年却呈现下降趋势，其变动趋势呈现出上升→下降的趋势。整体而言，相较于2012年，社会资本存量呈现出了上升趋势，但与2014年相比，社会资本存量又呈现出明显的下降趋势。

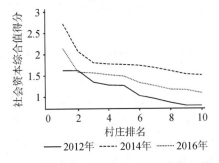

图4-5　社会资本综合值得分变化趋势

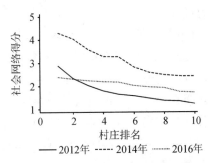

图4-6　社会网络得分变化趋势

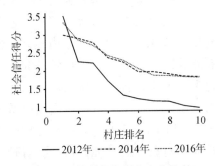

图4-7　社会信任得分变化趋势

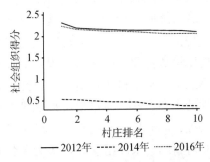

图4-8　社会组织得分变化趋势

　　社会资本存量的上述变化与当前乡村城镇化和工业化发展、劳动力流动加快有关。在社会结构转型背景下，原有的村庄封闭性被打破，在互帮互助的传统农耕村落共同体中，人们守望相助，以感情、血缘和地缘为纽带的社会关系网络较为紧密。社会关系网络的核心一般为德高望重者，人们通过整合和维护村庄团体内部的共同利益，能够有效促进内部合作，消除社会矛盾。除此以外，传统正式的社会规范和非正式的社会规范是村民在长期的生产生活实践中普遍接受的行为准则。这些社会资本在引导村民合作和形成稳定的村庄秩序中具有重要的现实意义，对实现相互信任、沟通、协同以及对开展地方乡村治理具有推动作用。在城镇化快速发展时期，农村劳动力流动加快，人们追求经济利益和外出务工的动机增强，自利性和功利性加重，对公共事物漠不关心。人们的集体意识和道德责任感淡化，尤其是乡村精英的流失使村民失去了榜样参照下的凝聚力和规范力。传统的社会资本形式受到冲击，村庄人际网络呈现出分散化，社会信任和互助形式变得微弱，传统价值观念和互惠互助观念变得淡薄。这在一定程度上降低了村民的集体行动能力和资源整合能力，阻碍了乡村治理水平的提高。由此可以看出，在当前乡村生态振兴进程中，积极为农村进城务工人员提供返乡就业机会，注重培育农村社会资本和村民凝聚力是提升村民环境治理的重要内生动力。

（五）村庄社会资本省域分布情况

图4-9显示了2012—2016年数据分析中出现的省份村庄社会资本指数整体分布情况。从整体上看，社会资本在数据分析中出现的省份间的分布存在明显差异。具体而言，社会资本指数整体较高的省份有河北（1.305）、吉林（1.476）、黑龙江（1.37）、山东（1.624）、云南（1.742 9）、陕西（1.224 4）。这表明社会资本存量丰富的村庄主要位于中部地区和西部地区。社会资本存量较低的村庄主要位于江西、湖北、广东等地。如何理解上述社会资本在地域分布中的差异现象呢？这与中国乡村结构差异有关。上述不同省份之间社会资本分布情况再次表明，社会资本在区域内部呈现显著的非均衡性，社会资本低值区域主要分布在长江中下流域和华南地区，便利的航运条件和沿海港口有很好的发展商品经济的条件，较早发展起来的商品经济瓦解了村庄规范。从自然地理条件上讲，长江流域洪水泛滥和多样性的生态条件，使得很难形成稳定的生态，长江中下游流域居民以散居为基础，同时村庄规范相对薄弱（贺雪峰，2018）。多数中西部地区的村庄则相对封闭，宗族组织以姓氏为单位构成相对独立的单元，村庄拥有较强的社会规范和相对稳定的生态条件，因此具有存量相对丰富的社会资本。

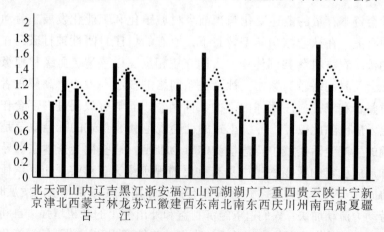

图4-9　2012—2016年数据分析中出现的省份村庄社会资本指数整体分布情况

注：根据2012—2016年CLDS数据自行绘制。为起到分析解释的作用，上述社会资本指数为整体加1后的结果，但这并不影响具体的分析结果与结论，社会资本指数均为正值。

第四节 本章小结

本章主要探讨了社区社会资本的测量和乡村环境污染状况分析。在第一节中,本书按照农村环境问题的演进、政策出台背景、政策治理效果的逻辑顺序详细总结了农村环境污染和环境治理的历史变化。改革开放初期,中国农村实行了家庭联产承包责任制,农业生产力得到进一步释放。该阶段农村的环境污染不明显,整体上处于萌芽阶段。20世纪80年代以后,农村乡镇工业企业开始迅速发展,带来了诸如废水、废气和废渣等工业污染。该阶段环境政策重点对乡镇企业污染转移进行了限制。20世纪90年代以后,农村环境污染呈现出点源与面源污染交织,生活和工业污染叠加的突出问题。该阶段的环境政策突出了人居环境整治和农业面源污染防治。进入社会主义新农村建设时期,农业生产的农药、化肥投入、畜禽养殖等带来的农业面源污染依旧突出。该阶段的环境政策增加了对农药和化肥、农业畜禽养殖以及生活污水的处理的政策指导文件,农村环境污染得到了一定程度的遏制。党的十八大以来,生态文明建设纳入五位一体总体布局中,中央政府先后发布"水十条""土十条""大气十条"表现出农村环境污染治理的决心。该阶段农药、化肥以及农用塑料膜使用量在逐步减少,表明农村环境污染治理取得了显著成效。

在第二节中,本书基于2012—2016年CLDS村庄数据中的空气污染、土壤污染、水污染和噪声污染四项指标,考察了村庄环境污染状况。本书的研究发现,村庄水污染和空气污染较为严重,虽然随着时间的推移污染有所减轻,但污染程度仍然显著高于土壤污染和噪声污染。在各年份不同村庄的环境污染状况分析中,本书的研究发现,中部地区和西部地区的环境污染程度要低于东部沿海地区,并且随着时间的推移,排在后10名的村庄中,环境污染状况整体有所减轻。本书通过对数据分析中出现的省份的村庄环境污染分析发现,省份间的环境污染差异较小,但省份内不同时期的村庄环境污染具有一定的差异性和波动性。

在第三节中,本书首先对已有社区社会资本的测量进行了详细的文献梳理,并就不同的社区社会资本测量方法进行了评价,这为本书的村庄社会资本的测度提供了研究基础。其次,本书从社会信任、社会网络、互惠规范以及社会组织四个维度构建了社区社会资本指标体系,并使用探索性因子分析的方法,利用2012—2016年CLDS 623个村庄样本,提取了社会信任、社会网络和社会组织三个公因子。最后，本书在基于因子分析的基础上，发现社会资本存量在各地区之间呈现出显著的差异特征，中部地区和西部地区的村庄社会资本存量较为丰富，但东部地区的村庄社会资本存量较少，并且各省份村庄社会资本的区域内差异和区域间差异呈现出明显的非均衡性特征。就动态趋势而言，排在前 10 名的村庄中，社会资本指数呈现出 2014 年上升而 2016 年又有下降的变动趋势。

第五章
社会资本对乡村环境治理效果的影响分析

前文对村庄社会资本测量和乡村环境污染治理效果进行了描述分析。本章进一步基于村庄层面调查数据，考察社会资本对环境治理效果的影响及其异质性。本章主要探讨的内容如下：第一，本章使用 Logit 模型、多元线性回归模型和有序 Probit 模型实证检验社会资本对乡村环境治理效果的具体影响。第二，本章使用县级层面社会资本均值作为社会资本的工具变量处理可能存在的内生性问题，并使用多种稳健性检验的方法考察结论的稳健性。第三，本章基于不同经济发展水平、地理位置和村庄结构对社会资本影响环境治理效果进行异质性分析。

第一节　研究设计

一、数据来源

本部分的研究数据来自中山大学社会科学调查中心发布的 2012—2016 年中国劳动力动态调查（CLDS）数据。CLDS 项目于 2011 年 3 月 17 日正式启动，同年 8~9 月以广东为范围开展了试调查。试调查为评估跟踪调查的样本丢失情况、测试问卷等方面积累了调查执行经验。2012 年 6 月，中山大学联合国内 27 所合作院校启动了在全国范围内的第一期正式调查。CLDS 采取计算机辅助调查技术（computer assisted personal interviewing，CAPI），开展入户访问，2012 年完成对全国范围内 303 个村（居）、10 612 个家庭以及 16 253 个劳动力个体的访问。2014 年，CLDS 完成了第一次社区追踪调查。2016 年，96 个新增社区进入调查范围。CLDS 已完成 2012 年全国基线调查，2014 年追踪调查和 2016 年追踪调查。

在问卷调查之前，为保证调查数据的科学性，调查组织人员对调查人员进行了系统专业的工作培训。在抽样方法上，调查采用了多阶段、多层次、与劳动力规模成比例的概率抽样方法，访问的社区是在抽中的县（区）中抽取的，县（区）中所有村（居）被随机分成 4 份，每一份的全国总体都对全国具有代表性。CLDS 调查了中国 29 个省份（除港、澳、台地区，西藏和海南外）。社区问卷内容包含社区人口、土地与经济、社会组织、基础设施建设、环境污染等情况。根据研究需要，本书使用了 2012—2016 年三期社区数据，首先剔除城市、郊区以及缺失社区类型的样本，并对本书所需变量中存在异常值样本进行删除，相关变量缺失值采用分层线性插补方法进行填补，最后共得到 623 个村庄样本。

具体而言，表 5-1 显示了村庄基本特征描述统计。可以看出调查村庄多以平原为主（占比为 51.36%），地形为丘陵和山地的村庄各占总调查村庄的 24%左右。村庄大多占地面积为 1.02~10 平方千米，表明被调查的村庄以中等面积的村庄为主，较大面积村庄和较小面积村庄均不占多数。被调查村庄人口主要集中在 1 000~4 982 人，占比高达 71.91%，表明被调查村庄中等偏小人口规模居多。这与中国村庄长期受自然、历史以及文化形成具有密切联系。被调查村庄耕地面积主要集中在 1 000~4 980 亩，小于 1 000 亩耕地的村庄占比为 24.88%，超过 5 000 亩耕地的村庄占比为 12%左右。这表明被调查村庄耕地面积主要集中在中等及以下，耕地面积相对不足，与我国人多地少的现实情况相符。与村庄发展密切联系的村干部中，村支书年龄多为 36~55 周岁。这表明村支书整体年龄偏高（27~35 周岁的村支书仅占 3.85%），村庄干部队伍年轻化建设还需进一步加强。村庄经济发展水平整体不高，超过一半的被调查村庄的集体经济年收入不足 10 万元，集体经济年收入在 10 万~100 万元的被调查村庄占比为 23.92%，集体经济年收入超过 500 万元的被调查村庄占比为 13.80%。这表明村庄整体经济发展水平不高且经济发展差异明显。

表 5-1　村庄基本特征描述统计

变量	类别	样本数	百分比/%	变量	类别	样本数	百分比/%
地形	平原	320	51.36	村庄经济/万元	<10	343	55.06
	丘陵	151	24.24		10~100	149	23.92
	山地	152	24.40		100~500	45	7.22
村庄面积/平方千米	<1	77	12.36		≥500	86	13.80
	1.02~10	366	58.75	村庄人口/人	<1 000	97	15.57
	≥10	180	28.89		1 000~4 982	448	71.91
村支书年龄/周岁	27~35	24	3.85		5 000~9 040	51	8.19
	36~55	435	69.82		≥10 000	27	4.33
	56~88	164	26.32	耕地面积/亩	<1 000	155	24.88
村支书教育/年	≤6	95	15.25		1 000~4 980	389	62.44
	6~12	434	69.66		5 000~9 975	55	8.83
	≥12	94	15.09		≥10 000	24	3.85

二、模型设定

(一) Logit 模型

在对社会资本与乡村环境治理效果进行回归时,本书的一个核心被解释变量为村庄是否有环境污染,属于二值离散被解释变量。据此,本书设定如下 Logit 模型:

$$\text{Log}\left(\frac{p}{1-p}\right) = \alpha_0 + \alpha_1 \text{social\_capital}_{ict} + \alpha_2 X_{ict} + \mu_c + \theta_t + \varepsilon_{ict} \quad (5\text{-}1)$$

模型假定环境污染是否发生的概率为"逻辑分布"的累计分布函数,则:

$$P(y=1 \mid x) = \frac{\exp(\alpha_0 + \alpha_1 \text{social\_capital}_{ict} + \alpha_2 X_{ict})}{1 + \exp(\alpha_0 + \alpha_1 \text{social\_capital}_{ict} + \alpha_2 X_{ict})} \quad (5\text{-}2)$$

式 (5-1) 和式 (5-2) 中,p 表示村庄产生环境污染的概率,$p/1-p$ 表示产生环境污染的概率,即产生环境污染与不产生环境污染的比值。$\text{social\_capital}_{ict}$ 表示社会资本,包括社会信任、社会网络和社会组织三类社会资本指标。X_{ict} 为村庄层面的一系列控制变量,包括自然地理特征、村庄经济属性层面的指标。μ_c 为地区固定效应,以控制各省份不随时间变化的特征（如自然地理特征、历史背景等）。θ_t 为时间固定效应，以控制所有省份共有的时间因素（如环境政策、文化特征等）。ε_{ict} 误差项。

（二）多元线性回归模型

本书的另一个核心被解释变量为村庄绿化覆盖率，属于连续数值型变量，因此使用多元线性回归模型进行估计。模型设定如下：

$$Y_{ict} = \beta_0 + \beta_1 \text{social\_capital}_{ict} + \beta_2 X_{ict} + \mu_c + \theta_t + \varepsilon_{ict} \tag{5-3}$$

式（5-3）中，Y_{ict} 表示在 t 年 c 省份第 i 个村庄的绿化覆盖率。$\text{social\_capital}_{ict}$ 表示社会资本，包括社会信任、社会网络和社会组织三个维度。X_{ict} 为村庄层面和省份层面的一系列控制变量，包括自然地理特征、村庄经济属性层面的指标。μ_c 为省份固定效应，以控制各省份不随时间变化的特征（如自然地理特征、历史背景等）。θ_t 为时间固定效应，以控制所有省份共有的时间因素（如环境政策、文化特征等）。ε_{ict} 为误差项。本书感兴趣的参数是 β_1，若 β_1 显著为正，则表明社会资本能够显著提高村庄绿化覆盖率，即社会资本能够改善乡村环境治理效果。

（三）有序 Probit 模型

为进一步考察社会资本对不同环境污染治理的影响，本书考虑到各污染物指标均为排序变量，因此适合采用有序 Probit 模型进行估计。基本模型设定如下：

$$Y_{ict} = \alpha_0 + \alpha_1 \text{social\_capital}_{ict} + \alpha_2 X_{ict} + \mu_c + \theta_t + \varepsilon_{ict} \tag{5-4}$$

式（5-4）中，Y_{ict} 表示在 t 年 c 省份第 i 个村庄的环境污染状况（包括空气污染、水污染、土壤污染和噪声污染）。$\text{social\_capital}_{ict}$ 表示社会资本，包括社会信任、社会网络和社会组织三类社会资本维度。X_{ict} 为村庄层面省份的一系列控制变量。μ_c 为省份固定效应。θ_t 为时间固定效应。ε_{ict} 为误差项。假设 $\varepsilon \sim N(0, 1)$ 分布，则有序 Probit 模型可以表述为：

$$P(Y=1 \mid x) = P(Y^* \leq \lambda_0 \mid x) = P(\alpha_1 \text{social\_capital}_{ict} + \alpha_2 X_{ict} + \varepsilon_{ict} \leq \lambda_0 \mid x)$$

$$= P(\varepsilon \leq \lambda_0 - \alpha_1 \text{social\_capital}_{ict} - \alpha_2 X_{ict} \mid x)$$

$$= \varphi(\lambda_0 - \alpha_1 \text{social\_capital}_{ict} - \alpha_2 X_{ict}) \tag{5-5}$$

$$P(Y=2 \mid x) = P(\lambda_0 \leq Y^* \leq \lambda_1 \mid x) = P(Y^* \leq \lambda_1 \mid x) - P(Y^* \leq \lambda_0 \mid x)$$

$$= \varphi(\lambda_1 - \alpha_1 \text{social\_capital}_{ict} - \alpha_2 X_{ict}) - \varphi(\lambda_0 - \alpha_1 \text{social\_capital}_{ict} - \alpha_2 X_{ict}) \tag{5-6}$$

$$P(Y=3 \mid x) = \varphi(\lambda_2 - \alpha_1 \text{social\_capital}_{ict} - \alpha_2 X_{ict}) - \varphi(\lambda_1 - \alpha_1 \text{social\_capital}_{ict} - \alpha_2 X_{ict}) \tag{5-7}$$

......

$$P(Y = 5 \mid x) = 1 - \varphi(\lambda_4 - \alpha_1 \, \text{social\_capital}_{ict} - \alpha_2 \, X_{ict}) \qquad (5\text{-}8)$$

式（5-5）至式（5-8）中，$\lambda_0 < \lambda_1 < \lambda_2 < \lambda_3$ 为待估参数，Y 的取值分别为1、2、3、4、5。本书通过构造每一个村庄环境污染状况的样本似然函数，进而可以用极大似然估计方法对样本参数进行估计。

三、变量选取

（一）被解释变量

本书被解释变量为环境治理效果，分别从村庄环境污染治理状况和村庄绿化覆盖率两个方面衡量。其中，村庄环境污染治理状况使用本村是否存在环境污染进行衡量，该变量为虚拟变量，CLDS村居问卷询问了村庄管理人员"您所在村上一年是否存在环境污染"。我们将村庄有环境污染赋值为1，没有环境污染赋值为0。村庄绿化覆盖率衡量了村庄生态环境治理状况，村居问卷调查了村庄绿化覆盖率情况，单位为百分比，取值在0~100，数值越高表示乡村生态环境治理情况越好。此外，本书进一步考察了社会资本对不同类型环境污染治理效果的影响，笔者使用了问卷中"您觉得本村环境污染状况如何"指标。污染类别包括空气污染、水污染、土壤污染、噪声污染四类环境指标。选项1、2、3、4、5分别对应非常严重、比较严重、一般、不严重、没有此类污染。

（二）解释变量

本书理论分析部分指出，社会资本是一个多维度的概念。学者们普遍认为，社会信任、社会网络和社会组织是促成集体行动，提高公共资源管理效率的关键（Putnam，1993；Ostrom，2010；颜廷武等，2016）。奥斯特罗姆（Ostrom，2009）将与集体行动密切相关的社会资本划分为社会信任、社会网络和社会组织。本书依据已有的相关经典文献，从社会信任、社会网络和社会组织三个层面衡量社区社会资本。本书选取问卷中"您对本村的邻里和其他居民信任吗"和"总体来说，您是否觉得大多数人可以信任"进行衡量，1、2、3、4、5分别代表非常不信任、不太信任、一般、比较信任、非常信任。社会网络是指个体成员之间因互动而产生的相对稳定的社会体系，其强调人们之间的互动和联系。本书参考桂勇（2008）的研究，使用"在社区内您有多少关系密切、可以得到他们支持和帮助的朋友或熟人""在社区内可以谈心的人数""遇到困难可以借钱的人数"和"遇到困难可以询问问题的人数"四个指标进行衡量，问卷设有1、2、3、4、5分别对应1个也没有、1~5个、6~10个、11~15个、16个或16个以上。社组织中，本书使用"村庄是否有文化组织""村庄是否有宗族组织"和"村庄是否有经济组织"进行衡量，有=1，没有=0。本书参考桂勇（2008）的相关研究，基于探索性因子分析的方法得到上述三个维度的社会资本因子得分。在实证分析中，本书基于社会资本的因子得分，对乡村环境治理效果进行回归分析。

（三）控制变量

基于前文构建的理论框架，本书选取了村庄自然地理特征和经济社会属性两个层面的控制变量指标。其中，村庄自然地理特征指标如下：第一，村庄地形，由 CLDS 问卷中调查员观察体现，1＝平原，2＝丘陵，3＝山区。第二，村庄面积，就问卷中的问题"本社区的行政总面积为多少平方千米"进行观测（进入模型时取对数处理）。第三，村庄到县城的距离，CLDS 问卷中询问了本村到县城的距离（进入模型时取对数处理）。第四，是否为城市郊区，CLDS 问卷中询问了被访社区所在地属于何种类型，若是城市郊区赋值为 1，否则赋值为 0。第五，村庄是否为乡镇政府所在地，若是赋值为1，否则赋值为 0。第六，村庄耕地面积（进入模型时取对数处理）。

经济社会属性指标如下：第一，村庄人口密度，由村庄常住人口总数除以村庄行政区域面积而得。第二，村庄人均年收入，使用 CLDS 问卷中"上一年村庄人均年收入/万元"进行衡量。第三，村庄集体经济收入，使用 CLDS 问卷中"去年村集体财政收入/万元"进行衡量（进入模型取对数处理）。第四，村干部领导力，使用村支书学历和村支书任职年限进行衡量。有研究指出，村干部学历较高表明其在村庄管理和专业知识方面有一定的优势。该指标使用 CLDS 问卷中村干部教育程度衡量，1＝小学以下，2＝小学，3＝初中，4＝高中，5＝职高，6＝中专，7＝技校，8＝大专，9＝大学本科，10＝硕士研究生及以上，11＝其他。本书将大学本科、硕士研究生及以上学历赋值为 1，表示本科及以上学历，否则赋值为 0。第六，村庄人口外流比例，由村庄外出总人口除以村庄常住人口而得。第七，有无化工企业，若有赋值为 1，否则赋值为 0。

相关变量定义与描述性统计如表 5-2 所示。在被解释变量中，有环境污染的村庄均值为 0.231，表明整体而言，多数村庄的环境治理较好。村庄绿化覆盖率均值为 53.829，但村庄间的差异较大。就村庄环境污染程度而言，空气污染、土壤污染、水污染和噪声污染得分均值都较高，表明四类污染物在村庄中的治理效果较好，但水污染和空气污染的得分略低于土壤污染和噪声污染。在控制变量的村庄自然地理特征中，调查样本多数为非城郊乡村，且到县城的距离均值约为 26 千米，经历过自然灾害的村庄占据了整体样本的一半以上。村庄农业用地面积均值约为 6 284 亩。在经济社会属性维度中，村庄人均年收入均值为 1.467 万元，但最大值与最小值差值为 344 万元，表明村庄经济水平收入差距较大。劳动力外流比例占到了村庄总劳动力人口的一半以上，部分村庄的外出比例达到100%，这与当前中国快速的城镇化和现代化进程相契合。多数村庄的人口密度不高，地广人稀仍是多数村庄的典型特征，仅有3.8%的村支书具有本科及以上的学历，表明当前村庄领导干部的教育水平较低。大多数村支书的任职期限为3年有化工企业的村庄占比较低，仅为1.4%。

表 5-2　相关变量定义与描述性统计

变量	变量定义与单位	观测值	均值	最小值	最大值
被解释变量					
村庄环境污染	虚拟变量,1=有,0=没有	623	0.231	0	1
村庄绿化覆盖率	百分比/%	623	53.829	0	100
空气污染	1=非常严重,2=比较严重,3=一般,4=不严重,5=没有此类污染	623	4.520	1	5
土壤污染	1=非常严重,2=比较严重,3=一般,4=不严重,5=没有此类污染	623	4.698	1	5
水污染	1=非常严重,2=比较严重,3=一般,4=不严重,5=没有此类污染	623	4.428	1	5
噪声污染	1=非常严重,2=比较严重,3=一般,4=不严重,5=没有此类污染	623	4.730	1	5
解释变量					
社会信任①	社会信任因子得分	623	0	-3.441	3.532
社会网络	社会网络因子得分	623	0	-2.699	4.301
社会组织	社会组织因子得分	623	0	-1.511	2.316
自然地理特征					
是否为城市郊区	是=1,否=0	623	0.083	0	1
村庄距离	村庄到县城的距离/千米	623	25.600	0	120
是否有自然灾害	有=1,没有=0	623	0.528	0	1
农业用地面积	耕地、林地与草地总和/亩	623	6 283.857	0	176 800
经济社会属性					
村庄经济	村庄人均年收入/万元	623	1.467	0	344

---

① 由于各因子是经过标准化处理后的数值，因此总体均值为 0。

表5-2(续)

变量	变量定义与单位	观测值	均值	最小值	最大值
劳动力外流比例	外出劳动力人数÷村庄总劳动力人数/%	623	51.000	0	100
人口密度	村庄常住人口数÷村庄面积/人·平方千米$^{-1}$	623	6.028	1.328	6 875
村支书学历	本科及以上学历=1,否则=0	623	0.038	0	1
村支书任期	年	623	3.566	1	30
有无化工企业	有=1,没有=0	623	0.014	0	1

第二节 实证结果与分析

依据上一节的研究设计,本节主要对社会资本与乡村环境治理效果进行了实证检验。本节的实证检验内容主要包括以下三个方面:首先,本节基于 Logit 模型和多元线性回归模型实证检验了社会资本对乡村环境治理效果的影响。其次,本节在已有研究的基础上进一步区分不同地区、不同经济发展水平和不同区域,考察了社会资本影响环境治理效果的异质性。最后,本节就主要的实证分析结果,使用工具变量讨论了本书可能因存在遗漏变量带来的内生性问题,并在此基础上使用一系列稳健性检验方法,证明了估计结果的稳健性。

一、社会资本对乡村环境污染治理效果的影响

基于上述理论分析,本书首先对社会资本的环境治理效应进行分析。在正式回归之前,本书对自变量进行多重共线性检验,方差膨胀因子检验结果各自变量 VIF 值均值为 1.11,远小于方差膨胀因子 10 的临界值,表明不存多重共线性。同时,为克服残差项的异方差和自相关问题,本书所有模型的估计结果均采用稳健的标准误,并采取逐步回归的方法。表 5-3 中的模型 1 中仅加入社会资本指标与环境治理的估计结果。可以看出,社会信任和社会组织在 1% 的显著性水平上与乡村环境污染显著负相关,即社会信任和社会组织能够显著降低村庄环境污染。社会网络与村庄环境污染负相关,但统计结果不显著。模型 2 加入村庄自然地理特征相关控制变量,模型 3 加入经济社会属性控制变量,模型 4 加入了地区省份固定效应,模型 5 为

加入所有变量的全模型回归模型。整体而言，社会资本估计系数和显著性在各模型中较为稳定，且全模型中的准 R^2 为 0.196，表明模型整体拟合状况良好。

从模型 5 中可以看出，社会信任和社会组织依旧在 1% 的显著性水平上降低了村庄环境污染状况。社会信任是社会资本的核心内容，对提高村庄公共事物治理具有积极的促进作用（Bouma, 2008）。这是因为村庄内部的社会信任是一种珍贵的社会资产，社会信任能够引导村民之间产生更多的互惠行为，获得良好声誉，进而带来更高的合作水平。此外，社会信任还在一定程度上决定了村民是否愿意付出信用以及依靠他人建议采取行动，能够产生环境合作治理的监管行为，能够减轻政府因信息不对称带来的决策失误，约束村民的"搭便车"行为。村庄社会组织能够显著提升村庄环境治理效果，可能是因为村庄内部的组织团体属于社会资本的正式网络。与政府组织相比较，村庄组织中蕴含着丰富的社会资本，横向关系建立起来了民间组织社会资本，在组织结构上具有去中心化和扁平化的特征，组织成员之间具有鲜明的互惠网络特征，更容易产生集体参与的特征。社会组织在遇到村庄内部的环境治理问题时，可以通过协商加以解决，在此过程中形成的社会规范能够进一步约束和激励成员提升环境治理绩效。整体而言，社会信任降低村庄污染的估计系数高于村庄组织，表明社会信任的环境治理效应高于村庄组织。

其他控制变量解释以模型 5 为基准。在自然地理特征维度上，城市郊区的村庄与环境污染正相关，但在统计上不显著。村庄到县城的距离与环境污染正相关，但不具有统计显著性。村庄自然灾害在 1% 的显著性水平上与环境污染正相关。一种解释是自然灾害（如滑坡或泥石流）往往对土壤、植被和河流具有破坏性和侵蚀性，造成土壤污染和河流堵塞等生态环境问题。农业用地面积与环境污染正相关，但在统计上不显著。村庄经济在10% 的显著性水平上与环境污染正相关，说明村庄经济发展加剧了村庄环境污染。劳动力外流与村庄环境污染正相关，但不具有统计显著性。村庄人口密度越高对环境治理越不利，这是因为村庄人口密度对环境治理的影响取决于村庄参与主体的平均贡献率，村庄人口密度较大，用于协调和达成环境治理行动的成本也越高，最终可能由于交易成本过高而影响环境治理效果。村支书任职期限在 5% 的显著性水平上与乡村环境污染负相关。这表明乡村生态环境治理建设中村干部在其中扮演着积极角色（杨婵，2019）。村干部通过自身的管理经验、教育水平等人力资本存量，在村落社区中发挥着组织、协调和整合的功能。村庄化工企业在 1% 的显著性水平上与乡村环境治理效果负相关。这是因为化工企业一般存在高污染行为，村庄集体经济越富裕的地区，其工业化和城镇化发展水平越高，因此带来的潜在污染水平越高。化工企业在给村庄带来经济收入的同时，往往也伴随着环境污染问题的产生。

表 5-3　社会资本对乡村环境污染发生概率的回归结果

项目	模型 1	模型 2	模型 3	模型 4	模型 5
社会信任	-0.702 *** (0.110)	-0.750 *** (0.118)	-0.694 *** (0.121)	-0.462 *** (0.149)	-0.489 *** (0.151)
社会网络	-0.008 (0.105)	0.012 (0.107)	-0.046 (0.111)	-0.019 (0.130)	-0.050 (0.132)
社会组织	-0.295 *** (0.098)	-0.278 *** (0.099)	-0.257 ** (0.107)	-0.329 *** (0.120)	-0.360 *** (0.123)
城市郊区		0.009 (0.369)	-0.053 (0.383)	0.046 9 (0.421)	0.067 5 (0.425)
村庄距离		0.084 (0.123)	0.171 (0.128)	0.188 (0.149)	0.203 (0.152)
自然灾害		0.356 * (0.207)	0.508 ** (0.218)	0.477 ** (0.236)	0.604 *** (0.250)
农业用地面积		0.052 4 (0.067)	0.074 (0.070)	0.105 (0.081)	0.100 (0.081)
村庄经济			0.206 * (0.121)	0.240 ** (0.150)	0.186 * (0.155)
劳动力外流比例			0.489 * (0.280)	0.452 (0.312)	0.117 (0.429)
人口密度			0.212 *** (0.074)	0.190 ** (0.078)	0.187 ** (0.079)
村支书学历			0.030 (0.518)	-0.214 (0.567)	-0.301 (0.573)
村支书任期			-0.047 (0.051)	-0.007 (0.058)	-0.008 ** (0.059)
化工企业			1.475 ** (0.746)	1.476 * (0.830)	1.396 * (0.837)
省份固定效应	不控制	不控制	不控制	控制	控制
时间固定效应	不控制	不控制	不控制	不控制	控制
观测值	623	623	623	623	587
Pseud_R^2	0.080	0.085	0.117	0.192	0.196

注：*** 、** 、* 分别表示在 1%、5%、10% 的水平上显著，括号内数值为标准误，全书下同。

二、社会资本对乡村绿化覆盖率的影响

表5-4反映了社会资本对乡村绿化覆盖率的回归结果。模型1为仅加入社会信任、社会网络和社会组织的回归结果。可以看出，社会信任在5%的显著性水平上正向影响村庄绿化覆盖率，表明社会信任能够改善村庄生态治理效果，并且社会信任每提高一单位，村庄绿化覆盖率将提高2.802个百分点。社会网络与村庄绿化覆盖率正相关，但不具有统计显著性。社会组织在5%的显著性水平上与村庄绿化覆盖率正向关，表明社会组织能提升村庄内部的生态绿化覆盖率。社会组织指数每提升一单位，村庄绿化覆盖率将提高1.282个百分点。模型2加入了自然地理特征控制变量，社会信任的估计系数变小为1.321，但仍然在10%的显著性水平上正向影响村庄绿化覆盖率。社会网络的估计系数依旧不显著，但社会组织的估计系数提升为1.343，并且在5%的显著性水平上正向影响村庄绿化覆盖率，估计系数为1.343，即社会组织每提升一单位，村庄绿化覆盖率提高1.343个百分点。模型3中加入了经济社会属性的相关变量，此时社会信任仍然在5%的显著性水平上正向影响村庄绿化覆盖率。社会网络的估计系数为正但不具有统计显著性。社会组织在5%的显著性水平上与绿化覆盖率正相关。模型4加入了省份固定效应。可以看出，社会信任仍然在1%的显著性水平上与村庄绿化覆盖正相关，且估计系数为3.062。与此同时，社会组织参与也在5%的显著性水平上与绿化覆盖率正相关。模型5加入了时间固定效应，在全模型回归估计结果中，社会信任与村庄绿化覆盖率正相关，社会信任每提高一单位，村庄绿化覆盖率将能够提高3.862个百分点。作为乡村社会资本的核心元素，社会信任能够为乡村环境治理提供情感认同和价值强化，有助于减少村民参与中的矛盾冲突和利益隔阂，从而提高合作水平，并进一步产生内部规范遵从和自觉监督，提高环境治理绩效。社会组织在5%的显著性水平上与村庄绿化覆盖率正相关。具体而言，社会组织每提高一单位，村庄绿化覆盖率提高0.824个百分点。社会网络仍然与村庄绿化覆盖率正向关，但不显著。上述分析结果表明，社会信任对村庄生态环境治理效果的提升作用最大，其次为社会组织，而社会网络对村庄绿化覆盖率的作用不明显。

表 5-4 社会资本对乡村绿化覆盖率的回归结果

项目	模型 1	模型 2	模型 3	模型 4	模型 5
社会信任	2.802** (1.132)	1.321* (1.136)	0.859** (1.154)	3.602*** (1.330)	3.862*** (1.348)
社会网络	0.219 (1.132)	0.316 (1.116)	0.360 (1.131)	0.349 (1.202)	0.779 (1.228)
社会组织	1.282** (1.132)	1.343** (1.110)	0.988** (1.146)	0.539** (1.138)	0.824** (1.152)
城市郊区		-6.191 (4.158)	-5.284 (4.207)	-4.312 (4.158)	-4.385 (4.158)
村庄距离		5.192*** (1.315)	4.623*** (1.337)	2.568* (1.360)	2.539* (1.360)
自然灾害		3.917* (2.250)	3.383 (2.283)	0.261 (2.224)	-0.550 (2.325)
农业用地面积		1.904** (0.751)	1.566** (0.770)	1.798** (0.826)	1.817** (0.826)
村庄经济			-0.935 (1.250)	-0.578 (1.327)	-0.163 (1.362)
劳动力外流比例			-0.477 (2.936)	-3.025 (2.925)	1.140 (4.034)
人口密度			-1.968** (0.766)	-1.880** (0.753)	-1.852** (0.753)
村支书学历			-0.978 (5.832)	-4.690 (5.685)	-3.996 (5.705)
村支书任期			-0.079 6 (0.371)	0.406 (0.375)	0.419 (0.375)
化工企业			-7.344 (9.351)	-8.876 (9.018)	-8.523 (9.082)
省份固定效应	不控制	不控制	不控制	控制	控制
时间固定效应	不控制	不控制	不控制	不控制	控制
观测值	623	623	623	623	623
R^2	0.012	0.074	0.087	0.212	0.216

三、社会资本对不同类别环境污染治理效果的影响

（一）社会资本对空气污染治理效果的影响

前述分析表明，社会信任和社会组织能够显著改善乡村环境治理效果。为了了解社会资本对不同污染类别的治理效果如何，本书基于 Probit 模型得出了社会资本对乡村空气污染影响的回归结果。表 5-5 中的模型 1 显示了仅加入了社会资本的三个维度的变量，未加入其他控制变量的回归结果。可以看出，社会信任与空气污染治理效果显著正相关，即社会信水平越高，空气污染的治理效果越好。通过计算边际效应可知[①]，社会信任使空气污染"没有此类污染"的概率提高了 10.06%。社会组织在 5% 的显著性水平上与空气污染治理正相关。经计算可知，社会组织水平每提高一单位，空气污染"没有此类污染"的概率将提高 3.49%。模型 2 加入了自然地理特征相关控制变量。可以看出，社会信任估计系数有略微降低，但仍然与空气污染治理效果显著正相关。社会网络对空气污染治理效果的影响不显著。社会组织与空气污染显著正相关，但估计系数也有略微降低。

为了进一步检验社会资本各维度对空气污染治理效果影响的稳健性。模型 3 在模型 2 的基础上加入了经济社会属性维度的控制变量。可以看出，社会信任与空气污染治理效果仍然在 1% 的显著性水平上显著正相关，社会信任的系数降低到 0.367。社会网络仍然对空气污染治理没有产生显著的正向影响。社会组织与空气污染治理效果依然在 5% 的显著性水平上显著正相关。模型 4 加入了省份固定效应，发现社会资本各维度的估计系数和显著性水平与模型 3 保持基本一致。模型 5 显示了加入所有控制变量的全模型回归估计结果，此时社会信任与空气污染治理效果显著正相关。计算可知，社会信任每提高一单位，空气污染"没有此类污染"的概率将提高 5.68%。社会组织参与也与空气污染治理效果显著正相关。村庄社会组织水平每提高一单位，空气污染"没有此类污染"的概率提高 3.27%。空气污染不是城市独有的，伴随城镇化和农村现代化发展，污染企业的转移导致了农村空气局部污染甚至比城市更为严峻（王晓毅，2010）。此外，农村焚烧秸秆也是造成农村空气污染的主要来源。社会信任为村民提供亲环境行为的共有信念，优化了村庄内部居民的社会关系，降低了交易成本，增进了集体行动合作的价值认同，为村民秸秆处置的亲环境行为提供了动力（朱清海，

──────────
① 边际效应计算使用 Stata13 提供的 margins 命令得到。

2018；郭利京等，2014）。社会组织为生活在同一关系网络中的社会成员提供了社会契约、道德规范和制度约束，并通过内部的组织网络在村民之间产生监督、谴责或举报等方式，约束了村民的秸秆焚烧行为，有效减少了村民秸秆处置中的"搭便车"和机会主义行为。

表 5-5　社会资本对空气污染治理效果的回归结果

项目	模型 1	模型 2	模型 3	模型 4	模型 5
社会信任	0.419 *** (0.064)	0.407 *** (0.067)	0.367 *** (0.068)	0.264 *** (0.085)	0.277 *** (0.086)
社会网络	-0.031 (0.062)	-0.034 (0.063)	-0.003 (0.066)	0.030 (0.077)	0.033 (0.078)
社会组织	0.146 ** (0.059)	0.133 ** (0.060)	0.133 ** (0.063)	0.156 ** (0.070)	0.160 ** (0.071)
城市郊区		-0.106 (0.207)	-0.086 (0.214)	-0.191 (0.230)	-0.203 (0.231)
村庄距离		0.023 6 (0.072)	-0.002 (0.074)	0.023 (0.085)	0.026 3 (0.085)
自然灾害		-0.192 (0.122)	-0.267 ** (0.127)	-0.267 * (0.136)	-0.313 ** (0.144)
农业用地面积		0.012 8 (0.036)	-0.010 (0.038)	-0.015 (0.045)	-0.015 (0.046)
村庄经济			-0.042 0 (0.067)	-0.039 6 (0.085)	-0.018 (0.088)
劳动力外流比例			-0.269 (0.164)	-0.310 * (0.181)	-0.292 (0.247)
人口密度			-0.151 *** (0.042)	-0.141 *** (0.045)	-0.141 *** (0.046)
村支书学历			-0.008 (0.296)	0.078 (0.317)	0.107 (0.318)
村支书任期			0.012 (0.025)	-0.024 (0.036)	-0.023 (0.036)
化工企业			-0.627 (0.403)	-0.599 (0.418)	-0.530 (0.423)
省份固定效应	不控制	不控制	不控制	控制	控制
时间固定效应	不控制	不控制	不控制	不控制	控制
观测值	623	623	623	623	623
Pseudo_R^2	0.058	0.061	0.081	0.149	0.150

　　(二) 社会资本对土壤污染治理效果的影响

　　表5-6 显示了社会资本对土壤污染治理效果的回归结果。可以发现，在仅加入社会资本变量的模型1中，社会信任与土壤污染治理效果显著正相关。计算可知，社会信任水平每提高一单位，土壤污染"没有此类污染"的概率将提高5.78%。社会组织在5%的显著性水平上与土壤污染治理效果正相关。社会组织水平每提高一单位，土壤污染"没有此类污染"的概率将提高1.97%。社会网络未对土壤污染治理产生显著的影响。模型2加入了自然地理特征的控制变量。可以看出，社会信任和社会组织的估计系数与模型1相比基本保持不变，且统计显著性与模型1保持一致。模型3加入了经济社会属性控制变量，社会信任与土壤污染治理仍为显著正相关。社会网络与土壤污染治理效果正相关，但不具有统计显著性。社会组织依然在5%的显著性水平上正向影响土壤污染治理效果。模型4加入了省份固定效应，但未控制时间固定效应。分析发现，社会信任的估计系数和统计显著性水平有所降低，但还是在10%的显著性水平上与土壤污染的治理效果正相关。社会组织在5%的显著性水平上与土壤污染的治理效果正相关，表明社会组织提高了乡村土壤污染治理效果。模型5显示了加入时间固定效应后社会资本对土壤污染治理效果的回归结果，可以看出，社会信任在5%的显著性水平上与土壤污染治理正相关，估计系数为0.188。计算可知，社会信任水平每提升一单位，土壤污染"没有此类污染"的概率提高3.20%。社会组织与土壤污染的治理效果显著正相关，且估计系数较模型4有所提高。具体而言，社会组织每提高一单位，土壤污染"没有此类污染"的概率将提高2.61%。

　　社会信任和社会组织如何改善农村土壤污染状况？一种可能的解释是农业生产所投入的化肥和农药是导致农业面源污染与土壤污染的重要因素。尤其是当前农村劳动力外流比例增大，过量投入化肥在一定程度上产生了对劳动力的替代效应。一方面，社会信任和声誉是村庄内部长期演变发展而来的，长期稳定生活使在社群内部的居民有着较高的贴现率。在长期的互惠和多重博弈情形下，个人过量使用化肥的行为将受到他人行为的约束和监督。在长期互利互惠的内在规范约束下，积极开展农业绿色生产，成为村民获得持久收益的占优策略。另一方面，社会组织拥有一定的专业知识和丰富的网络信息，能够为村民农业生产提供指导，在一定程度上减轻了村民生产经营的盲目性，提升了村民农业生产的组织性和计划性 (田云等，2014)。这些有利用村民合理利用生产要素，使农户提高了选择低碳生产行为方式的可能 (占小军，2012)。

表 5-6　社会资本对土壤污染治理效果的回归结果

项目	模型 1	模型 2	模型 3	模型 4	模型 5
社会信任	0.280 *** (0.068)	0.274 *** (0.070)	0.222 *** (0.073)	0.156 * (0.091)	0.188 ** (0.093)
社会网络	0.015 (0.066)	0.016 (0.067)	0.064 (0.071)	0.080 (0.083)	0.103 (0.086)
社会组织	0.095 ** (0.063)	0.090 ** (0.063)	0.070 ** (0.068)	0.120 ** (0.076)	0.154 ** (0.079)
城市郊区		-0.082 -0.026	-0.052 (0.230)	-0.088 (0.251)	-0.134 (0.254)
村庄距离		0.027 (0.077)	-0.070 (0.080)	-0.101 (0.094)	-0.112 (0.097)
自然灾害		-0.110 (0.130)	-0.204 (0.136)	-0.205 (0.147)	-0.344 ** (0.156)
农业用地面积		0.027 (0.040)	0.018 (0.043)	0.003 (0.051)	0.010 (0.052)
村庄经济			-0.188 ** (0.073)	-0.202 ** (0.092)	-0.153 (0.097)
劳动力外流比例			-0.353 ** (0.175)	-0.374 * (0.196)	-0.075 (0.260)
人口密度			-0.107 ** (0.044)	-0.087 * (0.047)	-0.082 * (0.048)
村支书学历			0.021 (0.318)	-0.024 (0.341)	0.060 (0.343)
村支书任期			0.017 (0.027)	-0.001 (0.040)	0.004 (0.041)
化工企业			-1.005 ** (0.399)	-1.206 *** (0.439)	-1.088 ** (0.445)
省份固定效应	不控制	不控制	不控制	控制	控制
时间固定效应	不控制	不控制	不控制	不控制	控制
观测值	623	623	623	623	623
Pseudo_R^2	0.028	0.030	0.063	0.137	0.151

（三）社会资本对水污染治理效果的影响

表 5-7 显示了社会资本对水污染治理效果的回归结果。模型 1 为仅加入了社会资本变量的回归结果。可以看出，社会信任与水污染治理显著正相关，社会信任水平每提高一单位，水污染"没有此类污染"的概率将提高 10.50%。社会组织在 5% 的显著性水平上与水污染治理正相关。具体而

言，社会组织每提高一单位，水污染中"没有此类污染"的概率将提高3.72%。社会网络与水污染治理正相关，但不具有统计显著性。模型2加入了自然地理特征的控制变量，社会信任的估计系数较模型1有所提高，但社会组织的估计系数较模型1有所降低，统计显著性均未发生变化。在此基础之上，模型3加入了经济社会属性控制变量，发现社会信任依旧在1%的统计水平上与土壤污染治理效果正相关。社会网络对水污染治理效果的影响仍不显著。社会组织与水污染治理效果在5%的统计水平上显著正相关。模型4加入了省份固定效应，社会资本各维度的系数变动幅度均较小，且统计显著性水平不变。模型5为社会资本与水污染治理效果的全模型回归结果，社会信任仍然在1%的显著性水平上与水污染治理正相关。具体而言，社会信任水平每提高一单位，水污染"没有此类污染"的概率将提高6.21%。社会组织同样在1%的显著性水平上与水污染治理正相关。具体而言，社会组织每提高一单位，水污染"没有此类污染"的概率将提高3.82%。

基于中国乡村发展的实际，农药和化肥使用、生活污水和固体废弃物排放是农村水污染的重要原因，农村水污染治理也是当前乡村人居环境整治的重要内容。上述分析结果表明，社会资本改善了村庄水污染治理效果。这是因为在熟人社会的农村社区内，村民之间表现出长期互惠的重复博弈，社会信任和声誉水平越高，违反社会准则的成本也就越高，其约束自身排放废弃污染物行为的激励也就越强，从而促成水污染治理合作的动机也就越高。此外，村庄内部的社会组织独立于政府和市场之外，具有公益性、专业性和社会性特点，而社会组织受志愿精神的推动，能够参与环境公共政策的制定、执行和监督，从而对解决村庄水污染治理中产生的集体行动的困境起着重要的推动作用。整体而言，社会信任与社会组织显著改善了水污染治理效果，且社会信任的水污染治理效果更为明显，社会网络对水污染治理效果的作用不显著。这些表明社会资本在乡村环境治理中的作用差异，从而为发挥社会资本多样化形式改善乡村环境治理提供了经验证据。

表 5-7 社会资本对水污染治理效果的回归结果

项目	模型 1	模型 2	模型 3	模型 4	模型 5
社会信任	0.414 *** (0.063)	0.431 *** (0.067)	0.393 *** (0.069)	0.291 *** (0.084)	0.292 *** (0.085)
社会网络	0.067 (0.061)	0.057 (0.062)	0.092 (0.065)	0.089 (0.075)	0.098 5 (0.076)
社会组织	0.147 ** (0.057)	0.134 ** (0.057)	0.125 ** (0.061)	0.171 ** (0.067)	0.180 *** (0.069)

表5-7(续)

项目	模型1	模型2	模型3	模型4	模型5
城市郊区		-0.207 (0.203)	-0.197 (0.209)	-0.259 (0.224)	-0.261 (0.224)
村庄距离		-0.046 (0.072)	-0.083 (0.074)	-0.107 (0.086)	-0.110 (0.086)
自然灾害		-0.263** (0.120)	-0.338*** (0.125)	-0.363*** (0.134)	-0.380*** (0.141)
农业用地面积		-0.046 (0.039)	-0.059 (0.041)	-0.091* (0.048)	-0.090* (0.048)
村庄经济			-0.135** (0.068)	-0.138* (0.083)	-0.131 (0.085)
劳动力外流比例			-0.314** (0.160)	-0.302* (0.177)	-0.186 (0.240)
人口密度			-0.093** (0.041)	-0.077* (0.043)	-0.075* (0.043)
村支书学历			-0.017 (0.287)	0.064 (0.308)	0.078 (0.309)
村支书任期			0.015 (0.024)	-0.001 (0.030)	-0.001 (0.030)
化工企业			-0.501 (0.404)	-0.465 (0.438)	-0.480 (0.443)
省份固定效应	不控制	不控制	不控制	控制	控制
时间固定效应	不控制	不控制	不控制	不控制	控制
观测值	623	623	623	623	623
Pseudo_R^2	0.055	0.064	0.081	0.159	0.160

（四）社会资本对噪声污染治理效果的影响

表5-8显示了社会资本对噪声污染治理效果的回归结果。模型1为仅加入社会资本的回归结果。可以看出，社会信任依然在1%的统计性水平上与噪声污染治理效果正相关。具体而言，社会信任水平每提高一单位，噪声污染"没有此类污染"的概率将提高5.89%。社会网络对噪声污染的治理效果为负，但不具有统计显著性。社会组织在5%的显著性水平上与噪声污染治理效果正相关，社会组织水平每提高一单位，则噪声污染"没有此类污染"的概率将提高2.69%。模型2加入了自然地理特征控制变量。与模型1相比，社会信任的估计系数有所提高，且仍然与噪声污染治理效果显著正相关。社会组织与噪声污染治理效果显著正相关，且与模型1相比，社

会组织的估计系数略有增加。社会网络水平与噪声污染治理效果负相关，但依旧统计不显著。

模型 3 在模型 1 的基础上加入了经济社会属性控制变量。可以看出，社会信任依旧在 1% 的显著性水平上与噪声污染治理效果正相关。社会组织在 10% 的显著性水平上与噪声污染治理效果正相关，但估计系数略有降低。社会网络与噪声污染治理效果正相关，但统计不显著。模型 4 在模型 3 的基础上加入了省份固定效应。可以看出，社会信任和社会组织在 10% 的显著性水平上正向影响村庄噪声污染治理效果，且估计系数较模型 3 变化幅度较小，表明模型估计结果较为稳健。模型 5 加入了时间固定效应，为全模型回归结果。社会信任的估计系数有所提高，估计系数为 0.218。社会信任水平每提高一单位，噪声污染"没有此类污染"的概率降低了 3.44%。社会组织在 10% 的显著性水平上正向影响村庄噪声污染治理效果，表明社会组织水平每提高一单位，噪声污染"没有此类污染"的概率将提高 2.35%。整体而言，在社会资本维度中，社会信任和社会组织显著改善了村庄噪声污染治理效果，但社会网络对村庄噪声污染治理效果的影响不显著。

表 5-8　社会资本对噪声污染治理效果的回归结果

项目	模型 1	模型 2	模型 3	模型 4	模型 5
社会信任	0.313*** (0.070)	0.317*** (0.073)	0.240*** (0.076)	0.176* (0.095)	0.218** (0.098)
社会网络	-0.019 (0.069)	-0.035 (0.071)	0.003 (0.075)	-0.007 (0.086)	-0.007 (0.088)
社会组织	0.143** (0.064)	0.147** (0.065)	0.123* (0.070)	0.141* (0.077)	0.148* (0.079)
城市郊区			0.336 (0.253)	0.423 (0.268)	0.403 (0.283)	0.395 (0.289)
村庄距离			0.066 (0.080)	0.018 (0.084)	0.001 (0.096)	-0.006 (0.099)
自然灾害			0.036 (0.135)	-0.068 (0.142)	-0.061 (0.151)	-0.174 (0.161)
农业用地面积			0.008 (0.042)	-0.001 (0.045)	-0.022 (0.053)	-0.015 (0.054)
村庄经济				-0.223*** (0.075)	-0.288*** (0.101)	-0.254** (0.105)
劳动力外流比例				-0.265 (0.186)	-0.219 (0.203)	-0.262 (0.279)

表5-8(续)

项目	模型1	模型2	模型3	模型4	模型5
人口密度			-0.127^{***} (0.047)	-0.120^{**} (0.050)	-0.124^{**} (0.051)
村支书学历			-0.291 (0.291)	-0.273 (0.311)	-0.210 (0.312)
村支书任期			0.008 (0.027)	-0.007 (0.031)	-0.006 (0.032)
化工企业			-0.942^{**} (0.401)	-0.987^{**} (0.418)	-0.820^{*} (0.424)
省份固定效应	不控制	不控制	不控制	控制	控制
时间固定效应	不控制	不控制	不控制	不控制	控制
观测值	623	623	623	623	623
Pseudo_R^2	0.038	0.042	0.082	0.135	0.146

第三节　内生性讨论与稳健性检验

一、工具变量估计

前述基准回归结果表明，社会信任和社会组织能够显著改善乡村环境治理效果，然而这是在假定解释变量与误差项不相关情形下得出的估计结果。当遗漏一些重要变量与误差项相关时，此时将导致回归结果有偏。一方面，本书可能存在遗漏变量问题。在上述基准回归估计中，笔者尽可能控制了影响社会资本和环境治理效果的一系列控制变量，但仍然可能存在一些变量同时影响社会资本和环境治理效果。例如，村庄生态环境治理可能与村庄长期历史变迁、村民习俗、文化惯例和居民自身环境治理偏好有关，而这些无法观测到的变量既与村庄社会资本的形成有关，又会对村庄环境治理效果产生影响，如果不考虑此类未观测变量，将会导致遗漏变量偏误的内生性问题。另一方面，模型可能存在样本自选择问题。通常而言，西部地区工业化和城镇化发展较为缓慢，其环境污染程度较低，因此环境治理起来难度相对较低，治理效果本身就较为良好，而东部地区由于工业化和城镇化发展迅速，村民生产生活活动更为密集，环境污染本身较为明显。解决上述内生性问题需要寻找合适的工具变量。合适的工具变量必须满足两个条件：一是工具变量要和内生解释变量高度相关，即满足相关性。二是工具变量应具有外生性，与误差项不相关。其对被解释变量发生影响的唯一渠道只能通过内生变量，即满足排他性约束。然而合适的工具变量非常难以获得，这与工具变量严苛的条件有关。本书借鉴高梦涛等（2009）和杨婵等（2019）的研究思路，采用县级层面社会资本均值作为工具变量①。该工具变量的合理性在于，对于同一个县而言，各个村庄的社会习俗、生活习惯以及文化环境联系较为紧密，社会资本水平在各个县之间存在一定的关联性。一个县的社会资本对一个单独的村庄的环境污染治理效果又不存在明显的影响，因此满足工具变量的排他性约束。

　　为检验工具变量的有效性，本书首先考察了工具变量与内生解释变量的相关性。第一阶段回归结果表明，三个工具变量均在1%的显著性水平上与社会资本各指标正相关。这说明工具变量具有较强的解释力。表5-9中模型1至模型3为使用IV-Probit模型下社会资本对环境污染概率的回归估计结果。可以看出，社会信任、社会网络和社会组织外生性原假设Wald检验结果P值分别为0.490、0.032、0.180。这说明在5%的显著性水平上拒绝社会网络为外生变量的原假设，而社会信任和社会组织均为外生解释变量。因此，社会信任和社会组织的基准回归估计具有较好的解释力度。社会网络为外生解释变量，而在社会网络与环境污染发生概率的回归结果中，社会网络在10%的显著性水平上负向影响村庄环境污染发生概率。在基准回归估计中，社会资本对环境污染的改善作用不显著。

　　模型4至模型6进一步给出了使用2SLS模型下社会资本与村庄绿化覆盖率第二阶段的估计结果。在模型4至模型6中，一阶段工具变量的估计系数均值在1%的显著性水平上与社会资本显著正相关，表明工具变量具有良好的解释力度。本书通过使用Cragg-Donald-Wald F 统计量检验弱工具变量，F 统计量分别为513.12、444.59、287.19，远大于 F 统计量临界值为10的标准（Stock & Yogo，2005），拒绝存在弱工具变量的原假设。另外，本书使用杜宾-吴-豪斯曼检验（Durbin-Wu-Hausman test，DWH）对核心解释变量进行内生性检验，发现DWH检验 P 值分别为0.559、0.456、0.725，不能拒绝社会资本是外生变量的原假设。同时，豪斯曼检验 P 值同

──────────────

　　① 为检验工具变量方法估计结果的有效性，笔者还使用了省级层面和地级市层面的社会资本平均值作为社会资本的工具变量，结果同样没有拒绝解释变量为外生的原假设，进一步验证了使用基准回归得到的估计结果稳健可信。

样大于 0.1，表明基准回归不存在严重的内生性问题①。

表 5-9　工具变量回归估计结果

项目	环境污染			绿化覆盖率		
	模型 1	模型 2	模型 3	模型 4	模型 5	模型 6
社会信任	−0.321 *** (0.109)			4.551 ** (1.895)		
社会网络		−0.192 * (0.115)			1.448 (1.806)	
社会组织			−0.069 (0.115)			1.961 * (1.945)
控制变量	控制	控制	控制	控制	控制	控制
省份固定效应	控制	控制	控制	控制	控制	控制
时间固定效应	控制	控制	控制	控制	控制	控制
一阶段系数	1.006 ***	0.992 ***	0.976 ***	1.007 ***	0.975 ***	0.978 ***
F 值				513.12 ***	444.59 ***	287.19 ***
Hausman 检验				0.572	0.471	0.409
DWH 检验				0.559	0.456	0.725
Wald 检验	0.490	0.032	0.180			
ρ 值	0.063	0.203	0.136			
观测值	587	587	587	623	623	623
R^2				0.214	0.203	0.202

二、稳健性检验

（一）替换被解释变量

为进一步检验估计结果的稳健性，本书使用村庄调查人员环境污染调查指标。由于农民的生产、生活活动均在村庄内发生和完成，村庄内部的居住者更为熟悉村庄环境污染状况，从而能够得知可靠的污染评价。但是，由于村庄内部环境污染积累存在长期的过程，长期的居住习惯可能会使村庄居民对村庄污染感知程度降低，从而使得污染测量发生偏离。调查人员

---

① 为了分析的严谨性，本书还分析了在没有加入省份固定效应和时间固定效应的情形下的豪斯曼检验结果。结果表明，在没有加入上述固定效应时，豪斯曼检验均在 5% 的显著性水平上拒绝了社会资本指标为外生的原假定，即模型存在内生性。这说明加入固定效应后的估计结果很大程度上减少了因遗漏变量造成的估计偏误，本书的基准回归估计结果稳健可信。

自评污染指标因为是村域外部人员的客观观察，能够在一定程度上弥补环境污染指标的主观性特征（乐章等，2019）。有学者指出，第三方评估作为一种有效的外部制衡机制，能有效弥补传统组织内部自我评估的缺陷（徐双敏，2011）。其评估主体既可以是个人也可以是专业公司，因为具备理性、独立性、专业性、权威性的鲜明特征，所以评价结果公正、客观，目前已被广泛应用于评估政府绩效、教育质量、环境治理之中。

2016 年村庄问卷中，调查人员填写了村庄的空气污染、土壤污染、水污染和噪声污染四类污染物情况，1、2、3、4、5 分别表示非常严重、比较严重、一般、不严重、没有此类污染。本书使用 Probit 模型进行估计。如表 5-10 所示，模型 1 为社会资本与空气污染的估计结果。社会信任对空气污染治理的影响显著正相关，社会信任水平每提高一单位，则空气污染"没有此类污染"的概率将提高 2.51%。社会组织在 10% 的显著性水平上正向影响乡村环境治理效果，社会组织水平每提升一单位，空气污染"没有此类污染"的概率将提高 1.178%，这一估计系数略小于基准回归估计系数。在模型 2 中，社会信任与社会组织均在 5% 的显著性水平上与自评土壤污染治理效果正相关，社会信任和社会组织水平每提升一单位，土壤污染"没有此类污染"的概率将分别提高 4.11% 和 2.26%。在模型 3 中，社会信任和社会组织均在 1% 的显著性水平上与水污染正相关，社会信任和社会组织每提升一单位，则水污染"没有此类污染"的概率将分别提高 3.38% 和 1.48%。在模型 4 中，社会信任、社会网络和社会组织均在 10% 以上的统计水平上与噪声污染正相关，这表明社会资本显著改善了村庄噪声污染治理效果。社会信任、社会网络和社会组织水平每提高一单位，噪声污染"没有此类污染"的概率将分别提高 2.00%、7.94% 和 3.40%。整体而言，上述稳健性分析结果表明，社会信任与社会组织对改善乡村环境治理的效应是稳健可信的。

表 5-10　使用村庄访员自评污染的稳健性检验结果

项目	空气污染	土壤污染	水污染	噪声污染
	模型 1	模型 2	模型 3	模型 4
社会信任	0.088 ** (0.114)	0.153 ** (0.137)	0.127 *** (0.112)	0.085 * (0.117)
社会网络	0.119 (0.101)	0.051 (0.120)	0.041 (0.099)	0.265 ** (0.104)
社会组织	0.041 * (0.176)	0.084 ** (0.217)	0.055 *** (0.174)	0.060 * (0.080)

表5-10(续)

项目	空气污染	土壤污染	水污染	噪声污染
	模型1	模型2	模型3	模型4
控制变量	控制	控制	控制	控制
省份固定效应	控制	控制	控制	控制
时间固定效应	控制	控制	控制	控制
观测值	221	221	221	221
R^2	0.157	0.175	0.153	0.194

(二) 考虑环境治理效果的滞后效应

由于农村环境污染是长期累积形成的生态结果，因此其治理具有长期性、艰巨性和复杂性，环境污染治理不可能一蹴而就，社会资本的环境治理效应可能存在一定的滞后性。为验证社会资本对环境治理效果的影响是否存在滞后效应，本书进一步剔除了样本调查年份中有缺失的村庄，仅保留了三期调查中均被调查的村庄，构造共306个村庄的平衡面板数据，使用解释变量滞后一期对环境治理效果进行回归。如表5-11所示，模型1和模型2为使用固定效应模型和随机效应模型对村庄环境污染发生概率的回归估计。结果显示，豪斯曼检验 P 值为0.794，不能拒绝使用随机效应模型的原假设，应该使用随机效应模型，模型2的估计结果表明，社会信任和社会组织滞后一期同样显著降低了村庄环境污染的发生概率，进一步表明社会资本的环境治理存在一定的时滞效应。模型3、模型4为分别使用固定效应模型和随机效应模型对村庄绿化覆盖率的回归估计，豪斯曼检验 P 值为0.299，同样不能拒绝使用随机效应模型的原假设。在模型4中，社会资本各指标虽然对绿化覆盖率正相关但统计不显著。以上分析表明，当前及今后的农村环境治理要注重政策和资金投入的可持续性。

表5-11 解释变量滞后一期稳健性检验结果

项目	FE 模型 环境污染	RE 模型 环境污染	FE 模型 绿化覆盖率	RE 模型 绿化覆盖率
	模型1	模型2	模型3	模型4
社会信任（滞后一期）	- 2.371 (1.321)	-0.561** (0.233)	0.085 (0.125)	0.104 (0.080)
社会网络（滞后一期）	0.219 (0.841)	-0.143 (0.221)	-0.002 (0.116)	0.047 (0.074)

表5-11(续)

项目	FE 模型 环境污染	RE 模型 环境污染	FE 模型 绿化覆盖率	RE 模型 绿化覆盖率
	模型 1	模型 2	模型 3	模型 4
社会组织 (滞后一期)	0.087 (0.840)	−0.435* (0.237)	−0.053 (0.113)	−0.007 (0.081)
控制变量	控制	控制	控制	控制
省份固定效应	控制	控制	控制	控制
时间固定效应	控制	控制	控制	控制
Hausman 检验	0.794	0.299		
观测值	204	204	204	204
R^2			0.126	0.032

(三) 替换解释变量

为进一步检验本书估计结果的稳健性,笔者采用替换解释变量的方法,对基准回归估计结果进行分析。2016 年 CLDS 问卷丰富了社会资本指标的测度,本书采用 2016 年问卷中"您对邻居的信任程度怎么样"衡量社会信任,1、2、3、4、5 分别表示完全可信、比较不可信、居于可信与不可信之间、比较可信、完全可信;使用"您觉得村民之间的关系和谐程度如何"衡量社会网络,1、2、3、4、5 分别代表非常低、比较低、一般、比较高、非常高;使用村庄农民专业合作社个数衡量村庄社会组织水平。如表5-12所示,模型 1 和模型 2 为社会资本各维度对环境污染发生概率的 Logit 模型估计。结果表明,在加入所有控制变量和省份固定效应后,邻里信任依旧在 5%的显著性水平上降低了环境污染发生概率。农业合作组织也在 10%的显著性水平上降低了村庄环境污染发生概率,这与基准回归估计结果保持一致。模型 3 和模型 4 为使用 OLS 模型下社会资本对村庄绿化覆盖率的回归估计。可以看出,邻里信任和农业合作组织均显著提升了村庄绿化覆盖率,邻里信任每提升 1 个等级,村庄绿化覆盖率将提升 4.249 个百分点;农业合作组织每增加 1 个,村庄绿化覆盖率提升 0.011 个百分点。这表明邻里信任对乡村环境治理的改善效应更大,村民和谐关系在上述模型中均没有显著改善村庄环境质量,上述稳健性检验与基准回归估计结论一致,进一步证明所得结论稳健可靠。

表 5-12 替换解释变量稳健性检验结果

项目	环境污染		绿化覆盖率	
	模型 1	模型 2	模型 3	模型 4
邻里信任	−0.839[**] (0.572)	−0.720[**] (0.625)	5.400 (6.591)	4.249[*] (6.806)
村民和谐关系	−0.005 (0.233)	−0.005 (0.248)	2.754 (2.763)	1.880 (2.799)
农业合作组织	−0.147[**] (0.104)	−0.105[*] (0.104)	0.562 (1.074)	0.011[**] (1.105)
控制变量	不控制	控制	不控制	控制
省份固定效应	不控制	控制	不控制	控制
观测值	224	224	224	224
R^2	0.021	0.098	0.011	0.072

第四节 异质性分析

　　中国人口众多，地域辽阔，且经济发展水平不平衡，这与历史、地理、种植结构以及开发时期等相关。这就决定了不同村庄在地理位置、经济发展水平以及资源获得上会呈现出明显的差异。由于村庄结构差异，因此各种自上而下或由外而内的政策和制度落地就会呈现出不同的实践过程、机制与后果。由于不同类型的村庄具有显著的区域特征，因此也必然会产生乡村治理的区域差异（贺雪峰，2018）。笔者从村庄社会结构差异性角度进一步探讨不同区域和经济发展水平下的村庄环境治理效果，这是深入理解中国乡村环境治理和建立针对性政策建议的必要前提。基于此，本书参考贺雪峰（2018）有关中国村庄结构类型的划分和具体分布，依据不同地理区域、经济发展水平和资源获取能力的角度，进一步探讨了社会资本对乡村环境治理效果影响的异质性。

一、分村庄结构类型

本书参考贺雪峰（2018）的相关研究，将村庄结构类型划分为团结型村庄、分裂型村庄和分散型村庄三大类型①。团结型村庄是指聚族而居，宗族结构比较完整，宗族关系的力量较为强大。分裂型村庄是指一个村庄内部存在多个宗族结构，各宗族之间相互竞争，村庄结构因此呈现出分裂状态，华北地区的村庄是典型的此类型结构。分散型村庄主要集中在长江流域，这类村庄缺少建立在血缘关系上的行动结构，村庄内部缺少宗族结构，村民多以户为行动单位。本书考察社会资本对乡村环境治理效果的异质性，回归估计结果见表5-13。模型1至模型3是在分村庄结构类型下，社会资本对乡村环境污染治理的估计结果。在团结型村庄中，社会资本各维度均未能显著降低环境污染发生概率，同时也未能显著提高村庄绿化覆盖率。相较于团结型村庄，社会资本显著降低了分裂型村庄环境污染的发生概率，且社会信任发挥的作用更大。这是因为相较于单一整体宗族结构，多宗族结构之间体现出了博弈和竞争关系，宗族网络更为丰富，其衍生出的习俗、惯例等各种非正式制度对村庄公共物品捐资行为和参与具有显著的促进作用（温莹莹，2013）。社会信任在1%的显著性水平上改善了分散型村庄环境治理效果。这是因为分散型村庄主要集中在长江流域，属于以户为单位的决策类型，在一定程度提高了农户参与环境决策的能力和沟通成本。社会资本对团结型村庄的环境治理效果不显著。可能的解释是团结型村庄为单一宗族村庄，缺少宗族内部间的沟通、竞争、合作，在一定程度抑制了村庄的环境治理参与行动。整体而言，相较于分散型村庄和团结型村庄，社会资本对分裂型村庄的环境治理效果改善更为显著。模型4至模型6为区分村庄结构类型情况下，社会资本对乡村绿化覆盖率的影响估计结果。社会资本各维度均对分裂型村庄的环境治理效果改善产生了显著的影响。在模型5中，社会信任的估计系数显著为正，表明乡村社会信任水平越高，分裂型村庄的环境治理效果越好，这进一步证明了上述模型1至模型3结果的稳健性。

---

① 我们根据CLDS提供的地级市行政代码，确定村庄社会结构类型。依据贺雪峰（2018）的研究，团结型村庄主要分布在福建、广东、广西、海南、江西、湖南等省份以及鄂东南、浙东南地区。分裂型村庄主要分布在河南、山东、山西、河北等省份以及皖北、苏北、陕西关中、华北、西北地区。分散型村庄主要分布在云南、贵州、四川、重庆等省份以及湖北大部、安徽大部、江浙、湘中、湘北、东北地区。

表 5-13　分村庄结构类型的异质性分析

项目	团结型 模型 1	分裂型 模型 2	分散型 模型 3	团结型 模型 4	分裂型 模型 5	分散型 模型 6
社会信任	-0.121 (0.201)	-1.033*** (0.245)	-1.043*** (0.396)	3.127 (2.092)	3.542** (2.036)	4.377 (3.029)
社会网络	0.065 3 (0.211)	-0.547** (0.244)	-0.038 5 (0.289)	3.151 (2.451)	2.737* (2.141)	6.084** (2.578)
社会组织	0.169 (0.201)	0.939*** (0.320)	0.076 3 (0.205)	1.893 (1.888)	0.280*** (2.215)	0.641 (1.997)
控制变量	控制	控制	控制	控制	控制	控制
省份固定效应	控制	控制	控制	控制	控制	控制
时间固定效应	控制	控制	控制	控制	控制	控制
观测值	208	220	151	212	233	178
R^2	0.141	0.274	0.220	0.337	0.109	0.290

二、分村庄经济水平

通常而言，村庄环境治理和村庄经济密切相关。在经典的环境库兹涅茨曲线假说中，村庄经济与环境污染呈现倒"U"形关系。经济欠发达地区的村庄经济基础薄弱，产业结构单一，第一产业为该类村庄的主要收入来源。为摆脱贫困状况，此类村庄往往对生态环境保护和污染治理不够重视。此类村庄往往以增加化肥、农药等生产要素，或者接受经济发达地区污染企业，从而寻求经济的快速发展，由此带来严重的环境污染。经济发展水平较高的村庄的金融资本有了一定的积累，在生态保护与经济发展中有一定的经济基础来实现经济与环境的可持续发展。因此，经济发展水平较高的村庄往往能够增大环境治理投资，动员社会力量参与环境治理和保护。基于此，本书依据村庄经济发展水平，通过人均收入的中位数将村庄划分为经济发达村庄和经济欠发达村庄，不同经济发展水平的村庄的社会资本对乡村环境治理效果的回归估计结果见表 5-14。模型 1 和模型 2 显示，社会信任在经济欠发达的村庄和经济发达地区的村庄均显著降低了环境污染发生概率，但社会信任对经济发达地区环境污染改善的程度更大。模型 3 和模型 4 显示，相较于经济欠发达地区的村庄，社会信任和社会网络对经济发达地区的村庄的环境治理效果产生了显著的正向影响。上述分析结果表明，与经济欠发达地区的村庄相比，社会资本对经济发达地区的村庄的环境治理效果改善更为显著。

表5-14 分不同经济发展水平的异质性分析

项目	经济欠发达村庄 模型1	经济发达村庄 模型2	经济欠发达村庄 模型3	经济发达村庄 模型4
社会信任	−0.433* (0.226)	−0.606*** (0.219)	2.696 (1.958)	5.759*** (1.576)
社会网络	−0.191 (0.210)	0.103 (0.219)	−1.427 (1.875)	4.045** (1.845)
社会组织	0.404** (0.195)	0.335 (0.208)	1.061 (1.683)	−2.701 (1.764)
控制变量	控制	控制	控制	控制
省份固定效应	控制	控制	控制	控制
时间固定效应	控制	控制	控制	控制
观测值	304	256	326	297
R^2	0.213	0.243	0.263	0.293

三、分村庄地理区域

为考察不同地理位置的村庄的社会资本对乡村环境治理效果的异质性，本书将样本分为东部地区、中部地区和西部地区，考察了社会资本对乡村环境治理效果的地区异质性。表5-15模型1至模型3显示了社会资本对村庄环境污染发生概率的影响。结果表明，社会信任和社会组织对东部地区产生了显著的负向影响。在中部地区和西部地区分别仅有社会信任和社会网络一项指标显著降低了村庄环境污染发生概率。模型4至模型6分析了社会资本对不同地理区域绿化覆盖率的影响。结果表明，社会信任和社会组织显著提高了村庄绿化覆盖率水平。在中部地区和东部地区，社会组织改善了中部地区的环境治理效果，社会信任和社会网络的治理效果不显著。社会信任显著改善了西部地区的环境治理效果，但社会网络和社会组织的治理效果不显著。整体来看，社会资本对东部地区的环境治理效果显著好于中部地区和西部地区。

在快速市场化转型过程中，西部地区农村市场化水平低于中部地区和东部地区，传统社会资本无法对社会资源进行适时建构，更没有充足的能力驾驭外部市场和工业化带来的冲击。东部地区的村庄内部的再组织网络能够适时对传统社会资本进行重新激活和利用，合理地将社会资本内部结构镶嵌于市场环境之中，变通的社会资本更能适应当前生态环境治理，而不至于被市场消解（王晶，2013）。在市场信息化程度和工业化水平较为落后的西部地区，传统农业发展模式还存在比较粗放的农业经营，而迫于经济发展和摆脱贫困的需要，环境保护意识和能力还比较缺乏，因此社会资本在改善西部地区的环境治理效果中还存在较大的阻碍（王晓毅，2018）。此外，与东部地区不同的是，中西部地区的村民大都已离开村庄进入东部沿海地区务工，他们的居住地、人际网络和生活来源与村庄联系薄弱，对村庄治理不关心，很少会对村庄治理和村庄公共物品供给产生影响。在东部沿海地区，因为整个地区已经融入城市带中，所以东部沿海地区的村庄大多办有企业，这为村庄经济发展和基础设施建设提供了条件。部分村民通过经商致富，但仍然生活在村庄中，由于其收入与村庄发展密切相关，因此他们更愿意参与到村庄治理中来，从而提高了村民参与村庄公共事物治理意愿（贺雪峰，2015）。

表 5-15　分地理区域的异质性分析

项目	东部	中部	西部	东部	中部	西部
	模型 1	模型 2	模型 3	模型 4	模型 5	模型 6
社会信任	-0.654 *** (0.214)	-0.764 *** (0.293)	0.119 (0.316)	0.120 *** (0.046)	0.089 (0.082)	0.209 ** (0.086)
社会网络	0.092 (0.194)	0.039 (0.228)	-0.841 ** (0.375)	0.083 (0.062)	0.012 (0.070)	0.041 (0.110)
社会组织	-0.517 ** (0.215)	0.199 (0.235)	0.265 (0.248)	0.113 ** (0.053)	0.140 ** (0.064)	0.004 (0.072)
控制变量	控制	控制	控制	控制	控制	控制
省份固定效应	控制	控制	控制	控制	控制	控制
时间固定效应	控制	控制	控制	控制	控制	控制
观测值	262	147	173	265	169	189
R^2	0.253	0.178	0.204	0.196	0.227	0.242

第五节　本章小结

基于理论分析框架和社会资本的测度，在对本书使用的数据、模型和变量进行说明后，本章就社会资本对乡村环境治理效果的影响进行了实证研究和稳健性检验，并就模型的内生性和异质性进行讨论。具体而言，本章的研究内容主要包括以下三个方面：

首先，本章分析了社会资本对乡村环境治理效果的影响。本章基于2012—2016 年 CLDS 数据，分别使用 Logit 模型和多元线性回归模型分析了社会资本对乡村环境污染发生概率和村庄绿化覆盖率的影响。研究发现，社会信任和社会组织与村庄环境污染显著负相关，而与村庄绿化覆盖率显著正相关。社会网络对环境污染概率和村庄绿化覆盖率的改善作用均不显著。本章进一步使用 Probit 模型分析了社会资本对不同环境污染类别的影响。研究发现，社会信任和社会组织显著改善村庄空气污染、水污染、土壤污染和噪声污染状况，但作用程度呈现显著差异，社会信任和社会组织对水污染和空气污染的改善作用显著高于对土壤污染和噪声污染的改善作用。

其次，本章采用工具变量法和多种稳健性检验的方法对估计结果进行检验。本章参考已有相关研究，选取县级层面社会资本均值作为社会资本各指标的工具变量。研究发现，社会信任和社会组织仍然与乡村环境治理效果显著相关，豪斯曼检验 P 值大于 0.1，因此不能拒绝核心解释变量为外生的原假设，表明基准模型不存在较为严重的内生性问题，应该使用基准回归估计结果作为回归解释。本章进一步使用替换被解释变量、将解释变量滞后一期以及替换解释变量的方法，检验基准回归估计的稳健性。结果均表明，社会信任和社会组织显著改善了乡村环境治理效果。

最后，为了进一步考察社会资本在不同样本中的治理效应差异，本章考察了在不同村庄结构类型、经济发展水平以及地理区域情况下，社会资本对乡村环境治理效果的异质性。研究发现，社会资本在不同结构类型的村庄环境治理效应中均有一定的积极作用，但相较于团结型村庄和分散型村庄，社会资本对分裂型村庄的环境治理效果改善作用更为明显。与经济欠发达地区的村庄相比，社会资本能够显著改善经济发达地区的村庄的环境治理效果。社会资本对东部地区、中部地区和西部地区的村庄的环境治理均表现出积极的促进作用，但与中部地区和西部地区的村庄相比，社会资本对东部地区的村庄环境治理效果更为显著。

　　本章从实证分析的角度验证了社会资本能够显著改善乡村环境治理效果的可靠结论，其中社会信任和社会组织发挥了显著的作用。工具变量和多种稳健性检验证明了本书估计结果的可靠性。与此同时，基于不同村庄结构类型和历史、地理条件的差异，社会资本在不同村庄中的表现存在一定的差异。本章的回归分析结果为本书进一步分析社会资本如何改善乡村环境治理效果提供了有力的理论支撑和经验证据。

第六章
社会资本影响乡村环境治理效果的机制分析

在上一章中，笔者基于实证分析的方法，验证了社会资本中的社会信任和社会组织对乡村环境治理效果具有显著的正向影响，该结论在经过一系列稳健性检验后依然成立。然而，本书还需要进一步探讨的是，社会信任和社会组织是通过何种渠道改善了乡村环境治理效果。前述理论分析表明，良好的社会信任和社会组织能够提高居民内部信息共享和监管行为，降低交易成本，克服"搭便车"和机会主义行为，从而提高村民间的环境治理合作水平。因此，社会资本可以通过村民环境治理参与进而促进环境治理效果的改善（Ostrom，2009）。此外，在乡村环境治理过程中，社会资本的环境治理效应还将受到地方环境规制的影响。环境规制是政府层面制定的正式制度，对村庄内部的居民产生了正式激励与行政处罚。地方环境规制越强，则社会资本改善环境治理的效果就越明显。据此，本书认为，村民环境治理参与行为（包括生活污水处理、生活垃圾处理和畜禽养殖污染处理）是社会资本改善乡村环境治理效果的重要传导机制，村庄环境规制发挥着调节作用，本章将建立中介效应检验模型和调节效应检验模型，对上述机制假说进行详细分析。

第一节　研究设计

一、研究假设

基于前述集体行动理论和自主治理论分析可知，乡村环境治理效果的改善需要村民参与环境治理。在收益与成本的权衡之下，惩罚和损失声誉带来的成本、获得良好声誉和"面子"是居民在长期社会往来中的重要无形资产。为了提高自身预期收益，村民将积极提高自身环境治理参与意愿。2018 年 2 月，中共中央办公厅、国务院办公发布了《农村人居环境整治三年行动方案》，提出要以建设美丽宜居村庄为导向，以农村垃圾、污水治理和村容村貌提升为主攻方向；鼓励各地结合实际，将厕所粪污、畜禽养殖废弃物一并处理并资源化利用。同年，中共中央、国务院印发《乡村振兴战略规划（2018—2022 年）》，再次强调农村垃圾处理、农村生活污水、畜禽养殖粪污处理是开展农村环境治理行动的重要内容。推进乡村生态振兴，建设生态宜居乡村，要强化生活垃圾处理、生活污水处理和畜禽粪污资源化利用，农村生态环境治理效果的改善是与上述三个方面环境治理行为紧密联系的。因此，本书的研究假设基于农村生活垃圾处理、生活污水处理和畜禽粪污资源化利用三个方面进行分析。

（一）社会资本、生活污水处理与乡村环境治理效果

农村生活污水包括灰水和黑水两类。灰水是指厨房用水、洗衣用水和洗浴用水等；黑水是指粪便冲洗水。生活污水处理是农村人居环境整治中的重点任务之一，也是农村人居环境提质增效的重要建设工程。在城镇化和中国农村经济取得快速发展的同时，农村生活污水产生量也快速增加。相关研究表明，2016 年中国农村生活污水产生量为 55.67 亿~125.26 亿立方米。农村生活污水随意性强、排放范围广泛，村庄大部分生活污水直接排放至水塘、河沟和村庄道路两旁，不仅对村庄地表水和地下饮用水以及土壤造成严重污染，还严重影响居民身心健康。乡村振兴强调重点突出以生活污水处理、垃圾整治为内容的人居环境整治工作。生活污水处理离不开政府环境规制的指导，同时也需要村民的积极参与配合。自上而下的项目推动与自下而上的村民需求之间的错位，导致村民参与主体缺位，村民主体力量未得到充分释放。

生活污水处理是一项公共产品，村庄是生活污水处理的主要基层单位，政府、村庄和农户是农村生活污水处理工作的主要受益者。农村生活污水处理需要投入大量资金，三方都有逃避环境治理成本的动机。由于生活污水集中处理需要时间成本，村民个体为了自身利益，会随意向周围环境中排放生活污水，导致农村环境污染问题。依据交易成本理论和集体行动理论，农户参与生活污水处理的行为决策是基于预算约束下的农户效用最大化的问题，农户作为理性人，会基于最大化效用和收益而选择参与生活污水处理，从而使公共产品的供给量达到最优水平（苏淑仪，2020）。个人行为会综合考虑收益与成本之间的均衡。农户生活污水处理参与的成本是时间成本、金钱成本以及由此付出的劳动成本。收益是整体村庄环境治理效

果的改善和自身生活条件的改善。但是，任何一个农户向村庄排放污水都会对环境污染治理效果产生负向影响，因此单个农户的预期收益存在较强的不确定性。在社会资本良好的情形下，村庄居民之间相互往来和重复沟通，增强了彼此之间的沟通和信任，打破了村民之间的信息不对称，增强了村民对生活污水处理的互惠合作意识，促进村庄生活污水处理工作。社会网络作为一种关系型资源能够有效缓解个体行为选择中的不确定性，化解集体行动的矛盾和利益冲突，强化村民之间的联系，对促进村民参与生活污水处理具有重要的作用。社会组织蕴含丰富的社会规范和规则，能够弥补正式制度监督不足带来的"搭便车"问题。这是因为村民作为社会组织成员，基于群体认同，个人会自动将自身划分至所属群体。社会组织和宗族组织产生的群体认同感会促使个体层面的动机转化为集体层面的动机，增大了个体成员与群体内成员合作的可能性，并以群体利益作为自身行为动机（Chen et al.，2007）。基于此，本书提出假设1。

假设1：社会资本通过促进村民生活污水处理行为改善了乡村环境治理效果。

（二）社会资本、生活垃圾处理与乡村环境治理效果

随着中国农村经济快速发展，农村居民生活水平和消费水平得到提高。同时，快速增长的消费使农村家庭生活垃圾快速增加。农村生活垃圾已经成为中国农村环境污染的重要来源之一（崔亚飞等，2018）。农村生活垃圾主要的处理方式是焚烧、填埋或随意丢弃（唐林等，2019）。生活垃圾不仅严重影响村容村貌、增加疾病发生的可能性，还严重破坏了农村生态环境，造成农村土地和水源污染，威胁农村居民生产生活安全。

在已有关于生活垃圾处理的研究中，学者们提出从生活垃圾基础设施建设、法律制度规范建立、农村环保宣传教育等方面提高农村居民集体参与生活垃圾处理的积极性。农民的行为在很大程度上是内部因素和外部因素共同作用的结果（黄祖辉，2005）。一方面，村民自身行为和村庄内部的社会资本水平是改善生活垃圾处理效果的重要因素。社会资本水平越高，社会监督和社会规范水平越高，社会监督和社会规范是加强主体集体参与行为、克服"搭便车"问题的重要力量（刘承毅和王建明，2014）。社会监督是保障村级公共事物正常运转的重要基础，村民间的社会监督可以有效规范垃圾制造者的行为，加强垃圾处理行为，改善乡村环境治理效果。但是，社会监督的执行需要付出成本和时间，社会资本所包含的社会信任和社会网络关系降低了监督的执行成本，在一定程度上将其内化为行为主体的执行成本，从而降低了"搭便车"的可能性。另一方面，社会资本中的

相互信任和社会规范使得个人对自身身份、村庄文化以及价值观得到认同，农户的群体认同和集体归属感越强烈，村民之间的合作可能性越高，村民会积极参与农村生活垃圾处理。在村庄内部，声誉和"面子"是个体珍贵的社会资产，声誉和"面子"会对农户行为产生约束力，生活垃圾随意丢弃行为造成的罚款、批评等给农户造成了直接损失。农户在所处的集体环境之中，注重"面子"得失和集体成员的认同。在基于成本与收益的考虑之下，农户积极参与改善环境治理效果的收益（包括生活垃圾处理和集体荣誉感）要大于因乱丢生活垃圾造成的农村环境污染所带来的损失（惩罚或批评），因此会选择对生活垃圾进行集中处理（唐林等，2019）。基于此，本书提出假设2。

假设2：社会资本通过加强居民生活垃圾处理行为改善了乡村环境治理效果。

（三）社会资本、畜禽粪污资源化利用与乡村环境治理效果

在工业化和居民食品消费结构快速转型背景下，中国农村得到快速发展，但与此相伴随的是畜禽养殖污染的快速增加。畜禽粪便产量从20世纪80年代的6.9亿吨上升到了2011年的25.45亿吨（潘丹等，2015）。畜禽养殖粪便不仅对农村水源、土壤、空气造成了严重的环境污染问题，还对农业粮食安全和居民身体健康带来影响。推进农村畜禽粪污资源化利用是改善乡村环境治理效果的重要路径（何可等，2019）。农村个体养殖户是畜禽粪便处理的实施主体和最基本的决策单位，因此提高农户参与畜禽粪污资源化利用是改善农村畜禽养殖污染治理效果的关键所在。基于此，我国实施了如沼气建设补贴、有机肥补贴等激励措施，引导农户采用环境友好型的粪污处理方式，但目前农户畜禽粪便资源化利用效率仍然较低。这是因为畜禽粪污资源化利用行为是在综合考虑成本与收益等内外部因素后的理性决策。畜禽粪污资源化利用需要投入时间成本和货币成本，单位建设成本较高，且治理成效周期较长，难以形成规模化效益。农村畜禽粪污资源化利用存在显著的公共产品特征和正外部性特征，对养殖户个体而言预期收益存在明显的不确定性。村民之间的社会网络可以使得村民接触更多的畜禽粪污资源化利用的知识和信息，从而使养殖户选择畜禽粪污资源化利用的可能性提高。社会组织或产业组织能够为养殖户提供技术指导与培训，降低了养殖户个体的信息搜集成本，同时还能提高养殖户个体的信息搜集能力，监督村民产生的畜禽养殖污染行为，从而能够提高养殖户选择环境友好型畜禽粪污资源化利用的概率（闵继胜和周力，2014）。社会信任具有一种内在约束机制和激励机制，村规民约的舆论宣传可以传播约束型

环境规制对规模养殖户环境污染行为的惩罚事例，进而增大规模养殖户环境污染的隐性成本或环境保护的隐性收益，提升规模养殖户的粪污资源化利用意愿（周家明等，2014）。基于此，本书提出假设3。

假设3：社会资本通过提升村民畜禽粪污资源化利用水平改善了乡村环境治理效果。

（四）基层政府环境政策的调节作用

社会资本能够使行为主体做出优势反应，进而表现出一种内在驱动力。同时，基层政府环境规制为村民行为主体提供规范和制约，从而增进了这种内在驱动力，尤其表现在村庄环境公共事物治理中。在没有正式制度的引导之下，村庄居民依据内在社会信任和主观规范可以直接起到对村民的约束和监督作用。农户一旦存在乱丢垃圾、乱排生活废水的情况将直接面临损失声誉、失去他人信任以及受到罚款或批评等损失。在正式制度的约束之下，基层政府环境规制体现了基层政府对环境保护的执行力度和重视程度，与村庄内部的社会资本能够形成良性的互动关系，是推动村民环境治理参与、改善农村环境治理效果的重要正式制度性安排。一方面，约束型环境规制提供了更为正式且严厉的处罚与遵从机制，对污染行为进行监督，对污染主体进行处罚。政府约束型环境规制通过约束和监督改变了村庄居民的预期成本，在权衡违规成本和监管处罚压力下，经济理性将促使村民规范自身环境污染行为（Pan，2016）。除此以外，基层党组织发挥着党建引领作用和核心作用，基层政府积极调动社会力量参与乡村环境治理，通过引导社会组织、培育新乡贤文化、倡导环境治理村规民约的建立，凝聚了村民的集体参与力量，进而促进乡村环境治理效果的改善。此外，基层政府环境规制可以联系和组织企业、科研机构为村民提供技术培训，强化技术和人才支撑。保护环境价值宣传、组织村民进行环境保护教育、对绿色生产行为和生活行为进行技术培训、引导村民形成正确的价值观、强化内在约束力量、加强村民对村庄环境价值和资源价值的重视程度，有利于培养其资源化和绿色生产生活的意愿。激励型的环境政策通过支出预算统筹安排乡村环境治理资金，通过以工代赈、以奖代补的方式为乡村环境治理提供专项资金，进而降低村民参与环境治理成本，提高村民环境治理收益，增强环境治理效果。基于此，本书提出假设4。

假设4：基层政府环境规制在社会资本与环境治理关系中起调节作用。

为更加清楚了理解上述传导路径，本书绘制了社会资本影响乡村环境治理效果的传导机制，如图6-1所示。

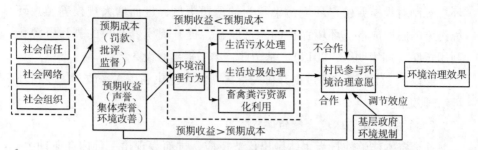

图 6-1　社会资本影响乡村环境治理效果的传导机制

二、研究方法与模型设定

（一）研究方法

社会科学领域在研究解释变量对被解释变量的影响中，通常需要检验因果关系的传导机制是什么。一方面，这是对实证研究的进一步深入发掘（温忠麟等，2014）；另一方面，社会科学领域的相关研究如同自然科学领域一样，两者之间的影响通常都存在间接影响。已有中介检验方法通常使用的是巴伦和肯尼（Baron & Kenny，1986）提出的逐步回归检验。

$$Y = cX + e_1 \tag{6-1}$$

$$M = aX + e_2 \tag{6-2}$$

$$Y = aX + bM + e_3 \tag{6-3}$$

式（6-1）的系数 c 为自变量 X 对因变量 Y 的总效应。式（6-2）的系数 a 为自变量 X 对中介变量 M 的效应。式（6-3）的系数 b 是在控制了自变量 X 的影响后，中介变量 M 对因变量 Y 的效应；系数 a 是在控制了中介变量 M 的影响后，自变量 X 对因变量 Y 的直接效应。$e_1 \sim e_3$ 是回归残差。在上述中介模型中，系数乘积 ab 即为中介效应，此时中介效应等于间接效应（indirect effect），它与总效应和直接效应有以下关系。

$$c = c' + ab \tag{6-4}$$

此时检验上述中介效应的流程称为逐步回归方法（Baron & Kenny，1986；温忠麟等，2004）。具体步骤如下：第一步，检验式（6-1）的系数 c；第二步，检验式（6-2）的系数 a 和式（6-3）的系数 b，如果系数 c 显著，且系数 b 和 a 也显著，则表示中介效应显著。第三步，检验系数 c' 是否显著，若显著则证明模型存在部分中介效应，反之则存在完全中介效应。在上述检验模型中，第一步实际上检验了解释变量对被解释变量的总效应，第二步实际上检验了系数乘积 ab 的显著性，第三步实际上是为了区分完全中介还是部分中介。系数乘积 ab 的检验（检验 H_0：$ab=0$）是中介效应检验的核心。索贝尔（Sobel，1982）的方法是检验逐步回归中系数乘积较为常用的方法，即检验统计量 $z=\hat{a}\hat{b}/s_{ab}$，其中 $\hat{a}$ 和 $\hat{b}$ 分别是 a 和 b 的估计，$s_{ab}=\sqrt{\hat{a}^2 s_b^2 + \hat{b}^2 s_a^2}$ 是 $\hat{a}\hat{b}$ 的标准误。s_a 和 s_b 分别是 $\hat{a}$ 和 $\hat{b}$ 的标准误。上述检验统计量的推导需要假设 $\hat{a}\hat{b}$ 服从正态分布，但即使每一个检验系数均服从正态分布，其系数乘积通常也不是正态分布的。这表明索贝尔（Sobel，1982）的方法具有明显的局限性（方杰等，2012；Hayes，2009；Mackinnon，2008）。

目前，学界较为常用的中介效应检验方法是 Bootstrap 法。该方法是一种从样本中重复取样的方法，一种简单的方案是在给定样本总体中，采取有放回的重复取样的方法产生许多样本，即将原始样本当作 Bootstrap 的总体，从该总体中通过重复取样的方式以最终得到类似于原始样本的 Bootstrap 样本（Wen，2010）。例如，把一个装有 400 个圆球的样本当作 Bootstrap 样本的总体，可以在该容器中进行有放回的抽样，最终还是有一个 Bootstrap 样本，样本容量仍然是 400。对这 400 个样本进行重复抽样，便能够得到 400 个系数的乘积的估计值，记为 $\{\hat{a}\hat{b}\}$。将这 400 个估计值大小进行排序，2.5% 和 97.5% 之间的数值就构成了系数乘积 95% 的置信区间，如果置信区间不包含 0，则证明系数乘积显著，中介效应成立（方杰等，2012；Preacher，2008）。该种检验方法称为非参数百分位的 Bootstrap 检验方法，检验力度高于索贝尔的方法检验（Fritz et al.，2007）。

温忠麟（2014）提出了 Bootstrap 法检验中介效应的步骤：

第一步，检验方程系数 C，若显著则按中介效应立论，若不显著则按遮掩效应分析。

第二步，依次对系数 a 和系数 b 进行检验，如果两个系数均显著，则表明间接效应显著，可进行第四步分析；如果两个系数中至少有一个系数不显著，则进入第三步分析。

第三步，运用 Bootstrap 法检验系数乘积 ab 是否显著，若显著则进行第四步分析；若不显著，则停止中介效应分析。

第四步，检验系数 c'，若显著则表明存在中介效应，不存在直接效应；反之，则证明存在直接效应，进行第五步分析。

第五步，比较 ab 与 c' 的符号，若同号，则说明属于部分中介效应，需报告中介效应占总效应的比例；若不同号，则属于遮掩效应，需报告间接效应与直接效应的比例绝对值 $|ab/c'|$。

中介效应检验流程如图 6-2 所示。

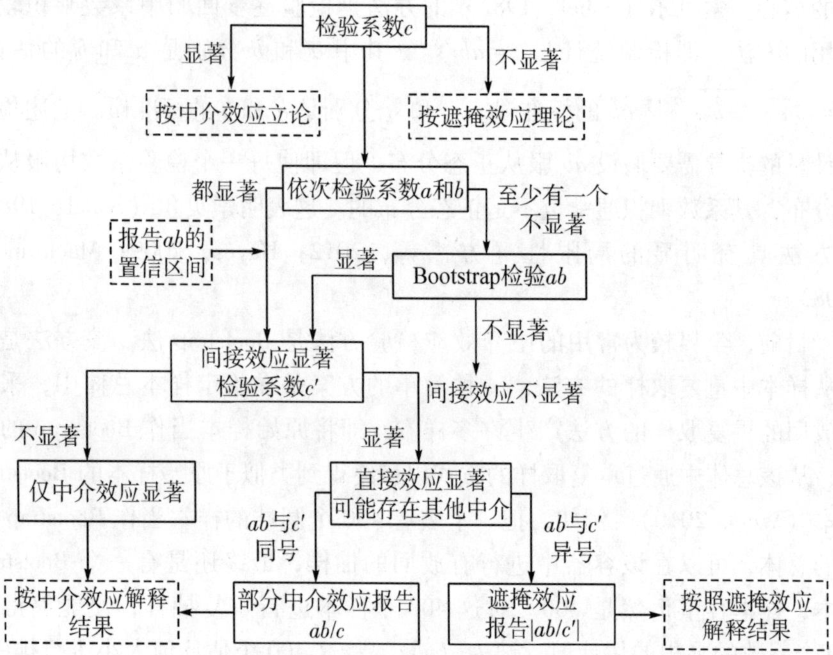

图 6-2　中介效应检验流程

资料来源：温忠麟，叶宝娟. 中介效应分析：方法和模型发展［J］. 心理科学进展，2014（5）：738.

　　上述中介效应分析模型为本书检验社会资本与环境治理效果的中介机制提供了切实可行的分析依据和步骤。中介效应逐步回归分析检验方法提供了更为稳健科学的检验流程，目前已得到广泛应用。本书后续研究将按照上述中介分析模型的理论基础，设定本书研究的中介机制分析模型和调节机制分析模型，从而为更好地理解社会资本在环境治理效果中的具体作用机制提供证据。

（二）模型设定

1. 中介效应模型

　　基于上述理论分析，本书认为，村民环境治理参与行为应是社会资本影响环境治理效果的主要中介机制。为检验该机制是否存在，本书借鉴温忠麟和叶宝娟（2014）介绍的逐步回归方法，具体用以下回归方程来考察社会资本对乡村环境治理的中介机制。模型设定如下：

$$Y_{ict} = \alpha_0 + \alpha_1 \text{social\_capital}_{ict} + \alpha_2 X_{ict} + \mu_c + \theta_t + \varepsilon_{ict} \qquad (6\text{-}5)$$

$$M_{ict} = \beta_0 + \beta_1 \text{social\_capital}_{ict} + \beta_2 X_{ict} + \mu_c + \theta_t + \varepsilon_{ict} \qquad (6\text{-}6)$$

$$Y_{ict} = \varphi_0 + \varphi_1 social\_capital_{ict} + \varphi_2 M_{ict} + \varphi_3 X_{ict} + \mu_c + \theta_t + \varepsilon_{ict} \quad (6\text{-}7)$$

式（6-5）为社会资本对水环境治理效果的分析模型，$social\_capital_{ict}$ 表示 t 年 c 省份第 i 个村庄的社会资本水平，α_0 是常数项，α_1 表示社会资本对乡村环境治理效果影响的总效应，Y_{ict} 表示乡村环境治理效果。式（6-6）为社会资本对中介变量的回归模型，M_{ict} 为中介变量，β_1 表示社会资本对中介变量的影响效应。式（6-7）为社会资本和中介变量同时纳入模型对乡村环境治理效果的回归分析，φ_1 衡量的是社会资本对乡村环境治理效果的直接效应，φ_2 表示中介变量对乡村环境治理效果的回归系数，X_{ict} 为一组控制变量，μ_c 为省份固定效应，θ_t 为时间固定效应，ε_{ict} 为随机扰动项。上述中介效应模型的检验流程为：第一步，检验式（6-5）中的系数 α_1。第二步，检验式（6-6）中的系数 β_1。如果回归中系数 α_1 显著，且系数 β_1 和 φ_2 显著，则中介效应显著。第三步，检验式（6-7）中的系数 φ_2 是否显著。如果显著则模型存在部分中介，反之则为完全中介。我们将式（6-6）代入式（6-7）中就可以得到中介变量 M_{ict} 的间接效应（中介效应）为 $\beta_1\varphi_2$，即社会资本通过中介变量影响乡村环境治理效果的程度。同时，我们可以用中介效应与总效应之比 $\beta_1\varphi_2/\alpha_1$ 来反映中介效应的相对大小。

2. 调节效应模型

前文理论分析部分指出，社会资本对乡村治理效果的影响还将受到环境规制的驱动，环境规制在社会资本与环境治理效果中起到调节作用。为检验上述调节效应是否存在，本书参考杨婵（2019）的研究设定以下模型：

$$Y_{ict} = \alpha_0 + \alpha_2 social\_capital_{ict} \times regulation_{ict} + \alpha3 X_{ict} + \mu_c + \theta_t + \varepsilon_{ict} \quad (6\text{-}8)$$

式（6-8）中，Y_{ict} 表示 t 年 c 省份第 i 个村庄的环境治理效果，α_0 是常数项，α_3 表示一系列控制变量的估计系数，μ_c 为省份固定效应，θ_t 为时间固定效应，ε_{ict} 为随机扰动项。$regulation_{ict}$ 为本书的调节变量，表示激励型和引导型环境规制。$social\_capital_{ict} \times regulation_{ict}$ 为社会资本与调节变量的交互项，若交互项系数 α_2 显著，则表示基层政府所具有的正式制度强化了社会资本对乡村环境治理的改善效应。

三、变量选取与数据来源

（一）变量选取

本书选取的中介变量为环境治理参与行为。本书基于 2018 年乡村人居环境整治提出的重点任务，分别使用村民生活污水处理、村庄生活垃圾处理和畜禽粪污资源化利用衡量村民环境治理集体参与行为。在村民生活污水处理方面，2016年问卷询问了"本村农户家庭生活污水（洗碗、洗衣服等产生的废水）如何处理"，1=随便倒，2=自家修建排水设施，3=村里统一修建排水设施，4=其他。本书将1和4赋值为0，表示村民没有生活污水处理行为，将2和3赋值为1，表示村民有生活污水处理行为。在生活垃圾处理方面，问卷询问了"本村农户家里生活垃圾一般如何处理"，1=随便倒，2=倒在村里修建的垃圾站（含垃圾桶），3=其他。本书将1和3赋值为0，表示村民没有生活垃圾处理行为，将2赋值为1，表示村民有生活垃圾处理行为。在畜禽粪污资源化利用方面，问卷询问了"本村农户一般如何处理家养牲畜粪便"，1=任其自然，2=搜集起来做肥料，3=做沼气燃料，4=其他。本书将1和4赋值为0，表示村民没有参与畜禽粪污资源化利用，将2和3赋值为1，表示村民参与畜禽粪污资源化利用。

本书的调节变量为基层政府环境规制。本书参考黄祖辉（2016）的相关研究，将环境规制分为激励型环境规制和引导型环境规制。其中，激励型环境规制使用问卷中"基层政府是否提供农业技术培训"衡量[1]，引导型环境规制使用问卷中"基层政府是否实行绿色种植规划指导"衡量。

（二）数据来源

本章实证分析数据来自2014—2016年中国劳动力动态调查（CLDS）村庄数据，CLDS自2012年正式开始开展调查，此后每两年调查一次。根据问卷变量设置和研究需要，笔者删除了居委会数据，仅保留了2014—2016村庄样本[2]。具体而言，本书使用的机制分析变量与描述性统计如表6-1所示。可以看出，生活污水处理、生活垃圾处理和畜禽粪污资源化利用的村庄的占比为10.4%、16.4%和16.7%，表明村庄环境治理集体行动参与程度较低。同时，有生活污水处理行为的村庄占比仅为10.4%，低于生活垃圾处理和畜禽粪污资源化利用的村庄占比。在调节变量中，本书使用基层政府提供农业技术培训衡量激励型环境规制，使用基层政府实行绿色种植规划指导衡量引导型环境规制，有32.9%的村庄接受了基层政府的激励型环

---

① 应该说，政府为农民提供的绿色生产补贴或税收应该是激励型环境规制更为合适的衡量指标，但由于本书数据的局限性，还暂时无法采用上述指标。从一般意义上而言，政府提供的绿色生产培训本身也属于政府倡导激励农民开展以节约、高效以及化肥减量等环境保护措施的重要体现，因此本书所选取的指标仍可以在一定程度上衡量激励型规制。

② 由于2012年村庄问卷中没有调查环境治理参与行为和环境规制相关指标，因此中介效应和调节效应的分析仅包括2014年和2016年两期数据。

境规制，仅有 11.1%的村庄的基层政府提供了引导型环境规制。

表6-1 机制分析变量与描述性统计

变量定义		平均值	最小值	最大值
中介变量				
生活污水处理	本村农户家庭生活污水（洗碗、洗衣服等产生了废水）如何处理？自家修建了排水设施＝1，否则＝0	0.104	0	1
生活垃圾处理	本村农户家里生活垃圾一般如何处理？1＝随便倒，2＝倒在村里修建的垃圾站（含垃圾桶），3＝其他。1和3赋值为0，2赋值为1	0.164	0	1
畜禽粪污资源化利用	本村农户一般如何处理家养牲畜粪便？1＝任其自然，2＝搜集起来做肥料，3＝做沼气燃料，4＝其他。1、4赋值为0，2、3赋值为1	0.167	0	1
调节变量				
激励型环境规制	基层政府是否提供农业技术培训。是＝1，否则＝0	0.329	0	1
引导型环境规制	基层政府是否实行绿色种植规划指导。是＝1，否则＝0	0.111	0	1

第二节 中介机制检验与分析

本节主要就社会资本对乡村环境治理效果影响的中介机制和调节机制进行检验。在第五章中本书研究得知社会信任和社会组织能够显著改善乡村环境治理效果，而社会网络对环境治理效果的影响不显著。基于此，本书首先分别检验了社会信任、社会网络和社会组织对乡村环境治理效果影响的中介机制，其次检验了环境规制在社会资本发挥环境治理效果中的调节效应，最后对本章中的中介机制和调节机制分析结果进行总结。

一、社会信任影响乡村环境治理效果的中介机制分析

表6-2 显示了社会信任与乡村环境治理效果的中介机制分析。模型1为使用 Logit 模型下社会信任对乡村环境治理效果的分析。可以看出，社会信任在1%的显著性水平上显著改善了乡村环境治理状况。模型3至模型5

为中介机制分析的第二阶段估计结果，即社会信任对中介变量的影响估计结果。模型 3 和模型 5 中社会资本在 5% 的显著性水平上正向影响生活污水处理、生活垃圾处理和畜禽粪污资源化利用，表明社会资本促进了村民环境治理参与意愿。模型 6 中为中介机制的第三阶段回归，将生活污水处理行为、生活垃圾处理行为和畜禽粪污资源化利用行为与社会信任一起放入模型，同被解释变量环境污染进行回归。结果显示，社会信任的估计系数有所降低，但依旧在 5% 的显著性水平上对乡村环境治理效果产生了负向影响。生活污水处理行为在 5% 的显著性水平上降低了乡村环境污染，表明生活污水处理行为在社会信任与环境污染治理效果之间起到部分中介作用。计算中介效应值可以看出，生活污水处理的中介效应约为 0.196，在总效应中占比 (0.196/0.647) 约为 30.29%。社会信任与生活垃圾处理行为对环境污染的估计系数均显著为负，表明社会信任通过提高村民生活垃圾处理行为改善了村庄环境治理效果。生活垃圾处理行为中介效应值为 0.209，在总效应中的比值 (0.209/0.647) 约为 32.30%。模型 6 中社会信任和畜禽粪污资源化利用均在 5% 的显著性水平上对乡村环境治理产生了负向影响，表明社会信任能够提高畜禽粪污资源化利用行为，改善乡村环境治理效果。畜禽粪污资源化利用的中介效应值为 0.100，在总效应中的比值约为 15.43%。整体而言，上述中介效应分析表明，社会信任提高了村庄居民生活污水处理、生活垃圾处理和畜禽粪污资源化利用行为，从而改善了乡村环境治理效果，生活污水处理、生活垃圾处理行为的中介效应高于畜禽粪污资源化利用的中介效应。

模型 2 显示了社会信任对村庄绿化覆盖率的影响。分析结果表明，社会信任对乡村环境治理具有显著的促进作用。从模型 7 可以看出，社会信任仍在 1% 的显著性水平上显著为正，表明社会信任能够提高乡村绿化覆盖率。生活污水处理、生活垃圾处理和畜禽粪污资源化利用均显著提高了村庄绿化覆盖率水平，这表明上述三类环境治理参与行为在社会信任和绿化覆盖率之间起到部分中介作用。计算可知，生活污水处理、生活垃圾处理和畜禽粪污资源化利用的中介效应值分别为 0.017、0.137 和 0.099。基于前述理论分析可知，社会信任降低了村民信息搜集成本，村庄长期形成的互惠能够促成村民自觉参与环境治理合作，具有环境治理的合作意愿，从而改善了乡村环境治理合作效果。同时，社会信任所具有的监督和惩罚等约束机制也能够使村民违规成本和不配合成本提高，从而在收益与成本的权衡下积极参与乡村环境治理。

表6-2　社会信任与乡村环境治理效果的中介机制分析

项目	环境污染	绿化覆盖率	生活污水处理	生活垃圾处理	畜禽粪污资源化利用	环境污染	绿化覆盖率
	模型 1	模型 2	模型 3	模型 4	模型 5	模型 6	模型 7
社会信任	-0.647*** (0.134)	0.064** (0.045)	0.537** (0.178)	0.652** (0.154)	0.512** (0.145)	-0.448** (0.149)	0.058*** (0.046)
生活污水处理						-0.367** (0.295)	0.032** (0.187)
生活垃圾处理						-0.321** (0.313)	0.211* (0.166)
畜禽粪污资源化利用						-0.579** (0.301)	0.195** (0.146)
控制变量	控制	控制	控制	控制	控制	控制	控制
省份固定效应	控制	控制	控制	控制	控制	控制	控制
时间固定效应	控制	控制	控制	控制	控制	控制	控制
观测值	449	449	449	449	449	402	449
R^2	0.106	0.040	0.149	0.126	0.078	0.722	0.046

二、社会网络影响乡村环境治理效果的中介机制分析

表6-3显示了社会网络与乡村环境治理效果的中介机制分析。模型1为社会网络对乡村环境污染的回归估计结果。结果显示，社会资本降低了乡村环境污染发生概率，但不具有统计显著性。在第二阶段回归结果中，社会网络提高了生活污水处理、生活垃圾处理和畜禽粪污资源化利用行为，但也不具有统计显著性。在第三阶段，模型6中的社会网络对乡村环境污染的估计系数为负，但不具有统计显著性，生活污水处理对乡村环境污染的估计系数为负，但不具有统计显著性。生活污水处理和畜禽粪污综合化利用对乡村环境污染的回归系数显著为负。根据中介效应分析原理，社会网络未能对乡村环境治理产生显著影响，因此上述三类环境治理行为并未能通过中介效应检验。在社会网络与村庄绿化覆盖率的影响估计中，仅有生活垃圾处理在10%的显著性水平上改善了乡村环境治理效果，但生活污水处理和畜禽粪污综合化利用均未能显著提高绿化覆盖率，并且社会网络对村庄绿化覆盖率的影响不显著。上述分析表明，社会网络虽然提高了乡村

环境治理效果，但不具有统计显著性。根据中介机制分析检验原理，社会网络未能通上述三类环境治理行为变量改善乡村环境治理效果。

表6-3 社会网络与乡村环境治理效果的中介机制分析

项目	环境污染	绿化覆盖率	生活污水处理	生活垃圾处理	畜禽粪污资源化利用	环境污染	绿化覆盖率
	模型1	模型2	模型3	模型4	模型5	模型6	模型7
社会网络	-0.017 (0.119)	0.598 (0.045)	0.247 (0.169)	0.038 (0.139)	0.125 (0.134)	-0.023 (0.129)	0.066 (0.045)
生活污水处理						-0.318 (0.291)	0.067 (0.188)
生活垃圾处理						-0.257** (0.310)	0.236** (0.165)
畜禽粪污资源化利用						-0.630** (0.300)	0.201 (0.146)
控制变量	控制	控制	控制	控制	控制	控制	控制
省份固定效应	控制	控制	控制	控制	控制	控制	控制
时间固定效应	控制	控制	控制	控制	控制	控制	控制
观测值	449	449	449	449	449	402	449
R^2	0.053	0.152	0.123	0.077	0.047	0.715	0.047

如何理解社会网络未能提高村民环境治理的集体行动进而改善乡村环境治理效果呢？可能的解释是，村民的关系网络是村民产生集体行动的重要因素。一般而言，村庄社会关系网络越丰富，越有利于缓解村庄环境治理中的利益冲突，降低环境公共产品供给中的交易成本，解决"搭便车"问题。然而，社会网络水平越高的村庄，其在面对集体行动和决策时越容易受到群体内部的影响和干预（蔡起华，2015），这在一定程度上降低了村民与其他个体的环境治理合作行为，从而不利于环境治理的集体行动，导致环境治理效果改善不显著。

三、社会组织影响乡村环境治理效果的中介机制分析

表6-4显示了社会组织与乡村环境治理效果的中介机制分析。模型1中社会组织在1%的显著性水平降低了环境污染发生概率。模型3至模型5分别为社会组织对生活污水处理、生活垃圾处理和畜禽粪污资源化利用的影响。可以看出，社会组织均在5%的显著性水平上提高了村民生活污水处

理、生活垃圾处理和畜禽粪污资源化利用行为，表明社会组织能够显著提高村民环境治理参与合作意愿。模型6为中介机制分析的第三阶段，将社会组织与三类环境治理行为变量一起与乡村环境污染状况进行回归。结果表明，社会组织依旧在1%的显著性水平上降低了村庄环境污染发生概率，且生活污水处理、生活垃圾处理和畜禽粪污资源化利用行为显著降低了乡村环境污染。这表明，三类环境治理参与变量在社会组织与乡村环境治理效果间发挥了部分中介效应。计算可知，生活污水处理、生活垃圾处理和畜禽粪污资源化利用的中介效应值分别为0.080、0.038和0.077，中介效应占总效应的比值分别为85.1%、0.35%和82.02%，说明生活污水处理和畜禽粪污资源化利用在社会组织改善乡村环境治理效果中的中介效应值要显著高于生活垃圾处理行为。

表6-4 社会组织与乡村环境治理效果的中介机制分析

项目	环境污染	绿化覆盖率	生活污水处理	生活垃圾处理	畜禽粪污资源化利用	环境污染	绿化覆盖率
	模型1	模型2	模型3	模型4	模型5	模型6	模型7
社会组织	-0.094*** (0.129)	0.012** (0.493)	0.231** (0.111)	0.163** (0.148)	0.126** (0.145)	-0.159*** (0.364)	0.014* (0.050)
生活污水处理						-0.348** (0.295)	0.041* (0.188)
生活垃圾处理						0.232*** (0.313)	-0.234* (0.166)
畜禽粪污资源化利用						0.612** (0.306)	0.184** (0.146)
控制变量	控制	控制	控制	控制	控制	控制	控制
省份固定效应	控制	控制	控制	控制	控制	控制	控制
时间固定效应	控制	控制	控制	控制	控制	控制	控制
观测值	449	449	449	449	449	402	449
R^2	0.054	0.036	0.131	0.080	0.047	0.716	0.160

模型2显示了社会组织对村庄绿化覆盖率的影响回归结果。可以看出，社会组织在5%的显著性水平上正向影响村庄绿化覆盖率，表明社会组织能够显著改善乡村绿化覆盖率，改善了乡村环境治理效果。在中介机制分析的第三阶段，模型7加入社会组织和所有中介变量对乡村绿化覆盖率进行回归。结果显示，社会组织依然在10%的显著性水平上提高了村庄绿化覆盖

率水平，而生活污水处理、生活垃圾处理和畜禽粪污资源化利用对乡村绿化覆盖率产生了显著的正向影响，表明环境治理集体参与行为能够改善乡村环境治理效果，生活污水处理、生活垃圾处理和畜禽粪污资源化利用起到了部分中介作用，且中介效应值分别为 0.009、0.038 和 0.023。生活垃圾处理和畜禽粪污资源化利用在社会组织与环境治理效果中的中介效应高于生活污水处理行为。就理论分析而言，社会组织使得群体内部成员产生身份认同和群体认同，从而降低了群体违规和偷懒的可能性，强化了环境治理参与行为。社会组织的形成植根于良好的规则和规范，非正式的道德规范和组织内部的法律条款会增强村民合作的内在驱动力。村民乱丢垃圾或乱排污水的行为一旦被发现，将会受到社会组织成员的惩罚和批评，在群体内部将会失去"面子"和声誉，从而增强了对村民行为的内在约束力。

第三节　调节机制检验与分析

在上一节中，本书基于中介效应分析模型，使用生活污水处理、生活垃圾处理和畜禽粪污资源化利用作为社会资本对乡村环境治理效果影响的中介变量，实证检验了社会资本影响乡村环境治理效果的具体传导机制。分析结果表明，社会信任和社会组织通过上述三类环境治理参与变量改善了乡村环境治理效果。进一步基于上述传导机制分析可知，社会资本对乡村环境治理效果的影响还可能受到村庄基层政府环境规制的调节作用的影响。正式制度下的环境规制为乡村环境治理提供了正式约束和引导，能够增强社会资本改善乡村环境治理效果的作用力量。为检验基层政府环境规制的调节作用，本书基于上述调节效应模型，实证检验了前文中调节效应理论假设。

一、社会信任影响乡村环境治理效果的调节机制分析

表6-5 显示了社会信任与乡村环境治理效果的调节机制分析。模型 1 为仅使用社会信任对乡村环境污染发生概率的 Logit 回归估计。结果与前文基准回归的估计结果保持一致。模型 2 中仅加入环境规制相关变量。可以看出，激励型环境规制和引导型环境规制均显著降低了村庄环境污染发生概率。模型 3 为全模型回归估计结果，社会信任仍然在5%的显著性水平上降低了村庄环境污染发生概率。社会信任与激励型环境规制和引导型环境规

制的交乘项系数均显著为负，这表明随着基层政府环境规制的增强，社会信任改善乡村环境污染的效果逐步明显。基层政府环境规制能够在社会信任和乡村环境污染治理效果之间发挥调节效应。模型4反映了社会信任对乡村绿化覆盖率的OLS估计结果。结果发现，社会信任水平的提高能够显著提升村庄绿化覆盖率。在模型5中，激励型环境规制和引导型环境规制均显著提高了村庄绿化覆盖率。模型6为社会信任与引导规制和激励规制的交乘项的回归估计结果。可以看出，社会信任与激励型环境规制和引导型环境规制的交互性系数为正且在5%的显著性水平上显著，即基层政府提供的资金支持和政策引导能够提高社会信任改善乡村环境治理效果的强度。由此可知，环境规制在社会信任和村庄绿化覆盖率之间起到了调节效应。

表6-5　社会信任与乡村环境治理效果的调节机制分析

项目	环境污染	环境污染	环境污染	绿化覆盖率	绿化覆盖率	绿化覆盖率
	模型1	模型2	模型3	模型4	模型5	模型6
社会信任	-0.448*** (0.147)		-0.405** (0.773)	0.118*** (0.045)		0.042** (0.226)
激励型环境规制		-0.135*** (0.296)	-0.132** (0.305)		0.021* (0.099)	0.019** (0.100)
引导型环境规制		-0.673* (0.455)	-0.720** (0.466)		0.088* (0.150)	0.130** (0.159)
社会信任×激励型环境规制			-0.190** (0.314)			0.044** (0.095)
社会信任×引导型环境规制			-0.310* (0.506)			0.094* (0.165)
控制变量	控制	控制	控制	控制	控制	控制
省份固定效应	控制	控制	控制	控制	控制	控制
时间固定效应	控制	控制	控制	控制	控制	控制
观测值	587	408	408	623	447	447
R^2	0.183	0.162	0.186	0.161	0.172	0.192

二、社会网络影响乡村环境治理效果的调节机制分析

表6-6显示了社会网络与乡村环境治理效果的调节机制分析。模型1中社会网络降低了乡村环境污染发生概率，但不具有统计显著性，这与基

准回归估计结果一致。在模型 2 环境规制对村庄环境污染治理状况的回归中，激励型环境规制能够显著降低乡村环境污染发生概率，改善乡村环境治理效果，但引导型环境规制未能显著改善乡村环境治理效果。在模型 3 调节机制检验中，社会网络依旧负向影响乡村环境污染发生概率，但仍然统计不显著。社会网络与激励型环境规制和引导型环境规制的交乘项系数均不显著。这进一步表明，环境规制未能在社会网络与乡村环境污染治理效果之间发挥调节作用。模型 4 为社会网络对绿化覆盖率的回归估计结果。可以看出，社会网络对村庄绿化覆盖率的估计系数为正，但不具有统计显著性。模型 5 中未加入社会网络变量，仅加入了激励型环境规制和引导型环境规制的估计结果。结果表明，激励型环境规制和引导型环境规制对村庄绿化覆盖率的系数为正，但不具有统计显著性。模型 6 显示了同时加入社会网络与环境规制交乘项的调节效应检验结果。结果显示，社会网络在 10% 的显著性水平上提高了乡村环境治理效果，但社会网络与激励型环境规制和引导型环境规制的交乘项系数均不显著。这表明，激励型环境规制和引导型环境规制未能在社会网络与乡村环境治理效果之间发挥调节效应。一种解释是村庄的一般社会网络有利于集体行动的产生，但宗族社会网络可能对乡村集体行动产生负向作用，这是因为村庄宗族社会网络可能会左右和干预个体环境治理决策意愿。宗族团体内部的一致行动要求可能会使个体社会网络失去作用，从而降低了村民的合作能力和环境治理水平。

表 6-6 社会网络与乡村环境治理效果的调节机制分析

项目	环境污染	环境污染	环境污染	绿化覆盖率	绿化覆盖率	绿化覆盖率
	模型 1	模型 2	模型 3	模型 4	模型 5	模型 6
社会网络	-0.006 (0.128)		-0.012 (0.842)	0.025 (0.041)		0.500* (0.274)
激励型环境规制		-0.135*** (0.296)	-0.160 (0.303)		0.021 (0.099)	-0.012 (0.100)
引导型环境规制		-0.673 (0.455)	0.684 (0.459)		0.088 (0.150)	-0.118 (0.150)
社会网络×激励型环境规制			0.011 7 (0.279)			-0.087 (0.093)
社会网络×引导型环境规制			-0.093 (0.541)			-0.070 (0.181)
控制变量	控制	控制	控制	控制	控制	控制
省份固定效应	控制	控制	控制	控制	控制	控制

表6-6(续)

项目	环境污染	环境污染	环境污染	绿化覆盖率	绿化覆盖率	绿化覆盖率
	模型1	模型2	模型3	模型4	模型5	模型6
时间固定效应	控制	控制	控制	控制	控制	控制
观测值	587	408	408	623	447	447
R^2	0.168	0.162	0.164	0.151	0.172	0.183

三、社会组织影响乡村环境治理效果的调节机制分析

表6-7显示了社会组织与乡村环境治理效果的调节机制分析。模型1仅加入社会组织对乡村环境污染发生概率的回归估计。结果表明，社会组织在1%的显著性水平上对乡村环境污染治理产生了显著的负向影响。社会组织为村民环境治理集体行动和信息共享提供了平台，为环境治理中惩罚和监督提供了组织制度与载体。模型2仅加入调节变量对乡村环境治理的影响。其基本逻辑在于，若调节变量的调节效应成立则在不放入其他变量的前提下应该对乡村环境治理有积极的促进作用。模型2的估计结果表明，激励型环境规制和引导型环境规制对乡村环境污染产生了显著的负向影响，即基层政府提供的规制能够显著降低乡村环境污染的概率，改善了乡村环境治理效果。在模型3中，社会组织与激励型环境规制、引导型环境规制的交乘项系数为负，表明政府提供的正式制度越完善，社会组织改善乡村环境治理效果越明显。上述分析表明，基层政府环境规制在社会组织与乡村环境治理效果中起到了一定的调节效应。

模型4显示了社会组织与乡村绿化覆盖率的回归估计。结果显示，社会组织在5%的显著性水平上正向影响村庄绿化覆盖率。在模型5中，激励型环境规制和引导型环境规制均在5%的显著性水平上正向影响村庄绿化覆盖率。在模型6中，社会组织依旧在10%的显著性水平上提高了乡村绿化覆盖率，表明村庄内部的经济组织和社会组织能够促进团体内部成员知识信息共享，降低了环境治理交易成本，提高了团体内部互惠信任水平，从而对乡村环境治理效果具有积极的促进作用。与此同时，社会组织与激励型环境规制的交乘项系数显著为正，即基层政府为村民提供正式环境政策和资金支持，能加大社会组织改善乡村环境治理效果的力度。环境规制作为一种整治制度与村庄内部的社会资本具有互补作用，能够形成环境治理的合

力，从而提高了村庄内部的生态环境治理绩效。整体而言，上述分析表明政府环境规制能够提升社会组织的乡村环境治理绩效。

表6-7　社会组织与乡村环境治理效果的调节机制分析

项目	环境污染 模型1	环境污染 模型2	环境污染 模型3	绿化覆盖率 模型4	绿化覆盖率 模型5	绿化覆盖率 模型6
社会组织	-0.327*** (0.120)		-1.885** (1.006)	0.013** (0.038)		0.162* (0.297)
激励型环境规制		-0.135** (0.296)	-0.083** (0.304)		0.021* (0.099)	0.024** (0.101)
引导型环境规制		-0.673** (0.455)	0.729** (0.463)		0.088** (0.150)	0.095** (0.154)
社会组织×激励型环境规制			-0.141 (0.343)			0.085*** (0.110)
社会组织×引导型环境规制			-0.077 (0.426)			-0.077 (0.141)
控制变量	控制	控制	控制	控制	控制	控制
省份固定效应	控制	控制	控制	控制	控制	控制
时间固定效应	控制	控制	控制	控制	控制	控制
观测值	587	408	408	623	447	447
R^2	0.179	0.162	0.176	0.151	0.172	0.174

第四节　本章小结

本章主要基于前文的理论分析和研究假设，对社会资本影响乡村环境治理的中介机制和调节机制进行了实证检验。本章主要分为三个部分：第一部分介绍了当前中介机制和调节机制分析的研究方法，并在此基础上构建了本书需要的中介效应模型和调节效应模型。第二部分主要对社会资本与乡村环境治理效果的中介机制进行检验。第三部分主要对社会资本与乡村环境治理效果的调节机制进行检验。本章主要得出以下研究结论：第一，社会信任和社会组织能够通过村民生活污水处理、生活垃圾处理和畜禽粪污资源化利用行为改善乡村环境治理效果。一方面，社会信任水平鼓励了村民生活污水处理、生活垃圾处理和畜禽粪污资源化利用行为，从而改善了乡村环境治理效果。另一方面，社会组织促进了生活污水处理、生活垃圾处理和畜禽粪污资源化利用，三类中介效应值分别为 0.080、0.038 和 0.077。社会网络未能通过上述环境治理参与行为提升环境治理效果，这可能是由于村庄居民的社会网络关系不强以及宗族网络规模影响个体环境治理参与决策。第二，激励型环境规制和引导型环境规制在社会资本与乡村环境治理效果中发挥了调节效应。具体而言，随着政府环境规制的增强，社会信任发挥乡村环境治理效应明显，即社会信任的环境治理效应受到政府环境规制的驱动。激励型环境规制和引导型环境规制能显著降低村庄环境污染概率，提高村庄绿化覆盖率。激励型环境规制和引导型环境规制在社会组织与乡村环境治理效果间起到了调节作用。基层政府提供的环境规制越完善，则社会组织发挥乡村环境治理的效应越显著，即社会组织的环境治理效应受到政府环境规制的驱动。

第七章
研究结论与政策启示

第一节 研究结论

　　改善乡村生态环境，建设生态宜居乡村是当前乡村生态振兴的关键举措。乡村环境污染问题存在分散性和隐蔽性。在政府面临监督和惩罚成本过高、市场难以形成规模化参与的难题之下，依靠村庄内部村民参与尤为重要。党的十九大以来，中共中央提出乡村振兴战略和人居环境整治行动计划，都强调了要构建完善党委领导、政府负责、社会协同和公众参与的基层社会治理新格局，推动社会治理重心向基层下移，政府治理、社会组织以及居民自治的良性互动的治理体系和治理能力现代化建设。乡村是重要的基层治理单元，同时也是居民生产生活的载体和场所。村民依靠信任、互惠以及社会规范提高了环境治理的集体行动能力和环境治理绩效。国内外已有丰富的文献探讨了社会资本在改善环境治理中的重要作用。然而，由于社会资本本身较难测量，已有关于社会资本的相关研究要么是基于单一指标、要么是基于自身研究偏好选取指标，缺乏完整的社区社会资本测量指标体系和理论指导。同时，由于较难以获得社区层面的环境数据，许多研究缺乏社会资本环境治理效果的实证检验和机制探讨。基于此，本书使用中山大学组织并发布的 2012—2016 中国劳动力动态调查数据，基于集体行动理论和自主治理等相关理论，首先构建了本书的理论框架并提出研究假设，其次对社区社会资本和乡村环境污染进行测度，最后考察了社会资本对乡村环境治理效果的影响及其机制。本书的研究结论如下：

　　第一，社区社会资本存量整体呈现出"上升→下降"的趋势，社会资本各维度得分差异较大，区域间和村域内呈现出明显的不平衡特征。具体而言，与 2012 年相比，2014 年社会资本综合指数呈现上升趋势，但 2016 年社会资本综合指数高于基期且低于 2014 年水平。社会信任和社会组织水平呈现上升趋势，但社会网络得分下降趋势明显。在整体变动趋势中，社区社会信任高于社会组织水平，社会网络资本存量最低。社区社会资本存量呈现出中部地区和西部地区相对丰富，而东部地区相对不足的情形。同一地区社区社会资本存量呈现出非均衡的现实情境。社会资本存量丰富的村庄主要集中在东北地区、华北地区、西北地区和西南地区。

第二，乡村环境治理水平整体偏低，乡村水污染和空气污染问题较为突出，环境污染状况呈现出东部、中部、西部递减的趋势，环境治理水平呈现出区域内和区域间的非均衡性。具体而言，相较于 2012 年，乡村环境污染治理水平呈现出下降趋势。2012—2016 年，村庄水污染治理效果和空气污染治理效果得分明显低于村庄噪声污染治理效果和土壤污染治理效果得分。噪声污染和土壤污染治理效果也呈现出逐年下降的趋势。这表明当前村庄内部水污染和空气污染问题较为突出，并表现出一定的村庄内部各污染指标治理状况的非均衡性。就区域特征来看，环境污染严重的村庄主要分布在东部沿海地区和中部地区，而环境污染较轻的村庄主要集中在东北地区、西北地区以及西南地区。就污染的具体分布而言，村庄环境污染状况整体呈现出东部、中部、西部递减的趋势。环境污染状况较差的村庄主要集中在天津、浙江、福建、江西、广东和湖北，环境污染状况较轻的村庄主要集中在北京、辽宁、吉林、黑龙江、贵州、云南、甘肃、内蒙古、宁夏、新疆。

第三，社会资本整体上显著改善了乡村环境治理效果，但社会资本各维度对环境治理效果的影响存在差异。社会信任和社会组织对乡村环境治理效果具有显著的正向影响。上述结论在使用工具变量估计和一系列稳健性检验后依然成立。本书在社会资本与不同环境污染治理效果的估计中发现，社会信任和社会组织对四类环境污染治理均产生了显著的影响，社会信任和社会组织水平的提高对水污染和空气污染治理改善效应最为显著，社会信任水平每提高一单位，水污染和空气污染治理中"没有此类污染"的概率将分别提高 10.50% 和 10.06%，社会组织每提升一单位，则水污染和空气污染治理中"没有此类污染"的概率将分别提高 3.72% 和 3.49%。异质性分析表明，相较于团结型和分散型村庄，社会资本对分裂型村庄的环境治理改善作用更为明显；与经济欠发达地区的村庄相比，社会资本能够显著改善经济发达地区的村庄的环境治理效果；社会信任和社会组织对东部地区、中部地区和西部地区的村庄的环境治理均表现出积极促进作用，但与中部地区和西部地区的村庄相比，社会资本对东部地区的村庄的环境治理效果的影响更为显著。

第四，生活污水处理、生活垃圾处理和畜禽粪污资源化利用行为在社会资本与乡村环境治理效果中起到中介传导作用。基层政府提供的激励型环境规制和引导型环境规制能对社会资本的环境治理效果起到驱动作用。社会信任和社会组织鼓励了生活污水处理、生活垃圾处理和畜禽粪污资源化利用行为，即社会信任提高了村民环境治理的参与意愿，从而改善了乡村环境治理效果。社会信任降低了村民信息搜集成本，村庄长期形成的互惠能够促成村民自觉参与环境治理合作。同时，社会信任所具有的监督和惩罚等约束机制，也能够使村民违规成本和不配合成本提高。在收益与成本的权衡中，村民基于理性权衡将积极参与乡村环境治理。社会组织使得群体内部成员产生身份认同和群体认同，从而降低了群体违规和偷懒的可能性，鼓励了环境治理参与行为。社会组织的形成植根于良好的村庄内部规则和规范，非正式的道德规范和组织内部的法律条款会增强村民合作的内在驱动力。农户乱丢垃圾或乱排污水的行为一旦被发现，将会受到社会组织成员的惩罚和批评，在群体内部将会失去"面子"和声誉，从而增强了村民行为的内在约束力。在调节机制分析中，基层政府提供的激励型环境规制和引导型环境规制在社会信任与乡村环境治理效果中发挥了调节效应。这说明政府环境规制越完善，对村庄内在的约束力量越有效，越能够发挥出社会资本产生环境治理的内在力量。此外，激励型环境规制和引导型环境规制能显著降低村庄环境污染概率，提高村庄绿化覆盖率。基层政府环境规制在社会组织与乡村环境治理效果之间起到了调节作用，政府环境规制越完善，社会组织改善乡村环境治理效果的作用就越明显。

第二节　政策启示

在乡村振兴战略背景下，生态环境治理已是关系人民群众利益和社会可持续发展的根本问题。建立完善的环境治理模式，对当前乡村生态文明建设意义重大。我国目前正处在社会快速转型时期，社会结构的急剧变迁瓦解了村庄内部原有的社会资本，表现为村庄归属感和村庄凝聚力减弱，传统乡村中的村规民约、集体文化以及互信互惠被消解，传统社会资本流失加快，从而呈现出"去村落化"和"去传统化"的村庄质性变革。长此以往，势必会制约乡村环境治理的可持续性。正如诺斯在《制度、制度变迁与经济绩效》一书中指出的那样，尽管正式约束可能由于政治或司法决定而变化甚大，但嵌入在习俗、传统和行为准则之中的文化约束确是政策难以改变的，这些文化约束不仅将过去、现在和未来联系起来，而且是我们解释历史变迁路径的关键所在。不同于普通的资源和商品，社会资本不会因为被使用而有所减少，反而会因为合理使用和积累使存量更为丰富。也就是说，社会资本并非自然生成和事先存在的，需要我们不断激活和建构以及积累形成。在当前农村传统社会资本流失、村庄环境治理参与积极性不高的现实背景下，政府的介入依靠外部制度力量的激发与支撑将对培育社区社会资本、培养村民自主治理能力起到引导的作用，能够为居民互动与环境治理参与创造良好的条件和组织资源，从而能够解决当前社会资本匮乏的问题。依据本书的研究结论，本书的政策启示主要包括以下三个方面：

一、培育村庄社会资本，提升村民环境治理集体行动能力

第一，强化并重构居民之间的信任关系。信任是社会资本的核心内容，同时也是产生村民环境治理集体行动的重要基础。一方面，人际信任推动了内部环境治理合作，以村规民约为主要内容的社会资本，挖掘传统乡村习俗性信任在增强乡村环境治理中的作用。村民一切行动与合作将是建立在信任基础之上的。环境利益的相关者相互之间的信任可以降低交易成本，减少机会主义行为发生，从而达成互惠合作。现代社会信任并不是预先给定的，而是村民个体不断建构和不断完善的。另一方面，积极利用媒体宣传及其他形式宣传互惠和信任的乡村新风尚有利于增强农村居民环境治理参与的荣誉感和责任感，形成环境治理的相互监督、相互合作。村民要积极转变生活方式和生产方式，完善种植结构、农药和化肥使用方式，增强主人翁意识以及村庄内部和农业生产中的环境保护意识。政府要积极培育村庄内部社会规范，通过社会规范约束村民机会主义动机，发挥村规民约和道德声誉等非正式制度在环境治理中的积极作用。

第二，加强农村环保组织和社团组织建设。社会组织基于利益和共同目标建立起来，为社会资本提供了重要载体。积极培育农村环保组织和一系列社团组织，可以有效克服"搭便车"和机会主义行为，能够促进人们在环境治理中实现沟通和监督，从而产生良好的环境治理效果。社会组织（包括科研院所、教育机构、社会组织）要积极动员与宣传农村环境保护，发挥其在技术、专业以及管理中的优势，为农村环境治理出谋划策，提升农村生态环境质量，弥补由政府生态制度建设中存在的诸多短板。社会组

织的培育功能、合作功能和参与功能在实现乡村生态振兴中具有十分重要的作用。农村环境保护社会组织是推动社会资本形成的一条重要路径，社会组织或社会环保志愿组织将共同目标凝聚起来，增强了农民的参与意识和环境保护意识，农民通过参与各类社会组织，有利于提高其合作和参与的积极性。2018 年 2 月，中共中央办公厅、国务院办公厅印发的《农村人居环境整治三年行动方案》指出，引导相关部门、社会组织、个人通过捐资捐物、结对帮扶等形式，支持农村人居环境设施建设和运行管护；倡导新乡贤文化，以乡情乡愁为纽带吸引和凝聚各方人士支持农村人居环境整治。

二、发挥村庄内部村规民约等非正式制度的环境治理作用

宗族是中国传统乡村社会中重要的组织基础，在乡村环境治理中起到重要的作用。随着城镇化的发展，传统血缘关系的宗族受到公民社会的冲击，但以血缘和地缘关系为纽带的宗族网络依然是构成乡村治理变迁的重要因素。宗族的强关系和族长权威是促进村庄内部居民信任和团结以及在重大公共事物中产生一致决策的重要力量。现代国家的环境治理体系需要社会多元主体的参与，而村庄宗族则在一定程度上实现了基层自治与国家治理的同构效应。村庄宗族衍生出来的习俗、惯例、规章等非正式制度在农村环境治理中具有积极的促进作用。当前中国的绿色发展强调了农村环境保护，村庄内部居民通过对村规民约的修改和实施，将环境保护与绿色可持续发展融入村规民约之中，对村民的污染行为具有良好的约束作用。

一方面，政府要积极培育农村内部的村规民约和规章制度来约束、激励农村居民的环境保护行为。政府要扩大村民参与，实施公正透明的法律机制，积极寻求在国家立法和地方法律之间的协调与平衡，提高村规民约的制定水平，避免出现内容脱离实际的情况。村规民约的制定和培育要因地制宜，结合当地实际。较为稳定的村庄区域可以获得较为开放的自主权。在较为开放的地区，村规民约的制定和培育要严格按照政府指导，防止地方宗族势力操纵社会资本的形成。另一方面，政府要积极培育新乡贤和乡村精英在乡村环境治理中的积极作用。在传统乡村社会中，乡村精英一般由宗族族长以及地方士绅组成，其社会功能是连接社会与国家之间的中介桥梁。无论是传统宗族下乡村士绅还是当前返乡精英，都发挥着平衡国家治理和乡村自治的重要作用。在当前乡村治理依靠自治、法治和德治相结合的背景下，乡村精英能够发挥出比一般村民更多的资金、文化、技术以及市场优势。在新时代乡村振兴战略背景下，乡村振兴的关键在人，如何

培养出"懂农业、爱农村、爱农民"的"三农"工作队伍，是实现乡村生态振兴的重要人力支撑。在当前的城镇化背景下，青壮年劳动力外流使得乡村建设人才较为短缺。因此，政府要积极采取措施激励乡村精英回流，重组乡村的人地资源，在村庄内部建立完善的约束、平衡和激励机制，引导乡村精英参与乡村社会治理，积极扮演"新乡贤"角色，彰显乡村德治的价值。

三、发挥基层党组织党建引领作用，加强基层生态环境保护制度建设

首先，加强基层党组织领导，健全现代乡村生态治理体系。乡村基层党组织是贯彻党的决定，推进基层环境治理，团结动员群众，推动乡村改革发展的重要堡垒。第一，基层党组织要发挥好核心作用，引导群众改善自身生活方式和生产方式，鼓励农村集体经济组织通过依法盘活集体经营性建设用地多渠道筹措资金用于农村生态环境治理，营造清洁有序、健康宜居的生产生活环境。第二，加强乡村干部人才队伍建设，强化生态环境保护的技术和人才支撑。政府要强化对基层干部队伍的环保知识培训，适当选拔优秀毕业生，通过本土人才回引、院校定点培养、县乡统筹等渠道，为每个村储存一定的后备干部，进一步提升乡村治理的专业化和技术化水平。第三，鼓励村民自治实践，健全村民自治机制。广大农村要依靠基层党组织领导，强化村民议事形式，建立健全村务监督和村级事务公开透明机制，充分发挥公序良俗和村规民约在农村环境治理中的积极作用。

其次，乡村环境治理的可持续发展要以正式制度的制定和实施为前提。当前我国建立了一系列有关农村环境保护的法律法规制度，然而由于农村经济发展相对落后、农村环境污染具有复杂性和分散性、环保监测设备和技术引入不足、环保监察人员配置不足等问题较为突出。一方面，政府要建立严格的农村环境保护法律法规制度，提高违法成本和惩罚标准。政府应以协调农村经济发展和环境保护发展为原则，制定符合农村环境污染特点的法律制度框架。另一方面，政府要加大农村生态环境保护执法力度、提高执法效率。政府应建立农村环保执法监察制度，明确政府及村民在环保督查中的责任和义务，落实地方环保执法部门的责任协同和工作创新体系建设。在面对农村环境保护治理复杂利益时，政府应协同与环境问题相关的各类机构，增强各部门的沟通与协同治理能力；创新监管技术手段，综合运用卫星遥感、大数据等技术装备，充分利用乡村治安网格化管理平台，及时发现农业农村环境问题；加强农村环境执法队伍建设，培养一批具有绿色发展理念、具备环境执法和协调环境执法冲突能力的新型农村执

法力量；制定公开透明的激励机制和考核方案，提高环境执法效率。

最后，加强农村生态保护补偿制度建设。生态补偿制度应以保护生态环境、促进人与自然和谐共生为目的，按照"谁污染、谁付费，谁受益、谁补偿"的原则调节农村生态环境保护各方利益关系。一方面，政府应进一步完善好退耕还林、封山育林、水域禁捕、草原生态保护补偿制度，推动形成市场化和多元化参与的生态补偿制度，形成森林、耕地、河流、草原、湿地等生态修复工程和碳汇交易工程。政府应积极引入通过政府与社会资本合作（PPP）项目，丰富农村环境治理形式，引导社会资本参与农村资源节约、保护和利用，废弃物资源化利用以及生态保护修复。另一方面，政府应加大对重点地区以及中西部地区的生态转移支付力度。我国应加大地方政府生态补偿资金投入力度，对实施退耕还林、土壤改造以及采取绿色清洁生产的村民给予生态补贴，对乡镇企业采取环境保护措施给予生态保护补贴，增强乡镇企业环境保护意识，使其积极履行环境保护义务与污染付费义务，积极承担社会责任与污染减排责任。我国应有效利用绿色金融机制，探索绿色金融服务农村绿色生产生活方式，加大绿色信贷及专业化担保支持力度，创新绿色生态农业保险产品。

第三节　进一步讨论与研究展望

2019 年 10 月，党的十九届四中全会提出了推进国家治理体系和治理能力现代化。2021 年 11 月，《中共中央关于党的百年奋斗重大成就和历史经验的决议》提出了完善社会治理体系，健全党组织领导下的自治、法治和德治相结合的城乡基层治理体系，推动社会治理向基层下移。建设共建共治共享的社会治理制度，建设人人有责、人人尽责、人人享有的社会治理共同体。农村社区社会治理是基层治理的重要方面，而乡村环境治理又是当前农村社区社会治理的重要内容。如何更好地提高乡村环境治理绩效，从而实现美丽乡村建设成为当前中国生态文明建设的重要思考方向。农村社区在提供公共产品中具有天然的基础和优势，村民以村庄为载体，在共同生产生活中往来与交流，信任和互惠得以产生，社会组织和社会网络也在乡村中形成，这为乡村环境治理行动提供了合作的基础。然而在当前城镇化和现代化快速发展的背景下，农村封闭性社会环境受到冲击，传统的熟人社会也开始因劳动力外流而在一定程度消解，村庄归属感和参与感减弱。即使如此，以血缘和地缘为基础的农村社会在社会自治和国家治理中依然发挥着重要作用。正如青木昌彦指出的，现代社会的公民财富、教育水平和文化背景等日益分化，公民变得更具流动性，这样看来似乎社会资本在促进公共产品供给方面已经失去了往日的制约力量。但应当注意的是，农村社区在自治实践中提供的公共产品，如保护自然环境、维护公共安全以及援助贫困等依然发挥着巨大的作用，并取得了持久收益。

乡村环境治理的公共物品属性，决定了解决"搭便车"难题是本书要研究的重要问题。自从哈丁提出公地悲剧以来，如何解决公共物品"搭便车"困境就一直成为经济学关注的治理话题。许多学者给出了不同的治理方案，有倡导国家实施行政命令和法治监管的利维坦式治理模式，也有主张通过界定产权，交由市场进行定价的市场化方案。但由于政府监督信息不完全或资源产权界定不清晰等困难，如何实现有效环境治理还需要进一步讨论。奥斯特罗姆在总结世界各地公共池塘资源使用成功和失败的案例中，认为社区村民通过制定合理的规则能够实现公共事物的持久共同收益。奥斯特罗姆的公共治理思想在中国正逐渐受到政府和学者的关注与重视。本书在撰写过程中，就尽可能多地理解和吸收奥斯特罗姆《公共事物的治理之道：集体行动制度的演进》和青木昌彦《比较制度分析》两本经典的社区公共事物治理著作。主要原因在于，两本著作均使用了博弈论来分析社区自治实施过程，为本书理解社会资本内部信任规范、组织网络在环境治理中的具体实施规则提供了有益启示。奥斯特罗姆的一生都在为提高公共事物治理绩效做出努力，尤其是她的《公共事物的治理之道：集体行动制度的演进》一书更是对社区公共事物治理做出了详实而全面的分析。本书力求尽可能多地汲取其中的学术观点，尝试结合当前中国国情，以此为中国乡村生态振兴提供决策参考。客观而言，本书在使用前述理论分析农村公共事物治理中可能存在不足，这既与中国农村生态环境治理复杂性有关，也与笔者对理论分析的把握和运用不足有关。不得不说，本书对中国公共事物理论的探讨是基于实证分析的探讨，对深刻的细节内容，如村民具体如何开展自治活动、如何选择自身行动策略以及村民之间在环境治理中的博弈等内容暂时还无法揭示出来，而如果要分析农村居民如何设计规则共同管理公共事物，还需要选择典型的村庄进行充分的田野调查和实地试验，这些都是笔者今后将为之努力的方向。

本书的不足之处还体现在社会资本的多维性和测量的多元性，使得准确测量和理解社会资本并非易事。尽管本书在第四章中尽可能全面搜集并分析了当前有关社区社会资本的测量指标和方法，并提出了综合性的社区社会资本测量量表，但是不可否认的是，目前仍未有公认的社区社会资本测量方法和量表。社会资本定义的抽象性是造成测量多元性的重要原因。社会资本的自身价值与自身争议一直是学界经久不衰的辩论话题，这为研究社会资本提供了更为广阔的空间和讨论余地。无论如何，在中国乡村现代化社会治理进程中，在国家日益强调的党委领导、政府负责和村民互动的基层治理实践过程中，社会资本所具有的促成合作、化解环境资源保护和利用中的矛盾与冲突的能力，将会进一步发挥其内在的价值和力量。社会资本也将进一步成为发挥基层党组织领导力，实现基层社会善治的重要推动力。就此而言，未来在进一步的有关社区环境治理的研究中，笔者将进一步基于问卷调查和案例访谈的研究方式，实地考察农村环境污染的真实状态和社区社会资本在环境治理中发挥作用的内在机理。这将会进一步丰富和理解社区内部的制度、规则以及社会规范在村庄环境治理中的状态，同时也使得社会资本的环境治理效应不再过于抽象。

需要指出的是，本书采用的自治理论是奥斯特罗姆在总结不同国家公共池塘资源管理案例中开发出来的。基于集体行动理论与自治理论来回应中国现实情境下的环境治理，其解释力度可能还比较有限。后续研究还需要进一步结合中国具体国情，通过实地研究和案例分析的方式具体检验自治理论在中国环境治理中的适用性。虽然奥斯特罗姆开创性地使用制度分析的方法研究社区内部规则、规范等社会资本在公共事物治理中的演化机制，其研究的社区单元与中国村庄人口规模基本相似，但要注意中国村庄具有自身的特殊性，并不能完全将制度分析框架照搬到农村公共事物治理实践中，而是要结合其具体的研究内容，结合中国具体国情进行借鉴吸收。例如，中国农村社区村民自治具有强有力的政治优势和组织优势，在基层党组织的领导下，村民自治才能得以实现。由于缺乏实地资料的搜集，本书在使用公开数据时缺乏有针对性的关键变量和村民制度设计内容。在制度分析与发展框架中，奥斯特罗姆基于实验经济学和案例分析的研究方法研究个体在公共事物治理中的具体行为，从高度抽象化的概念中总结出一般性的公事物和集体行动理论分析方法。这有助于我们理解和解释农村公共事物中的现实问题，但也因框架的高度概括性和复杂性使得实施起来成本较高。在今后的公共事物治理研究中，笔者将进一步基于案例访谈、田野调查和实地搜集数据的方式，总结农村公共事物治理的逻辑和集体行动形成的内生动力，从而为在新时代建设生态宜居的美丽乡村，实现中华民族伟大复兴而努力。

参考文献

［1］埃莉诺·奥斯特罗姆. 公共事物的治理之道：集体行动制度的演进［M］. 余逊达，陈旭东，译. 上海：上海译文出版社，2012.

［2］包国宪，郎玫. 治理、政府治理概念的演变与发展［J］. 兰州大学学报（社会科学版），2009，37（2）：1-7.

［3］毕向阳. 基于多水平验证性因子分析的城市社区社会资本测量：实例研究及相关方法综述［J］. 社会学研究，2019，34（6）：213-237，246.

［4］边燕杰，张文宏. 经济体制、社会网络与职业流动［J］. 中国社会科学，2001（2）：77-89，206.

［5］边燕杰. 城市居民社会资本的来源及作用：网络观点与调查发现［J］. 中国社会科学，2004（3）：136-146.

［6］蔡起华，朱玉春. 社会信任、关系网络与农户参与农村公共产品供给［J］. 中国农村经济，2015（7）：57-69.

［7］蔡起华，朱玉春. 社会资本、收入差距对村庄集体行动的影响：以三省区农户参与小型农田水利设施维护为例［J］. 公共管理学报，2016，13（4）：89-100，157.

［8］曾红萍. 农村内部劳动力商品化与社区社会资本变迁［J］. 中国农村观察，2016（4）：23-31，95.

［9］陈寒非，高其才. 乡规民约在乡村治理中的积极作用实证研究［J］. 清华法学，2018，12（1）：62-88.

［10］陈青青，龙志和. 中国省级 CO_2 排放影响因素的空间计量分析［J］. 中国人口·资源与环境，2011，21（11）：15-20.

［11］陈昕，张龙江，蔡金榜，等. 公众参与环境保护模式研究：社区磋商小组［J］. 中国人口·资源与环境，2014，24（S1）：42-45.

［12］陈叶烽，叶航，汪丁丁. 信任水平的测度及其对合作的影响：来自一组实验微观数据的证据［J］. 管理世界，2010（4）：54-64.

［13］程诚，边燕杰. 社会资本与不平等的再生产：以农民工与城市职工的收入差距为例［J］. 社会，2014，34（4）：67-90.

［14］杜辉. 论制度逻辑框架下环境治理模式之转换［J］. 法商研究，2013，30（1）：69-76.

［15］杜焱强，吴娜伟，丁丹，等. 农村环境治理 PPP 模式的生命周期成本研究［J］. 中国人口·资源与环境，2018，28（11）：162-170.

［16］范彬. 统筹管理综合治理突破农村水污染治理难题［J］. 环境保护，2014，42（15）：15-19.

［17］范丹，梁佩凤，刘斌，等. 中国环境税费政策的双重红利效应：基于系统 GMM 与面板门槛模型的估计［J］. 中国环境科学，2018，38（9）：3576-3583.

［18］方杰，张敏强. 中介效应的点估计和区间估计：乘积分布法、非参数 Bootstrap 和 MCMC 法［J］. 心理学报，2012，44（10）：1408-1420.

［19］方亚琴，夏建中. 社区治理中的社会资本培育［J］. 中国社会科学，2019（7）：64-84，205-206.

［20］方亚琴，夏建中. 城市社区社会资本测量［J］. 城市问题，2014（4）：60-66.

［21］傅晶晶. 挫折与厘正：公私合作模式下的农村环境综合治理的进路［J］. 云南民族大学学报（哲学社会科学版），2017（3）：86-91.

［22］高梦滔，毕岚岚. 村干部知识化与年轻化对农户收入的影响：基于微观面板数据的实证分析［J］. 管理世界，2009（7）：77-84，92.

［23］葛继红，周曙东. 农业面源污染的经济影响因素分析：基于1978—2009 年的江苏省数据［J］. 中国农村经济，2011（5）：72-81.

［24］龚强，张一林，雷丽衡. 政府与社会资本合作（PPP）：不完全合约视角下的公共品负担理论［J］. 经济研究，2019，54（4）：133-148.

［25］郭利京，赵瑾. 非正式制度与农户亲环境行为：以农户秸秆处理行为为例［J］. 中国人口·资源与环境，2014，24（11）：69-75.

［26］郭利京，赵瑾. 农户亲环境行为的影响机制及政策干预：以秸秆处理行为为例［J］. 农业经济问题，2014（12）：78-84，112.

［27］何可，张俊飚，张露，等. 人际信任、制度信任与农民环境治理参与意愿：以农业废弃物资源化为例［J］. 管理世界，2015（5）：75-88.

[28] 贺雪峰, 仝志辉. 论村庄社会关联: 兼论村庄秩序的社会基础 [J]. 中国社会科学, 2002 (3): 124-134, 207.

[29] 贺雪峰. 村庄类型及其区域分布 [J]. 中国乡村发现, 2018 (5): 79-83.

[30] 洪大用, 马芳馨. 二元社会结构的再生产: 中国农村面源污染的社会学分析 [J]. 社会学研究, 2004 (4): 1-7.

[31] 胡珺, 宋献中, 王红建. 非正式制度、家乡认同与企业环境治理 [J]. 管理世界, 2017 (3): 76-94, 187-188.

[32] 胡志平, 庄海伟. 社会资本参与乡村环境治理: 逻辑、困境及路径 [J]. 河海大学学报 (哲学社会科学版), 2019, 21 (3): 76-82.

[33] 黄荣贵, 桂勇. 集体性社会资本对社区参与的影响: 基于多层次数据的分析 [J]. 社会, 2011, 31 (6): 1-21.

[34] 黄祖辉, 钟颖琦, 王晓莉. 不同政策对农户农药施用行为的影响 [J]. 中国人口·资源与环境, 2016, 26 (8): 148-155

[35] 蒋培. 规训与惩罚: 浙中农村生活垃圾分类处理的社会逻辑分析 [J]. 华中农业大学学报 (社会科学版), 2019 (3): 103-110, 163-164.

[36] 蒋培. 农村环境内发性治理的社会机制研究 [J]. 南京农业大学学报 (社会科学版), 2019, 19 (4): 49-57, 157.

[37] 金书秦, 韩冬梅. 我国农村环境保护四十年: 问题演进、政策应对及机构变迁 [J]. 南京工业大学学报 (社会科学版), 2015, 14 (2): 71-78.

[38] 金书秦, 沈贵银, 魏珣, 等. 论农业面源污染的产生和应对 [J]. 农业经济问题, 2013, 34 (11): 97-102.

[39] 金书秦, 武岩. 农业面源是水体污染的首要原因吗: 基于淮河流域数据的检验 [J]. 中国农村经济, 2014 (9): 71-81.

[40] 金书秦, 邢晓旭. 农业面源污染的趋势研判、政策评述和对策建议 [J]. 中国农业科学, 2018, 51 (3): 593-600.

[41] 金书秦. 农业面源污染特征及其治理 [J]. 改革, 2017 (11): 53-56.

[42] 乐章, 马军旗. 环境污染与村庄经济: 基于 "EKC" 假说的实证检验 [J]. 广东社会科学, 2019 (3): 31-41.

[43] 李成龙, 张倩, 周宏. 社会规范、经济激励与农户农药包装废弃物回收行为 [J]. 南京农业大学学报 (社会科学版), 2021, 21 (1): 133-142.

[44] 李建琴. 农村环境治理中的体制创新: 以浙江省长兴县为例 [J]. 中国农村经济, 2006 (9): 63-71.

［45］李丽. 论我国农业面源污染防治立法的完善［J］. 广西社会科学，2016（7）：106-110.

［46］李宁，王芳. 共生理论视角下农村环境治理：挑战与创新［J］. 现代经济探讨，2019（3）：86-92.

［47］李颖明，宋建新，黄宝荣，王等. 农村环境自主治理模式的研究路径分析［J］. 中国人口·资源与环境，2011，21（1）：165-170.

［48］李玉红. 中国农村污染工业发展机制研究［J］. 农业经济问题，2017，38（5）：83-92，112.

［49］刘伟峰，陈云松，边燕杰. 中国人的职场交往与收入：基于差分方法的社会资本分析［J］. 社会学研究，2016，31（2）：34-56，242.

［50］刘晓光，侯晓菁. 中国农村生态文明建设政策的制度分析［J］. 中国人口·资源与环境，2015，25（11）：105-112.

［51］罗家德，方震平. 社区社会资本的衡量：一个引入社会网观点的衡量方法［J］. 江苏社会科学，2014（1）：114-124.

［52］吕健. 中国经济增长与环境污染关系的空间计量分析［J］. 财贸研究，2011，22（4）：1-7.

［53］曼瑟尔·奥尔森. 集体行动的逻辑［M］. 陈郁，郭宇峰，李崇新，译. 上海：上海人民出版社，2011.

［54］潘丹，孔凡斌. 养殖户环境友好型畜禽粪便处理方式选择行为分析：以生猪养殖为例［J］. 中国农村经济，2015（9）：17-29.

［55］祁毓，卢洪友，吕翅怡. 社会资本、制度环境与环境治理绩效：来自中国地级及以上城市的经验证据［J］. 中国人口·资源与环境，2015，25（12）：45-52.

［56］秦昌波，王金南，葛察忠，等. 征收环境税对经济和污染排放的影响［J］. 中国人口·资源与环境，2015，25（1）：17-23.

［57］青木昌彦. 比较制度分析［M］. 周黎安，译. 上海：上海远东出版社，2016.

［58］史恒通，睢党臣，吴海霞，等. 社会资本对农户参与流域生态治理行为的影响：以黑河流域为例［J］. 中国农村经济，2018（1）：34-45.

［59］史雨星，李超琼，赵敏娟. 非市场价值认知、社会资本对农户耕地保护合作意愿的影响［J］. 中国人口·资源与环境，2019，29（4）：94-103.

［60］史雨星，姚柳杨，赵敏娟. 社会资本对牧户参与草场社区治理意愿的影响：基于 Triple-Hurdle 模型的分析［J］. 中国农村观察，2018（3）：35-50.

［61］宋妍，晏鹰，朱宪辰. 多中心理论视角下的中国地方公共服务供给：从民间"老板消防队"得到的启示［J］. 公共管理学报，2009（3）：55-61.

［62］宋燕平，费玲玲. 我国农业环境政策演变及脆弱性分析［J］. 农业经济问题，2013，34（10）：9-14，110.

［63］苏淑仪，周玉玺，蔡威熙. 农村生活污水治理中农户参与意愿及其影响因素分析：基于山东16地市的调研数据［J］. 干旱区资源与环境，2020，34（10）：71-77.

［64］唐丽霞，左停. 中国农村污染状况调查与分析：来自全国141个村的数据［J］. 中国农村观察，2008（1）：31-38.

［65］唐林，罗小锋，张俊飚. 社会监督、群体认同与农户生活垃圾集中处理行为：基于面子观念的中介和调节作用［J］. 中国农村观察，2019（2）：18-33.

［66］田云，张俊飚，何可，等. 农户农业低碳生产行为及其影响因素分析：以化肥施用和农药使用为例［J］. 中国农村观察，2015（4）：61-70.

［67］涂正革，谌仁俊. 排污权交易机制在中国能否实现波特效应［J］. 经济研究，2015，50（7）：160-173.

［68］万海远，李超. 农户退耕还林政策的参与决策研究［J］. 统计研究，2013，30（10）：83-91.

［69］汪宁，叶常林，蔡书凯. 农业政策和环境政策的相互影响及协调发展［J］. 软科学，2010，24（1）：37-41.

［70］王芳. 正式制度、非正式制度与公共品供给：来自地级市的证据［J］. 世界经济文汇，2018（4）：53-65.

［71］王敏，黄滢. 中国的环境污染与经济增长［J］. 经济学（季刊），2015（2）：557-578.

［72］王晓毅. 沦为附庸的乡村与环境恶化［J］. 学海，2010（2）：60-62.

［73］王晓毅. 农村发展进程中的环境问题［J］. 江苏行政学院学报，2014（2）：58-65.

［74］王晓毅. 再造生存空间：乡村振兴与环境治理［J］. 北京师范大学学报（社会科学版），2018（6）：124-130.

［75］王星. 利益分化与居民参与：转型期中国城市基层社会管理的困境及其理论转向［J］. 社会学研究，2012，27（2）：20-34，242.

［76］王亚华，高瑞，孟庆国. 中国农村公共事务治理的危机与响应［J］. 清华大学学报（哲学社会科学版），2016，31（2）：23-29，195.

[77] 王阳, 刘炳辉. 宗族的现代国家改造与村庄治理: 以南部 G 市郊区 "横村" 社区治理经验为例 [J]. 南京农业大学学报 (社会科学版), 2017, 17 (3): 41-52, 156.

[78] 温忠麟, 叶宝娟. 中介效应分析: 方法和模型发展 [J]. 心理科学进展, 2014, 22 (5): 731-745.

[79] 夏佳奇, 何可, 张俊飚. 环境规制与村规民约对农户绿色生产意愿的影响: 以规模养猪户养殖废弃物资源化利用为例 [J]. 中国生态农业学报, 2019, 27 (12): 1925-1936.

[80] 夏建中. 美国社区的理论与实践研究 [M]. 北京: 中国社会出版社, 2009.

[81] 熊伟, 诸大建. 以可持续发展为导向 PPP 模式的理论与实践 [J]. 同济大学学报 (社会科学版), 2017 (1): 78-84, 103.

[82] 徐承红, 薛蕾. 农业产业集聚与农业面源污染: 基于空间异质性的视角 [J]. 财经科学, 2019 (8): 82-96.

[83] 徐双明, 钟茂初. 环境政策与经济绩效: 基于污染的健康效应视角 [J]. 中国人口·资源与环境, 2018, 28 (11): 130-139.

[84] 徐勇. "分" 与 "合": 质性研究视角下农村区域性村庄分类 [J]. 山东社会科学, 2016 (7): 30-40.

[85] 徐勇. 祖赋人权: 源于血缘理性的本体建构原则 [J]. 中国社会科学, 2018 (1): 114-135, 206-207.

[86] 徐志刚, 张炯, 仇焕广. 声誉诉求对农户亲环境行为的影响研究: 以家禽养殖户污染物处理方式选择为例 [J]. 中国人口·资源与环境, 2016, 26 (10): 44-52.

[87] 杨滨键, 尚杰, 于法稳. 农业面源污染防治的难点、问题及对策 [J]. 中国生态农业学报, 2019, 27 (2): 236-245.

[88] 杨婵, 贺小刚. 村长权威与村落发展: 基于中国千村调查的数据分析 [J]. 管理世界, 2019, 35 (4): 90-108.

[89] 杨涛. 公共事务治理行动的影响因素: 兼论埃莉诺·奥斯特罗姆社会-生态系统分析框架 [J]. 南京社会科学, 2014 (10): 77-83.

[90] 杨秀勇, 高红. 社区类型、社会资本与社区治理绩效研究 [J]. 北京社会科学, 2020 (3): 78-89.

[91] 易波, 张莉莉. 论地方环境治理的政府失灵及其矫正: 环境公平的视角 [J]. 法学杂志, 2011, 32 (9): 121-123.

［92］于法稳，于婷. 农村生活污水治理模式及对策研究［J］. 重庆社会科学，2019（3）：6-17，2.

［93］于骥，蒲实，周灵. 四川省农业面源污染与农业增长的实证分析［J］. 农村经济，2016（9）：56-60.

［94］俞海，张永亮，夏光，等. 最严格环境保护制度：内涵、框架与改革思路［J］. 中国人口·资源与环境，2014，24（10）：1-5.

［95］袁平，朱立志. 中国农业污染防控：环境规制缺陷与利益相关者的逆向选择［J］. 农业经济问题，2015，36（11）：73-80，112.

［96］臧传琴. 环境规制工具的比较与选择：基于对税费规制与可交易许可证规制的分析［J］. 云南社会科学，2009（6）：97-102.

［97］张诚，刘祖云. 从"碎片化"到"整体性"：农村环境治理的现实路径［J］. 江淮论坛，2018（3）：28-33.

［98］张顺，程诚. 市场化改革与社会网络资本的收入效应［J］. 社会学研究，2012，27（1）：130-151，244-245.

［99］张维迎，柯荣住. 信任及其解释：来自中国的跨省调查分析［J］. 经济研究，2002（10）：59-70，96.

［100］张文宏，张莉. 劳动力市场中的社会资本与市场化［J］. 社会学研究，2012，27（5）：1-24.

［101］张晓. 中国环境政策的总体评价［J］. 中国社会科学，1999（3）：88-99.

［102］赵雪雁. 社会资本测量研究综述［J］. 中国人口·资源与环境，2012，22（7）：127-133.

［103］赵延东，罗家德. 如何测量社会资本：一个经验研究综述［J］. 国外社会科学，2005（2）：18-24.

［104］赵延东. 测量西部城乡居民的社会资本［J］. 华中师范大学学报（人文社会科学版），2006（6）：48-52.

［105］赵延东. 再就业中的社会资本：效用与局限［J］. 社会学研究，2002（4）：43-54.

［106］赵玉民，朱方明，贺立龙. 环境规制的界定、分类与演进研究［J］. 中国人口·资源与环境，2009，19（6）：85-90.

［107］钟水映，简新华. 人口、资源与环境经济学［M］. 北京：北京大学出版社，2016.

［108］周家明，刘祖云. 村规民约的内在作用机制研究：基于要素-作用机制的分析框架［J］. 农业经济问题，2014，35（4）：21-27，110.

［109］周雪光. 权威体制与有效治理：当代中国国家治理的制度逻辑［J］. 开放时代，2011（10）：67-85.

［110］周昭，刘湘勤. 乡镇工业环境保护中的地方政府行为博弈分析［J］. 经济问题探索，2008（7）：175-178.

［111］周正祥，张秀芳，张平. 新常态下 PPP 模式应用存在的问题及对策［J］. 中国软科学，2015（9）：82-95.

［112］周志波，张卫国. 农业面源污染环境税规制机制研究进展［J］. 西南大学学报（社会科学版），2018，44（3）：43-51，190.

［113］朱冬亮，洪利华. "寨头"还是"乡贤"：返乡精英村治参与反思［J］. 厦门大学学报（哲学社会科学版），2020（3）：49-57.

［114］AFROZ R, HANAKI K, HASEGAWA-KURISU K. Willingness to pay for waste management improvement in Dhaka city, Bangladesh［J］. Journal of Environmental Management, 2009, 90（1）：492-503.

［115］ANDERSSON K P, OSTROM E. Analyzing decentralized resource regimes from a polycentric perspective［J］. Policy Sciences, 2008, 41（1）：71-93.

［116］BENDOR J, OSTROM E, GARDNER R, et al. Rules, games, and common-pool resources［J］. The American Political Science Review, 1995, 89（1）：188.

［117］BERGGREN N, JORDAHL H. Free to trust: economic freedom and social capital［J］. Kyklos, 2010, 59（2）：141-169.

［118］BISUNG E, ELLIOTT S J, et al. Social capital, collective action and access to water in rural Kenya［J］. Social Science & Medicine, 2014, 119：147-154.

［119］BOUMA J E, BULTE, SOEST D V. Trust and cooperation: Social capital and community resource management［J］. Journal of Environmental Economics & Management, 2008, 56（2）：155-166.

［120］BOWLES, SAMUEL, GINTIS, et al. Social capital and community governance［J］. Economic Journal, 2010, 112（483）：419-436.

［121］CABE R, HERRIGES J A. The regulation of non-point sources of pollution under imperfect and asymmetric information［J］. Journal of Environmental economics and Management, 1992, 22（2）：134-146.

［122］CALL M, JAGGER P. Social capital, collective action, and communal grazing lands in Uganda［J］. International Journal of the Commons, 2017, 11（2）：854-876.

［123］ COASE R H. The nature of the firm ［J］. Economica, 1937, 4 (16): 386-405.

［124］ COLEMAN, JAMES S. Social capital in the creation of human capital ［J］. American Journal of Sociology, 1988, 94: 95-120.

［125］ COSTANZA R. The value of the world's ecosystem services and natural capital ［J］. World Environment, 1997, 387 (6630): 253-260.

［126］ COX, MICHAEL. Applying a social-ecological system framework to the study of the taos valley irrigation system ［J］. Human Ecology, 2014, 42 (2): 311-324.

［127］ CROWE J. Community economic development strategies in rural Washington: Toward a synthesis of natural and social capital ［J］. Rural Sociology, 2010, 71 (4): 573-596.

［128］ DOBBS T L, PRETTY J. Case study of agri-environmental payments: The United Kingdom ［J］. Ecological Economics, 2008, 65 (4): 765-775.

［129］ DONKELAAR A V, MARTIN R V, LEVY R C, et al. Satellite-basedestimates of ground-level fine particulate matter during ex treme events: A case study of the Moscow fires in 2010 ［J］. Atmospheric Environment, 2011, 45 (34): 6225 - 6232.

［130］ DUIT A, GALAZ V. Governance and complexity-emerging issues for governance theory ［J］. Governance, 2008, 21 (3): 311-335.

［131］ DUIT A, GALAZ V, ECKERBERG K, et al. Governance, complexity, and resilience ［J］. Global Environmental Change, 2010, 20 (3): 363-368.

［132］ EBENSTEIN, AVRAHAM, et al. Growth, pollution, and life expectancy: China from 1991—2012 ［J］. American Economic Review, 2015, 15 (2): 226-231.

［133］ FLAP H D. Social capital in the reproduction of inequality ［J］. Comparative Sociology of Family, Health and Education, 1991, 20 (3): 6179-6202.

［134］ FLORIDA R, CUSHING R, GATES G. The rise of the creative class ［M］. New York: Basic Books, 2002.

［135］ FRITZ M S, MACKINNON D P. Required sample size to detect the mediated effect ［J］. Psychological Science, 2007, 18 (3): 233-239.

［136］ FUKUFAMA F. Social capital and the global economy ［J］. Foreign Affairs, 1995, 74 (5): 89-103.

［137］GALAZ V, CRONAB, OSTERBLOM H. Polycentric systems and interacting planetary boundaries-emerging governance of climate change-ocean acidification-marine biodiversity ［J］. Ecological Economics, 2012, 81: 2.

［138］GEORGE A AKERLOF. The market for "lemons": Quality uncertainty and the market mechanism ［J］. Quarterly Journal of Economics, 1970, 84 (3): 488-500.

［139］GROOT W T D, TADEPALLY H. Community action for environmental restoration: A case study on collective social capital in India ［J］. Environment Development and Sustainability, 2008, 10 (4): 519-536.

［140］HARDIN G. The tragedy of the commons ［J］. Science, 1968, 151 (3): 490-491.

［141］HAYES A F. Beyond Baron and Kenny: Statistical mediation analysis in the new millennium ［J］. Communication Monographs, 2009, 76 (4): 408-420.

［142］IOSSA E, MARTIMORT D. The simple microeconomics of public-private partnerships ［J］. Journal of Public Economic Theory, 2015, 17 (1): 4-48.

［143］JAMES S SHORTLE, RICHARD D HORAN. The economics of nonpoint pollution control ［J］. Journal of Economic Surveys, 2008, 15 (3): 255-289.

［144］JANKE, KATHARINA. Air pollution, avoidance behaviour and children's respiratory health: Evidence from England ［J］. Journal of Health Economics, 2014, 38: 23-42.

［145］JIN M. Does social capital promote pro-environmental behaviors? Implications for collaborative governance ［J］. International Journal of Public Administration, 2013, 36 (6): 397-407.

［146］JONES N, et al. Social capital in Greece: Measurement and comparative perspective ［J］. South European Society and Politics, 2008, 13 (2): 175-193.

［147］JONES N, et al. The influence of social capital on environmental policy instruments ［J］. Environmental Politics, 2009, 18 (4): 595-611.

［148］JONES N. Investigating the influence of social costs and benefits of environmental policies through social capital theory ［J］. Policy Sciences, 2010, 43 (3): 229-244.

［149］JONES N. The role of social capital in environmental policy and management ［J］. International Journal of the Interdisciplinary Social Sciences, 2006, 1 (3): 163-168.

[150] KARLSSON M, HOVELSRUD G K. Local collective action: Adaptation to coastal erosion in the monkey river village [J]. Globle Environmental Change, 2015, 32: 96-107.

[151] KELLY E, LEE K, SHIELDS K F, et al. The role of social capital and sense of ownership in rural community-managed water systems: Qualitative evidence from Ghana, Kenya, and Zambia [J]. Journal of Rural Studies, 2017, 56: 156-166.

[152] KEVIN L. How authoritarian is the environmental governance of China? [J]. Environmental Science & Policy, 2015, 54: 152-159.

[153] LIN N, VAUGHN E J C. Social resources and strength of ties: Structural factors in occupational status attainment [J]. American Sociological Review, 1981, 46 (4): 393-405.

[154] LIN N. Social networks and status attainment [J]. Annual Review of Sociology, 1999, (25): 467-487.

[155] LOORBACH D. Transition management for sustainable development: A prescriptive, complexity-based governance framework [J]. Governance, 2010, 23 (1): 161-183.

[156] MACKINNON D P, WARSI G, DWYER J H. A simulation study of mediated effect measures [J]. Multivariate Behavioral Researh, 1995, 30 (1): 41-62.

[157] MAGAT W A, VISCUSI W K. Effectiveness of the EPAS regulatory enforcement: The case of industrial effluent standards [J]. The Journal of Law and Economics, 1990, 33 (2): 331-360.

[158] MAGSON N R. Measuring social capital: The development of the social capital and cohesion scale and the associations between social capital and mental health [J]. Australian Journal of Educational and Developmental Psychology, 2014 (14): 202-216.

[159] MANOS B, PARTALIDOU M, FANTOZZI F et al. Agro-energy districts contributing to environmental and social sustainability in rural areas: Evaluation of a local public-private partnership scheme in Greece [J]. Renewable and Sustainable Energy Reviews, 2014, 29: 85-95.

[160] MARGERUM R. A typology of collaboration efforts in environmental management [J]. Environmental Management, 2008, 41 (4): 487-500.

[161] MCCONNELL K E. Incomeandthe demand for environtmental quality [J]. Environment and development Economics, 1997, 2 (4): 383-399.

[162] ONGLEY E D, XIAOLAN Z, TAO Y. Current status of agricultural and rural non-point source pollution assessment in China [J]. Environmental Pollution, 2010, 158 (5): 1159-1168.

[163] ORLOV A, GRETHE H. Carbon taxation and market structure: A CGE analysis for Russia [J]. Energy Policy, 2012, 51 (6): 696-707.

[164] OSTROM E, AHN T K. The meaning of social capital and its link to collective action [J]. Workshop in Political Theory and Policy Analysis, 2007, 11 (10): 2-35.

[165] OSTROM E. Polycentricity, complexity, and the commons [J]. The Good Society, 1999, 9 (2): 37-41.

[166] OSTROM E, JAMES W. Trust and reciprocity: Interdisciplinary lessons from experimental research [M]. New York: Russell Sage Foundation, 2003.

[167] OSTROM E. Analyzing collective action [J]. Agricultural Economics, 2010, 41 (1): 155-166.

[168] OSTROM E. A general framework for analyzing sustainability of social-ecological systems [J]. Science, 2009, 325 (5939): 419-422.

[169] OSTROM E. Governing the commons: The evolution of institutions for collective action [M]. Cambridge: Cambridge University Press, 1990.

[170] OSTROM E. Polycentric systems for coping with collective action and global environmental change [J]. Global Environmental Change, 2010, 20 (4): 112-557.

[171] PAN D, ZHOU G Z, Z N, et al. Farmers' preferences for livestock pollution control policy in China: A choice experiment method [J]. Journal of Cleaner Production, 2016, 131: 572-582.

[172] PAUDEL K P, SCHAFER M J. The environmental Kuznets curve under a new framework: The role of social capital in water pollution [J]. Environmental &Resource Economics, 2009, 42 (2): 265-278.

[173] PAUL C J, WEINTHAL E S, BELLEMARE M F, et al. Social capital, trust, and adaptation to climate change: Evidence from rural Ethiopia [J]. Global Environmental Change, 2016, 36: 124-138.

[174] PLATTEAU J P. Mutual insurance as an elusive concept in traditional rural communities [J]. Journal of Development Studies, 1997, 33 (6): 764-796.

[175] PREACHER K J, HAYES A F. Asymptotic and resampling strategies for assessing and comparing indirect effects in multiple mediator models [J]. Behav Res Methods, 2008, 40 (3): 879-891.

[176] PRETTY J, WARD H. Social capital and the environment [J]. World Development, 2001, 29 (2): 209-227.

[177] PRETTY J. Social capital and the collective management of resources [J]. Science, 2003, 302 (12): 1912-1914.

[178] PUTNAM R D. Making democracy work: Civic traditions in modern italy [M]. Princeton: Princeton University Press, 1993.

[179] PUTNAM R. Bowling alone, America's declining of social capital [J]. Journal of Democracy, 1995, 6 (1): 65-78.

[180] RIAHI K, et al. The shared socioeconomic pathways and their energy, land use, and green house gas emissions implications: An overview [J]. Globle Environmental Change, 2017, 42: 153-168.

[181] RODRIGUEZ L C, PASCUAL U. Land clearance and social capital in mountain agro-ecosystems: The case of Opuntia scrubland in Ayacucho, Peru [J]. Ecological Economics, 2004, 49: 243-252.

[182] ROOTES C. Environmental movements, waste and waste infrastructure: An introduction [J]. Environmental Politics, 2009, 18 (6): 817-834.

[183] RYDIN Y, PENNINGTON M. Public participation and local environmental planning: The collective action problem and the potential of social capital [J]. Local Environment, 2000, 5 (2): 153-169.

[184] RYSER L, HALSETH G. Rural economic development: A review of the literature from industrialized economies [J]. Geography Compass, 2010, 4 (6): 510-531.

[185] SCHULZ Y. Towards a new waste regime? Critical reflections on China's shifting market for high-tech discards [J]. China Perspective, 2015, 3: 43-50.

[186] SELMAN, PAUL. Social capital, sustainability and environmental planning [J]. Planning Theory & Practice, 2001, 2 (1): 13-30.

［187］ SEN A K. Rational fools: A critique of the behavioral foundations of economic theory ［J］. Philosophy & Public Affairs, 1977, 6 (4): 317-344.

［188］ SOBEL M E. Asymptotic confidence intervals for indirect effects in structural equation models ［J］. Sociological Methodology, 1982, 13 (13): 290-312.

［189］ SONDERSKOV K M. Environmental group membership, collective action and generalised trust ［J］. Environmental Politics, 2008, 17 (1): 78-94.

［190］ SUN B, ZHANG L, YANG L, et al. Agricultural non-point source pollution in China: Causes and mitigation measures ［J］. AMBIO, 2012, 41 (4): 370-379.

［191］ TSAI L L. Cadres, temple and lineage institutions, and governance in rural China ［J］. The China Journal, 2002, 48: 1-27.

［192］ TUIHEDUR RAHMAN H M. Examining the role of social capital in community collective action for sustainable wetland fisheries in Bangladesh ［J］. Wetlands, 2015, 35 (3): 487-499.

［193］ WANG H, JIN Y. Industrial ownership and environmental performance: Evidence from China ［J］. Environmental and Resource Economics, 2007, 36 (3): 255-273.

［194］ WANG X L, WANG Q, WU C Q, et al. A method coupled with remote sensing data to evaluate non-point source pollution in the Xin'anjiang catchment of China ［J］. Science of the Total Environment, 2012, 430: 132-143.

［195］ WEGENER B. Job mobility and social ties: Social resources, prior job, and status attainment ［J］. American Sociological Review, 1991, 56 (1): 60-71.

［196］ WILLY D K, HOLM-MYLLER, KARIN. Social influence and collective action effects on farm level soil conservation effort in rural Kenya ［J］. Ecological Economics, 2013, 90: 94-103.

［197］ WOOLCOCK M. Social capital and economic development: Toward a theoretical synthesis and policy framework ［J］. Theory & Society, 1998, 27 (2): 151-208.

［198］ WU Y, HU Z, YANG L. Strategies for controlling agricultural non-point source pollution: Reduce-retain-restoration (3R) theory and its practice ［J］. Transactions of the Chinese Society of Agricultural Engineering, 2011, 27 (5): 1-6.

［199］ XIE L. Environmental governance and public participation in rural China ［J］. China Information, 2016, 30 （2）: 188-208.

［200］ YAN Z, WANG C, XU J. Examining the effect of absorptive capacity on waste processing method adoption: A case study on Chinese pig farms ［J］. Journal of Cleaner Production, 2019, 215 （2）: 978-984.

［201］ ZHANG S, GAO Y, FENG Z, et al. PPP application in infrastructure development in China: Institutional analysis and implications ［J］. International Journal of Project Management, 2015, 33 （3）: 497-509.

后记

　　我对农村公共事物治理的关注，是在我博士求学期间的一门课程中开始的。当时，老师在领学由诺贝尔经济学奖获得者——埃莉诺·奥斯特罗姆所写的《公共事物的治理之道：集体行动制度的演进》一书。当老师让我们自己去阐述对该书的理解和对公共物品供给中"搭便车"问题的认识时，我发现我国农村的公共事物治理的话题也有很多，比如农村生态环境保护、道路维护以及农田灌溉水利设施维护等。通过对该书的阅读，我对如何更好地提高农村公共事物治理绩效产生了兴趣。加之我与我的导师已经围绕村庄环境发表了一篇论文，进一步启发我能否运用奥斯特罗姆提出的自主治理理论和集体行动理论去探究我国的农村环境治理问题。后来，我将本书的初步选题和研究思路在课堂上与老师、同学进行了交流，他们向我提出了不少有用的建议。这样一来我就基本形成了本书的研究思路。2019 年 8 月初，我开始整理文献资料，动笔撰写书稿，由于对选题比较感兴趣，写作过程还算比较顺畅。后来我把初稿拿给老师们请他们指正，他们又提出了很多宝贵的建议供我参考。2020 年上半年，我对书稿进行了大量修订，这使得部分章节前后之间的逻辑关系变得更为清晰。2021 年春节，在与博士室友打电话讨论有关书稿修改思路时，我得到了机制分析部分的重要修改建议。直到 2021 年夏天，本书经过不断修改得以完稿。

　　本书得以出版已经是我博士毕业一年之后的事了，此时我已经从一名学生转变为教师。随着我对公共事物治理知识的积累和理解，在接到书稿修改意见的几天时间里我再次通读了全书内容，并做了一些必要的增减。一分耕耘一分收获，我相信书稿经过前后多次打磨，逻辑结构更加清晰，可读性进一步提升。值得一提的是，奥斯特罗姆提出的公共事物治理分析框架的适用性还需要更好地结合中国的国情来分析，尽管她提出的自主治理理论能够有效推进公共事物治理，但这并不表示在所有场景中都能取得成功。她在《公共事物的治理之道：集体行动制度的演进》一书中就已经总结了国外制度脆弱性和失败的案例。我们需要立足本国国情，具体问题具体分析。另外，自主组织和自主治理公共池塘资源的分析框架具有高度的抽象性和概括性，我需要在未来条件具备时，更多使用案例分析或实地调查的方法去验证自主治理分析框架内部各变量之间的关系和运行机制，从而为我国公共事物治理提供分析工具。

本书得到了重庆工商大学商科国际化特色项目和重庆工商大学学术专著出版基金的资助。有机会得以出版我的第一部专著，我要在此对重庆工商大学表示衷心的感谢。同时，我也要对在本书撰写和修改过程中提出宝贵意见和建议的人表示感谢。我还要感谢西南财经大学出版社的老师们，你们认真细致地编辑了本书，并为我提供了专业的修改建议，是你们严谨细致的编辑工作，进一步提升了书稿质量。

马军旗

2022 年 6 月